KB139688

쿠버네티스의 핵심을 실습하고 이해하는

핵심만 콕 쿠버네티스

쿠버네티스의 핵심을 실습하고 이해하는

핵심만 콕! 쿠버네티스

유홍근 지음

서문

이 책은 쿠버네티스의 모든 내용을 상세히 다루는 레퍼런스 북 형태보다 전반적인 내용에 대해서 핵심 부분만을 설명하고 직접 실습해 보면서 쿠버네티스의 큰 그림을 이해하는 것에 초점을 맞췄습니다. 쿠버네티스는 매우 방대하고 다양한 기술들과 개념들이 복잡하게 얽혀서 거대한 시스템을 이룹니다. 이 책에서는 쿠버네티스를 처음 접할 때에 어떤 부분을 집중적으로 살펴봐야 할지 설명하고 최적의 학습 경로를 따라 가면서 단기간에 쿠버네티스에 대해서 이해하고 실질적으로 활용해 볼 수 있게 구성되었습니다.

필자는 대규모 기계학습 플랫폼을 구축하면서 처음 쿠버네티스를 접하게 되었습니다. 기계학습 모델들은 다양한 언어(파이썬, R)로 개발되며 다양한 라이브러리(tensorflow, scikt-learn 등)와 버전들로 개발됩니다. 각기 다른 실행 환경을 어떻게 효율적으로 관리할 수 있을까 고민 끝에 컨테이너 기반의 가상실행 환경을 도입하게 되었고 이것을 여러 서버에 걸쳐 어떻게 잘 실행시킬 수 있을까 찾아보다 쿠버네티스를 처음 접하게 되었습니다. 그 이후 쿠버네티스의 매력에 푹 빠져 쿠버네티스를 사랑하게 되었습니다. 쿠버네티스를 공부할수록 쿠버네티스는 단순히 컨테이너 오케스트레이션 시스템이 아닌 프로세스, 네트워크, 스토리지 등 컴퓨터 공학의 근간이 되는 요소들을 새롭게 정의하는 혁신적인 기술이라는 것을 더욱 느끼게 됩니다. 이미 많은 사람들도 쿠버네티스의 미래 가능성을 알아보고, 쿠버네티스 위에 자신들의 소프트웨어를 올려 놓기 시작하였습니다. 여러분도 이 책을 통해 쿠버네티스라는 새로운 패러다임에 몸을 맡겨 '거인의 어깨' 위에서 세상을 바라보기를 바랍니다.

누구를 위한 책인가요?

쿠버네티스의 소문에 대해 얘기는 들어봤지만 내용이 방대하고 설치하기가 어려워 선뜻, 시작하기 힘들었던 분들을 위한 책입니다. 이 책은 쿠버네티스 기본 개념부터 쿠버네티스 설치 방법까지 쿠버네티스를 시작하기 위해 필요한 핵심적인 내용들을 담고 있어 처음 쿠버네티스를 접하시는 분들이 빠르게 쿠버네티스를 이해하기 위해 만들어졌습니다.

실행 환경 안내

다음은 예제를 따라 해보기 위한 권장사항입니다.

- 서버: 최소 2대 (마스터, 워커)
  - 마스터 예제 내부 IP: 10.0.1.1
  - 워커 예제 내부 IP: 10.0.1.2
- OS: ubuntu 20.04
- root 권한 (sudo 권한) 필수
- 최소 스펙: CPU 2 / MEM 8G / Disk 25G
- 권장 스펙: CPU 4 / MEM 16G / Disk 50G
- 웹 브라우저에서 쿠버네티스가 설치된 서버로 접근할 수 있는 방법이 필요합니다.

- EC2 / GCE / Azure 등 공인 IP가 할당된 클라우드 가상머신 사용을 권장합니다.
- VirtualBox를 이용하여 Desktop Ubuntu 사용 시, 공인 IP가 없더라도 내부 IP로 웹 브라우저 접근이 가능합니다.

- 쿠버네티스 클러스터: k3s 클러스터 버전 v1.18.6+k3s1
- helm: 버전 v3.2.2

사전지식

- 리눅스 기본 지식이 필요합니다(기본 명령어, ssh, vim, apt, curl 등).
- 기본적인 웹 기술에 대한 이해가 필요합니다(HTTP, TLS, NGINX, 네트워크).
- 간단한 프로그래밍 지식을 요구합니다(python).

이 책의 구성

- Chapter 01. 도커기초: 쿠버네티스의 기초가 되는 도커 컨테이너에 대해서 살펴보고 기본 명령에 대해 살펴보도록 하겠습니다.
- Chapter 02. 쿠버네티스 소개: 쿠버네티스란 무엇인지 이해하고, 기본 개념 및 아키텍처, 장점에 대해서 살펴보도록 하겠습니다.
- Chapter 03. 쿠버네티스 설치: 쿠버네티스 클러스터를 직접 설치해보도록 하겠습니다.

- Chapter 04. 쿠버네티스 첫 만남: 쿠버네티스를 사용하기 위해 가장 기초가 되는 명령들을 살펴보도록 하겠습니다.
- Chapter 05. Pod 살펴보기: 쿠버네티스의 기본 리소스 Pod에 대해 살펴보도록 하겠습니다.
- Chapter 06. 쿠버네티스 네트워킹: 쿠버네티스 네트워킹에 대해서 알아보고, 외부 트래픽을 클러스터 내부로 전달하는 방법에 대해 살펴보도록 하겠습니다.
- Chapter 07. 쿠버네티스 컨트롤러: 쿠버네티스 리소스 및 컨트롤러에 대해서 살펴보고, 각각의 동작 방식에 대해 알아보도록 하겠습니다.
- Chapter 08. helm 패키지 매니저: 쿠버네티스 패키지 매니저에 대해 살펴보도록 하겠습니다.
- Chapter 09. Ingress 리소스: 네트워크 Layer 7 트래픽 처리에 대해서 살펴보도록 하겠습니다.
- Chapter 10. 스토리지: 쿠버네티스 스토리지의 특징과 종류에 대해 살펴보도록 하겠습니다.
- Chapter 11. 고급 스케줄링: 사용자의 설정에 따라 Pod 및 Node를 스케줄링할 수 있는 기능에 대해 살펴보도록 하겠습니다.
- Chapter 12. 클러스터 관리: 쿠버네티스 클러스터를 관리하는 방법과 사용법에 대해 살펴보도록 하겠습니다.
- Chapter 13. 접근 제어: 쿠버네티스 접근 제어에 대한 전반적인 내용에 대해 다뤄보도록 하겠습니다.
- Chapter 14. 로깅과 모니터링: 클러스터 레벨의 로깅 및 리소스 모니터링에 대해 살펴보도록 하겠습니다.

- Chapter 15. CI/CD: CI 파이프라인 구성과 GitOps 스타일의 배포 방식에 대해 살펴보도록 하겠습니다.
- Chapter 16. 사용자 정의 리소스: 사용자가 직접 정의한 리소스를 사용하는 방법에 대해 살펴보도록 하겠습니다.
- Chapter 17. 워크플로우 관리: 컨테이너간 워크플로우를 설정할 수 있는 방법에 대해 살펴보도록 하겠습니다.
- 부록: 쿠버네티스의 미래에 대해 짧게 생각을 나누어보겠습니다.

예제 코드 및 참고자료

다음 깃허브 사이트에서 예제 코드 및 참고자료를 얻기 바랍니다.

https://github.com/bjpublic/core_kubernetes

감사의 인사

처음 집필을 제안해 주시고 그 과정에서 많은 도움 주신 김용기 편집자님께 감사 인사 드립니다. 초기 쿠버네티스 기술 도입에 많은 힘을 실어주시고 지원 아끼지 않으신 빅데이터실 조봉수 실장님과 TechPlatform 문효준 팀장님께 감사한 마음 전합니다. 책의 그림을 전적으로 담당하여 책의 풍성함을 한껏 더해준 이민에 연구원에게도 고마움을 전합니다.

필자도 쿠버네티스의 깊고 방대한 기능들을 전부 다 알진 못하지만, 이 멋진 플랫폼에 대해 알아가면서 시행착오와 실수를 통해 얻은 소중한 지식들을 많은 분들과 공유하고자 부족하지만 집필을 시작하게 되었습니다. 바라건대, 이 책을 통해 처음 쿠버네티스를 접하시는 분들이 조금이나마 빠르게 쿠버네티스를 이해하고 그 가치를 발견하여 다양한 분야에서 쿠버네티스를 적극 활용하셨으면 좋겠습니다.

저자 소개

유홍근 (커피고래)

술을 좋아하면 술고래, 커피를 좋아하면 커피고래라는 뜻으로, 커피를 즐겨 마시기에 이러한 닉네임을 사용하고 있습니다. 현재 LG전자에서 쿠버네티스를 이용하여 대규모 기계학습 플랫폼을 구축하는 MLOps 엔지니어로 일하고 있으며 클라우드, 컨테이너, 머신러닝 기술에 관심을 가지고 있습니다.

- 현) LG전자 - 빅데이터실
- 카이스트 석사 졸업
- CKA(Certified Kubernetes Administrator)
- CKAD(Certified Kubernetes Application Developer)
- Linux Foundation Authorized Instructor for Kubernetes
- <동아일보>, "아마존 EKS로 기계학습 모델 최적화 및 운영 효율 높였다"
- 커피고래(https://coffeewhale.com) 블로그 운영

베타 리더 리뷰

이 책은 쿠버네티스를 이용한 컨테이너 오케스트레이션 환경 구성에 대한 시야를 넓혀주는 책입니다. 도커 컨테이너가 보편화되고, 이 컨테이너들을 관리할 수 있는 오케스트레이션 툴인 쿠버네티스를 설치하고 AWS 환경에서 적용, 패키지 매니저를 통해 의존 관리까지 경험해볼 수 있습니다. 밑바닥부터 학습하려면 도중에 지칠 수 있습니다. 이 책은 한 그루의 나무보다는 숲을 보여줌으로써 다음에 무엇을 찾아보고 적용해야 할지 방향을 알려주는 것 같아서 좋았습니다.

한홍근

기존 서버 시스템을 클라우드 기반으로 변경하다 보니 뒤늦게 클라우드 인프라스트럭처를 접하고 있는 가운데, 가장 핫하다는 쿠버네티스를 접하게 되어 무척 반갑습니다. 책을 읽기 전까지는 쿠버네티스가 데브옵스 관점에서의 컨테이너 관리만을 위한 것으로 생각했으나, 로드밸런서와 네트워크, 서비스까지 총체적으로 제어, 관리하는 것에 놀라웠고, 왜 쿠버네티스가 데브옵스에서 핵심이 되었는지 알게 되었습니다. 저자의 실제 클라우드 운영 노하우가 그대로 담겨 있어서, 클라우드 기반 운영과 개발을 처음 접하는 모든 독자에게 환영받을 도서입니다.

이진

바야흐로 클라우드 시대로 접어들었으며, 많은 기업들이 MSA로 전환하고 있는 추세입니다. 이에 따라, 쿠버네티스의 중요성도 올라가고 있습니다. 시중에 쿠버네티스 책은 많으나, 내용이 장황하여, 실무에서 바로 활용할 수 있는 책은 드뭅니다. 『핵심만 콕 쿠버네티스』는 군더더기 없이 실무에서 필요한 쿠버네티스 핵심만 빠르게 습득할 수 있도록 안내하고 있습니다. 여러분의 MSA 여정에 이 책이 큰 도움이 될 것입니다.

이호경

이 책은 쿠버네티스를 처음 시작하는 초보자에게 적합합니다. 쿠버네티스 사용을 위해 도커부터 Pod, Service, Controller를 따라 할 수 있는 예시와 함께 설명하고 있습니다. 또한 쿠버네티스 패키지 매니저인 Helm, Ingress, 스토리지, 고급 스케줄링, 클러스터 관리에 대해서도 친절히 안내하고 있습니다.

조현석

목차

Chapter 09 Ingress 리소스 221

Chapter 10 스토리지 249

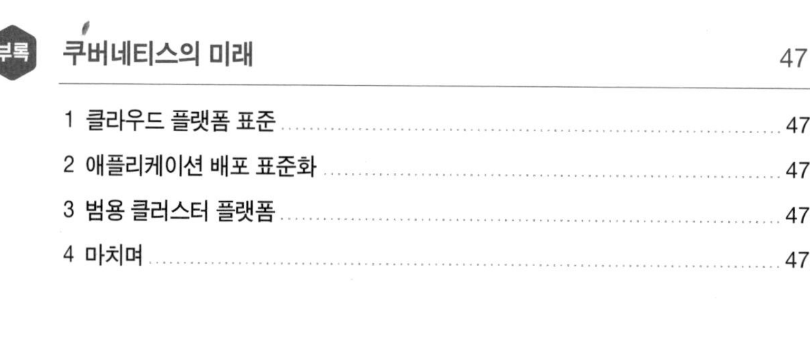

부록 쿠버네티스의 미래 471

도커 기초

Chapter 01 도커 기초

이번 장에서는 쿠버네티스의 기초 기술이 되는 도커 컨테이너에 대해 다뤄보도록 하겠습니다.

1.1 도커 소개

도커(Docker)는 가상실행 환경을 제공해주는 오픈소스 플랫폼입니다. 도커에서는 이 가상실행 환경을 '컨테이너(Container)'라고 부릅니다. 도커 플랫폼이 설치된 곳이라면 컨테이너로 묶인 애플리케이션을 어디서든 실행할 수 있는 장점을 가집니다. 특히, 클라우드 시대를 맞이하여 도커의 인기가 더욱 높아지고 있습니다. 클라우드 컴퓨팅으로 흐름이 넘어오게 되면서 빠르게 인프라를 구축할 수 있게 되어 서비스 또한 빠르게 배포할 수 있는 방법을 고민하게 되었고, 도커가 그것을 해결해 주었습니다. 뿐만 아니라 도커의 강력한 이식성은 온프레미스와 클라우드 서버간의 간극 줄이는데 사용할 수 있습니다. 한번 만들어진 이미지는 온프레미스 서버든 클라우드 서버든 상관없이 언제나 동일하게 동작하기 때문입니다. 도커는 다음과 같은 장점을 가집니다.

- 표준화(Standard): 도커를 사용하면 프로세스의 실행을 표준화시킬 수 있습니다. 프로세스가 어떠한 방식으로 작동하든 상관없이 동일한 형식으로 프로세스를 실행하고 관리할 수 있습니다.
- 이식성(Portability): 프로그램이 어디서 어떻게 만들어졌는지 상관없이 도커 플랫폼 위에서 실행된다면 동일한 실행 환경으로 프로세스를 작동시킬 수 있습니다.

- 가볍다(Lightweight): 도커는 실행되는 애플리케이션별로 커널을 공유해서, 다른 가상화 제품에 비해 가볍습니다.
- 강한 보안(Secure): 컨테이너라는 고립된 환경에서 실행되므로 보안 측면에서 유리합니다.

1.1.1 컨테이너와 가상머신

도커는 프로세스의 실행 환경을 가상화합니다. 가상실행 환경 기술은 새로운 기술이 아닙니다. 그렇다면 기존의 가상 환경 기술과 비교하여 어떤 차이점이 있는지 살펴보겠습니다.

컨테이너와 가상머신은 리소스를 가상화하고 고립화시키는 측면에서는 동일하지만, 실제 동작 방식에서는 차이가 있습니다. 가상머신은 기존의 서버에 하이퍼바이저를 설치하고, 그 위에 가상 OS와 APP을 패키징한 VM을 만들어 실행하는 방식인 하드웨어 레벨의 가상화를 지원합니다. 반면, 컨테이너는 운영체제를 제외한 나머지 애플리케이션 실행에 필요한 모든 파일을 패키징한다는 점에서 OS레벨 가상화를 지원합니다.

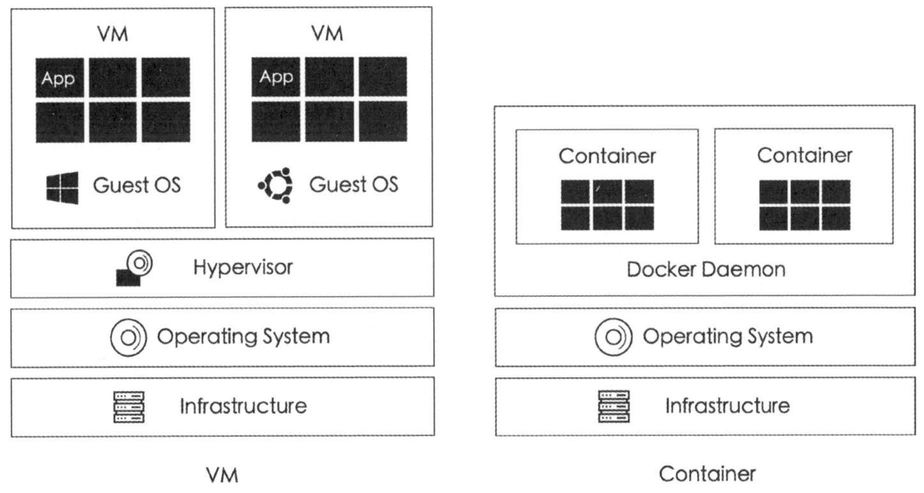

[그림 1-1] 컨테이너 vs 가상머신 (출처: https://www.docker.com/resources/what-container)

컨테이너는 게스트OS와 하이퍼바이저가 없기 때문에 이로 인한 오버헤드를 줄임으로써 훨씬 더 가볍게 프로세스를 실행할 수 있고 컨테이너에 대한 복제와 배포가 더 용이합니다.

- 컨테이너: 애플리케이션 레벨에서 필요한 소스코드와 관련 라이브러리들을 하나로 패키징하여 별도의 실행 환경을 만든 것입니다. 여러 개의 컨테이너가 동일한 호스트에서 커널을 공유하며 실행됩니다. 커널을 공유하지만 개별적인 '사용자 공간(user space)'을 가집니다. 컨테이너는 커널을 가지지 않으므로 더 가볍고, 실행할 때 더 적은 리소스를 사용합니다.
- 가상머신: 물리적인 하드웨어를 가상화하는 기술입니다. 이 기술을 통해 1개의 서버를 여러 개의 서버처럼 활용할 수 있는 효과를 가집니다. 개별 VM은 독립적인 운영체제를 포함하고 있습니다. 이러한 이유로 도커에 비해 고립성은 더 좋을 수 있겠지만, 가상 환경의 시작에 걸리는 오버헤드가 커지기 때문에 더 무겁고 느리다는 단점을 가집니다.

용어정리

- **온프레미스(on-premises)**: 기업이 데이터 센터를 보유하고 시스템 구축부터 운영까지를 모두 수행하는 방식을 온프레미스라고 합니다. 온프레미스 환경에서는 하드웨어, 네트워크, OS, 미들웨어 등 시스템 기반의 구성 요소를 시스템 요구사항에 맞춰 자체적으로 인프라를 구축합니다. 온프레미스는 클라우드 업체가 보장하는 것 이상의 기밀성이 중요한 데이터를 다루는 시스템에 적합합니다. 반면, 클라우드는 데이터 센터를 보유하지 않아서 탄력적 인프라 구성이 가능하고 서버나 네트워크 등 초기 시스템 투자에 드는 비용이 적은 대신 시간이 지날 수록 온프레미스에 비해 유지 비용이 많이 발생합니다. 클라우드는 트래픽의 변동성이 큰 시스템이나 빠르게 서비스를 런칭하고자 하는 신규 시스템에 적합합니다.
- **하이퍼바이저(Hypervisor)**: 하드웨어와 가상머신들 사이에서 하드웨어를 가상화하기 위해 하드웨어들을 제어할 뿐만 아니라, 각각의 가상머신들을 관리하는 역할을 수행합니다. 하드웨어의 물리적인 리소스를 VM들에 제공하고, 하드웨어간의 I/O 명령을 처리하며 VM이 동작할 수 있는 환경을 제공합니다.

1.1.2 CD 플레이어, 도커

공식 문서에서 소개하는 도커 설명 외에 개인적으로 도커를 소개할 때, 도커는 마치 CD 플레이어와 같다고 설명하곤 합니다. 사용자가 CD만 들고 있으면 CD 플레이어가 설치된 어느 컴퓨터에서든지 그 CD를 재생할 수 있듯이, 도커도 이와 마찬가지로 사용자가 도커 이미지(CD)만 가지고 있으면 도커 데몬(CD 플레이어)이 설치된 어느 컴퓨터에서든지 도커 프로세스(CD실행)를 실행할 수 있습니다.

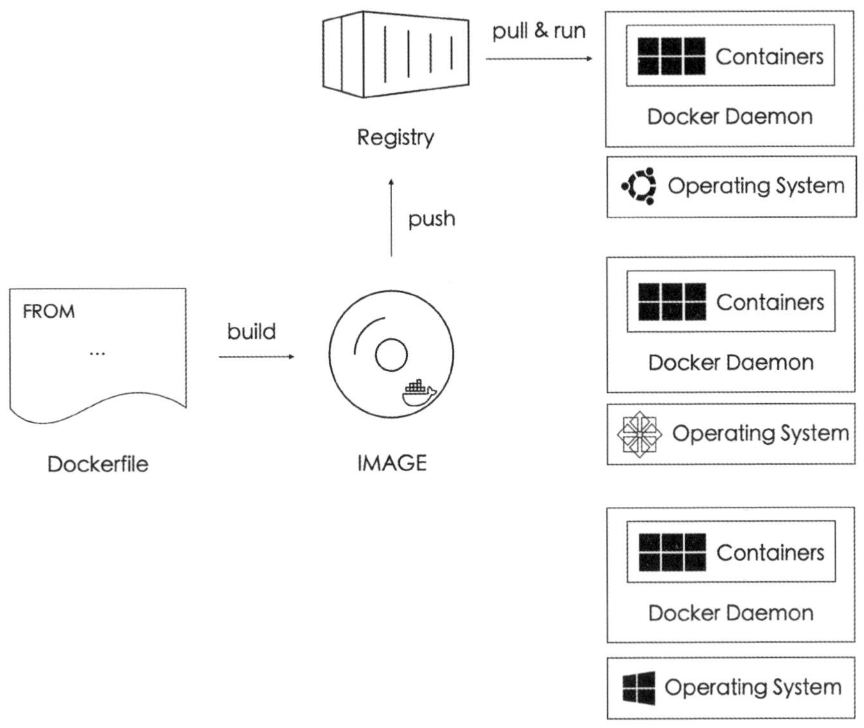

[그림 1-2] 도커 CD 플에이어

- 도커 이미지(Image): 사용자가 실행할 코드가 들어있는 바이너리입니다. CD와 마찬가지로 한번 생성하면 수정이 불가능합니다.
- 도커 파일(Dockerfile): 도커 이미지를 생성하기 위해 필요한 문서입니다.

- 도커 컨테이너(Container): 도커 이미지가 메모리 위에 상주하여 실제 코드가 수행되는 프로세스입니다. 컨테이너는 종료 시 모든 데이터가 휘발됩니다.
- 도커 데몬(Docker Daemon): 컨테이너가 정상적으로 수행될 수 있게 실행 환경을 제공합니다.
- 원격 레지스트리(Registry): 도커 이미지를 저장할 수 있는 원격 저장소입니다.

이제 본격적으로 컨테이너를 실행하고 중단하는 방법, 도커 이미지를 생성하는 방법, 원격 저장소에 이미지를 저장하는 방법들을 직접 따라해 보며 도커가 어떤 기술인지 이해해 봅시다.

1.1.3 도커 설치

Ubuntu 20.04에서는 다음과 같이 바로 도커를 설치할 수 있습니다.

```
sudo apt update && sudo apt install -y docker.io net-tools
sudo usermod -aG docker $USER

# 서버를 재시작합니다.
sudo reboot
```

주의

docker.io 패키지는 Debian에서 관리하는 패키지입니다. docker.com에서 제공하는 도커를 설치하고자 하는 경우 다음 페이지를 참고해 주시기 바랍니다. 기능상 차이점은 없고 설치하는 방식에서 차이가 납니다. docker.io 패키지의 설치 방법이 더 간단하기 때문에 이 책에서는 docker.io로 설치합니다.

https://docs.docker.com/engine/install/ubuntu

1.2 도커 기본 명령

가장 먼저 컨테이너 하나를 실행해 봅니다. 도커 컨테이너를 하나 실행한다는 것은 복잡하게 생각할 필요 없이 일반적인 프로세스 한 개를 실행하는 것과 별반 다르지 않습니다.

1.2.1 컨테이너 실행

```
docker run <IMAGE>:<TAG> [<args>]
```

첫 컨테이너를 실행해보겠습니다. 처음 실행할 컨테이너는 리눅스 명령어 중 cowsay라는 앙증 맞은 명령을 도커 컨테이너 버전으로 수정한 이미지입니다. 일반적으로 리눅스에서 cowsay를 실행하면 다음과 같이 출력됩니다.

```
sudo apt install -y cowsay
cowsay hello world!
#  ______________
# < hello world! >
#  --------------
#         \   ^__^
#          \  (oo)\_______
#             (__)\       )\/\
#                 ||----w |
#                 ||     ||
#
```

도커 컨테이너 버전의 cowsay는 다음과 같습니다.

```
docker run docker/whalesay cowsay 'hello world!'
# Unable to find image 'docker/whalesay:latest' locally
# ....
```

```
#  ______________
# < hello world! >
#  --------------
#     \
#      \
#       \
#                     ##        .
#               ## ## ##       ==
#            ## ## ## ##      ===
#        /""""""""""""""""___/ ===
#   ~~~ {~~ ~~~~ ~~~ ~~~~ ~~ ~ /  ===- ~~~
#        \______ o          __/
#         \    \        __/
#           \____\______/
```

귀여운 고래가 출력되었습니다. 도커 컨테이너를 실행하는 방법은 상당히 간단합니다. docker run이라는 명령 뒤에 실행하고자 하는 이미지(docker/whalesay)를 적고 마지막으로 컨테이너에 전달할 인자(cowsay 'hello world!')를 지정합니다. 컨테이너를 실행하면 로컬에 docker/whalesay라는 이미지가 없어서 자동으로 이미지를 원격 저장소에서 가져옵니다. 도커 이미지 주소의 형식은 다음과 같습니다.

```
<레지스트리 이름>/<이미지 이름>:<TAG>
```

레지스트리 주소는 도메인 주소 형식을 가지며 생략 시 기본적으로 docker.io 레지스트리를 사용합니다. 예제에서는 docker.io가 레지스트리 이름, docker/whalesay가 이미지 이름, TAG는 생략되었고 생략 시, 기본적으로 latest라는 TAG를 사용합니다.

- 기본 레지스트리 주소: docker.io
- 기본 사용 TAG: latest

```
docker/whalesay == docker.io/docker/whalesay:latest
```

이번에는 docker/whalesay 이미지에 다른 파라미터를 전달해보겠습니다(echo hello).

```
docker run docker/whalesay echo hello
# hello
```

echo 명령이 수행되었습니다. 해당 컨테이너는 파라미터로 어떤 인자를 전달하느냐에 따라 수행하는 명령이 달라집니다. 이번엔 -d 옵션으로 컨테이너를 백그라운드로 실행시켜보겠습니다. 이때 사용할 도커 이미지는 (nginx)라는 이미지입니다. nginx 이미지도 처음 사용하여 로컬에 없기 때문에 자동으로 원격 저장소에서 이미지를 가져옵니다.

```
# `-d`{.bash} 옵션 추가
docker run -d nginx
# Unable to find image 'nginx:latest' locally
# latest: Pulling from library/nginx
# 5e6ec7f28fb7: Pull complete
# ...
# d7455a395f1a4745974b0be1372ea58c1499f52f97d96b48f92eb8fa765bc69f
```

-d 옵션으로 컨테이너 실행 시, CONTAINER_ID가 리턴됩니다.

CONTAINER_ID는 사용자마다 다릅니다. docker ps를 통해 본인의 CONTAINER_ID를 확인하여 예제를 따라해 주시기 바랍니다.

nginx 이미지의 전체 주소는 다음과 같습니다.

```
nginx == docker.io/nginx:latest
```

1.2.2 컨테이너 조회

실행한 컨테이너에 대해서 조회를 할 수 있습니다. 리눅스의 ps 명령과 유사합니다.

```
docker ps
```

-d 옵션으로 실행한 컨테이너의 ID를 확인해보겠습니다.

```
docker ps
# CONTAINER ID    IMAGE    COMMAND                   CREATED          ...
# d7455a395f1a    nginx    "/docker-entrypoint.."    2 minutes ago    ...
```

nginx 이미지가 실행되고 있는 것을 확인할 수 있습니다.

1.2.3 컨테이너 상세정보 확인

컨테이너의 상세정보를 확인하기 위해서 다음 명령을 사용합니다.

```
docker inspect <CONTAINER_ID>
```

컨테이너의 상세정보를 출력합니다. 네트워크, 볼륨 등 컨테이너에 대한 모든 정보를 포함하고 있습니다.

```
# docker ps를 통해 얻은 <CONTAINER_ID>로 상세정보 확인
docker inspect d7455a395f1a
# [
#   {
#       "Id": "d7455a395f1a0f562af7a0878397953331b791c229a31b7eba0",
#       "Created": "2020-07-12T05:26:23.554118194Z",
#       "Path": "/",
#       "Args": [
```

```
#     ],
#     "State": {
#       "Status": "running",
#       "Running": true,
#       "Paused": false,
#       ...
```

1.2.4 컨테이너 로깅

컨테이너에서 출력되는 로그 기록을 확인할 수 있습니다.

```
docker logs <CONTAINER_ID>
```

백그라운드로 실행된 컨테이너의 로그를 직접 확인할 수 있습니다. -f는 follow output 옵션입니다(tail -f).

```
docker logs -f d7455a395f1a
# /docker-entrypoint.sh: /docker-entrypoint.d/ is not empty, ...
# /docker-entrypoint.sh: Looking for shell scripts in ...
# ...
```

<CTRL>+<C>로 로깅을 종료합니다.

1.2.5 컨테이너 명령 전달

간혹 실행된 컨테이너에 새로운 패키지를 설치하거나 설정을 수정해야 하는 경우가 있습니다. 이런 경우에 exec 명령을 이용하여 컨테이너에 명령을 전달할 수 있습니다.

```
docker exec <CONTAINER_ID> <CMD>
```

exec 명령으로 nginx 컨테이너에 wget을 설치하고 localhost로 요청을 보내겠습니다.

```
# 새로운 패키지 설치
docker exec d7455a395f1a sh -c 'apt update && apt install -y wget'
docker exec d7455a395f1a wget localhost
# ..
# Saving to: 'index.html'
#      0K .......... ..              166M=0s
# 2020-07-16 15:15:43 (166 MB/s) - 'index.html' saved [13134]
```

1.2.6 컨테이너 / 호스트간 파일 복사

실행한 컨테이너와 호스트 서버간에 파일을 주고받을 수 있습니다.

```
docker cp <HOST_PATH> <CONTAINER_ID>:<CONTAINER_PATH>
```

컨테이너 내부와 호스트서버 간의 파일을 복사합니다. 다음 예제를 살펴보겠습니다. 호스트 서버의 /etc/passwd 파일을 컨테이너 내부의 /usr/share/nginx/html/ 위치로 복사합니다.

/usr/share/nginx/html/은 nginx 서버의 웹 서빙 디렉터리입니다. 해당 디렉터리에 존재하는 파일들을 서빙합니다.

```
# 호스트에서 컨테이너로 파일 복사
docker cp /etc/passwd d7455a395f1a:/usr/share/nginx/html/.

# 확인
docker exec d7455a395f1a curl localhost/passwd
# root:x:0:0:root:/root:/bin/bash
```

```
# daemon:x:1:1:daemon:/usr/sbin:/usr/sbin/nologin
# bin:x:2:2:bin:/bin:/usr/sbin/nologin
# ...

# 컨테이너에서 호스트로 파일 복사
docker cp d7455a395f1a:/usr/share/nginx/html/index.html .

# 확인
cat index.html
# <!DOCTYPE html>
# <html>
# <head>
# <title>Welcome to nginx!</title>
# ...
```

curl localhost/passwd 요청을 통해 호스트의 파일이 컨테이너 내부로 복사된 것을 확인할 수 있었습니다. 마찬가지로 컨테이너 내부의 index.html 파일이 로컬 호스트 서버로 복사된 것을 확인할 수 있었습니다.

1.2.7 컨테이너 중단

사용이 완료된 컨테이너를 중단합니다.

```
docker stop <CONTAINER_ID>
```

다음 명령을 통해 백그라운드로 실행된 nginx 컨테이너를 멈춰 보겠습니다.

```
docker stop d7455a395f1a
# d7455a395f1a

docker ps
# CONTAINER ID    IMAGE    COMMAND    CREATED    STATUS    PORTS    NAMES
```

컨테이너를 멈추게 되면 docker ps에는 보이지 않지만 -a(--all) 옵션을 통해 종료된 컨테이너까지 전체를 확인할 수 있습니다.

```
docker ps -a
# CONTAINER ID   IMAGE   COMMAND        ...  STATUS        PORTS   NAMES
# d7455a395f1a   nginx   "/docker..."   ...  Exited (0)            ...
# ...
```

1.2.8 컨테이너 재개

종료된 컨테이너를 다시 재시작할 수 있습니다.

```
docker start <CONTAINER_ID>
```

start 명령으로 중단된 컨테이너를 다시 재개합니다.

```
docker start d7455a395f1a
# d7455a395f1a

docker ps
# CONTAINER ID    IMAGE    COMMAND                   CREATED          ...
# d7455a395f1a    nginx    "/docker-entrypoint.."    4 minutes ago    ...
```

1.2.9 컨테이너 삭제

중단된 컨테이너를 완전히 삭제할 수 있습니다.

```
docker rm <CONTAINER_ID>
```

컨테이너 삭제 후에는 더는 컨테이너를 재개하지 못합니다. 먼저 컨테이너를 중단하고 최종적으로 삭제합니다.

```
docker stop d7455a395f1a
# d7455a395f1a

docker rm d7455a395f1a
# d7455a395f1a

# 컨테이너 조회, nginx가 사라졌습니다.
docker ps -a
# CONTAINER ID  IMAGE             COMMAND       ...  STATUS       ...
# fc47859c2fdc  docker/whalesay  "echo hello"  ...  Exited (0)  ...
# 32047a546124  docker/whalesay  "cowsay ..."  ...  Exited (0)  ...
```

1.2.10 Interactive 컨테이너

이미지를 실행 시, -it 옵션을 통해 직접 컨테이너 안으로 접속하여 작업할 수도 있습니다. -it는 interactive (stdin, stdout 연결), tty (터미널 연결)의 약자입니다. ubuntu:16.04 이미지를 실행하며 bash 쉘을 실행합니다.

```
docker run -it ubuntu:16.04 bash
# Unable to find image 'ubuntu:16.04' locally

# 컨테이너 내부
root@1c23d59f4289:/#

root@1c23d59f4289:/# cat /etc/os-release
# NAME="Ubuntu"
# VERSION="16.04.6 LTS (Xenial Xerus)"
# ID=ubuntu
# ID_LIKE=debian
```

```
# 컨테이너에서 빠져 나오기
$root@1c23d59f4289:/# exit
```

로컬 호스트의 서버와는 다르게 컨테이너 내부의 OS 버전을 확인하면 16.04로 나오는 것을 확인할 수 있습니다. 이미 생성한 컨테이너에도 접속이 가능합니다. exec -it 명령을 이용하여 접속할 수 있습니다.

```
# 컨테이너 실행
docker run -d nginx
# c4484sc501e9a

# exec 명령을 통해서 bash 접속
docker exec -it c4484c501e9a bash

# 컨테이너 내부
$ root@c4484c501e9a:/#
```

컨테이너 내부로 접속하여 디버깅을 하거나 임시로 패키지를 설치할 때 자주 사용합니다.

주의

컨테이너는 휘발성 프로세스입니다. 컨테이너 내부의 파일시스템에 파일로 저장하였다 하더라도 컨테이너 삭제 시 모든 데이터가 사라집니다. 그렇기 때문에 패키지를 설치하더라도 컨테이너를 종료하면 설치된 패키지가 없어집니다.

1.3 도커 저장소

도커 허브(Docker Hub)는 도커 이미지 원격 저장소입니다. 사용자들은 도커 허브에 이미지를 업로드하고, 다른 곳에서 자유롭게 재사용할 수 있습니다. 깃허브와 마찬가지로 여러 사용자가 자신이 만든 도커 이미지를 서로 자유롭게 공유할 있는 장을 마련해 줍니다. 퍼블릭 저장소는 무료이고, 프라이빗 저장소에 대해서는 비용을 지불해야 합니다.

1.3.1 도커 허브 계정 만들기

도커 허브(https://hub.docker.com/)에 접속하여 계정을 생성합니다.

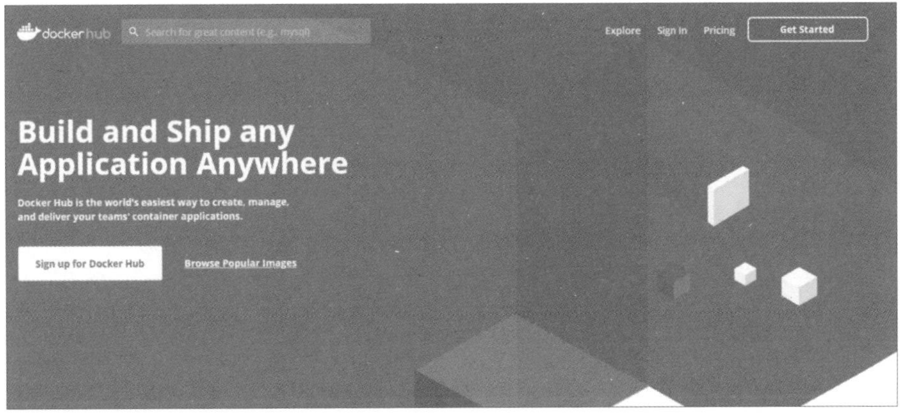

[그림 1-3] 도커 허브 (출처: https://hub.docker.com)

1.3.2 이미지 tag 달기

tag 명령을 이용하여 기존의 이미지에서 새로운 이름을 부여할 수 있습니다. nginx 이미지에 새로운 이름 <USERNAME>/nginx를 달아보겠습니다.

예제의 〈USERNAME〉 위치에 각자의 도커 허브 계정 이름을 입력합니다.

```
docker tag <OLD_NAME>:<TAG> <NEW_NAME>:<TAG>
```

nginx 이미지 이름에 새로운 이름(<USERNAME>/nginx:1)를 부여합니다.

```
docker tag nginx:latest <USERNAME>/nginx:1
```

tag를 부여할 때 <TAG>를 생략할 수도 있습니다.

```
docker tag nginx <USERNAME>/nginx
```

생략 시, 기본 tag인 latest이 입력됩니다.

1.3.3 이미지 확인

```
docker images
```

원격 저장소로부터 다운로드 받아 로컬 디스크에 저장된 이미지 리스트를 확인합니다. 지금까지 사용하고 생성한 이미지 리스트가 보입니다.

```
docker images
# REPOSITORY          TAG       IMAGE ID        CREATED          SIZE
# nginx               latest    89b0e8f41524    2 minutes ago    150MB
# hongkunyoo/nginx    latest    89b0e8f41524    2 minutes ago    150MB
# hongkunyoo/nginx    1         89b0e8f41524    2 minutes ago    150MB
# ubuntu              16.04     330ae480cb85    8 days ago       125MB
# docker/whalesay     latest    6b362a9f73eb    5 years ago      247MB
```

nginx:latest와 〈USERNAME〉/nginx:latest 이미지가 같은 IMAGE_ID를 가지고 있는 것을 확인해보십시오. 이름만 다를 뿐 사실상 같은 이미지입니다.

1.3.4 도커 허브 로그인

이미지 업로드를 위해 도커허브에 로그인합니다. 도커허브에서 생성한 계정과 비밀번호를 입력하세요.

```
docker login
# Username: <USERNAME>
# Password:
# WARNING! Your password will be stored unencrypted in ...
# Configure a credential helper to remove this warning. See
# https://docs.docker.com/engine/reference/commandline/login/#credentials-
store

# Login Succeeded
```

Login Succeeded이라는 문구가 출력되었다면 로그인에 성공한 것입니다.

1.3.5 이미지 업로드

```
docker push <USERNAME>/<NAME>
```

이제 이미지를 업로드합니다. 앞에서 생성한 <USERNAME>/nginx 이미지를 업로드합니다.

```
docker push <USERNAME>/nginx
# The push refers to repository [docker.io/hongkunyoo/nginx]
# f978b9ed3f26: Preparing
# 9040af41bb66: Preparing
```

1.3.6 이미지 다운로드

```
docker pull <IMAGE_NAME>
```

반대로 다음과 같이 이미지를 다운로드합니다. 예제에서는 redis 이미지를 다운로드 받아보겠습니다. 지금까지 run 명령을 사용하여 실행과 동시에 자동으로 이미지를 내려받았지만, pull 명령을 통해서 명시적으로 다운로드만 받을 수 있습니다.

```
docker pull redis
# Using default tag: latest
# latest: Pulling from library/redis
# 8559a31e96f4: Already exists
# 85a6a5c53ff0: Pull complete

docker images
# REPOSITORY          TAG       IMAGE ID        CREATED          SIZE
# hongkunyoo/nginx    latest    89b0e8f41524    2 minutes ago    150MB
# hongkunyoo/nginx    1         89b0e8f41524    2 minutes ago    150MB
# nginx               latest    89b0e8f41524    2 minutes ago    150MB
# redis               latest    235592615444    3 weeks ago      104MB
# ubuntu              16.04     330ae480cb85    8 days ago       125MB
# docker/whalesay     latest    6b362a9f73eb    5 years ago      247MB
```

1.3.7 이미지 삭제

```
docker rmi <IMAGE_NAME>
```

로컬 서버에 존재하는 이미지를 삭제합니다(docker images 명령으로 조회되는 이미지들).

```
docker rmi redis
# Untagged: redis:latest
# Untagged: redis@sha256:800f2587bf3376cb01e6307afe599ddce9439deafbd...
# Deleted: sha256:2355926154447ec75b25666ff5df14d1ab54f8bb4abf731be2fcb818c
7a7f145

docker images
# REPOSITORY          TAG       IMAGE ID          CREATED           SIZE
# nginx               latest    89b0e8f41524      2 minutes ago     150MB
# hongkunyoo/nginx    latest    89b0e8f41524      2 minutes ago     150MB
# hongkunyoo/nginx    1         89b0e8f41524      2 minutes ago     150MB
# ubuntu              16.04     330ae480cb85      8 days ago        125MB
# docker/whalesay     latest    6b362a9f73eb      5 years ago       247MB
```

rmi로 이미지를 삭제한다고 하여 원격 저장소에 존재하는 이미지까지 삭제되는 것은 아닙니다. 이미지 삭제 후, 도커 허브에서 다시 이미지를 다운로드할 수 있습니다.

```
docker pull redis
```

1.4 도커 파일 작성

지금까지는 다른 사용자가 만든 도커 이미지를 이용하여 컨테이너를 실행해보았습니다. 이번에는 직접 나만의 도커 이미지를 만들어 보려합니다. 도커 이미지를 생성하기 위해서는 Dockerfile이라는 텍스트 문서를 작성해야 합니다. 사용자는 Dockerfile에 특정 명령을 기술하여 원하는 도커 이미지를 생성합니다. 특정 명령이란,

- Dockerfile에 기반 이미지(base image)를 지정
- 원하는 소프트웨어 및 라이브러리를 설치하기 위한 명령을 기술
- 컨테이너 실행 시 수행할 명령을 기술하는 것입니다.

1.4.1 Dockerfile 기초

먼저, 다음과 같은 파이썬 스크립트와 도커 파일을 만들어보도록 하겠습니다.

hello.py

```
# hello.py
import os
import sys

my_ver = os.environ["my_ver"]
arg = sys.argv[1]

print("hello %s, my version is %s!" % (arg, my_ver))
```

Dockerfile

```
# Dockerfile
FROM ubuntu:18.04

RUN apt-get update \
    && apt-get install -y \
      curl \
      python-dev

WORKDIR /root
COPY hello.py .
ENV my_ver 1.0

CMD ["python", "hello.py", "guest"]
```

- FROM: 기반 이미지(base image)를 나타냅니다. 해당 이미지를 기반으로 새로운 도커 이미지가 생성됩니다.
- RUN: 사용자가 지정한 명령을 실행하는 지시자입니다.

- WORKDIR: 이미지의 작업 폴더(working directory)를 지정합니다. 예제에서는 /root 디렉터리를 이용합니다.
- COPY: 로컬 호스트에 존재하는 파일을 이미지 안으로 복사하는 지시자입니다.
- ENV: 이미지의 환경변수를 지정합니다.
- CMD: 이미지 실행 시, default로 실행되는 명령을 지정합니다.

1.4.2 도커 빌드

```
docker build <PATH> -t <IMAGE_NAME>:<TAG>
```

작성한 Dockerfile을 도커 이미지로 변환하기 위해 빌드 명령을 수행합니다. <PATH>는 Dockerfile이 위치한 디렉터리를 나타냅니다. 다음 예제에서는 <PATH>에는 현재 디렉터리를 나타내는 .을 사용하였고 이미지 이름은 hello, <TAG>는 1로 지정하였습니다. 처음 도커를 빌드하는데 시간이 조금 걸립니다.

```
# 현재 디렉터리에 위치한 Dockerfile을 이용하여 hello:1 이미지를 생성하라
docker build . -t hello:1
# Sending build context to Docker daemon   21.5kB
# Step 1/6 : FROM ubuntu:18.04
#  ---> 8e4ce0a6ce69
# Step 2/6 : RUN apt-get update && apt-get install -y curl
#  ---> Running in 2d62d9ed92f
# ...
```

완성한 도커 이미지를 이용하여 다음과 같이 실행해보겠습니다. 이미지로 넘겨주는 파라미터에 따라서 어떻게 동작하는지 살펴보도록 하겠습니다.

```
docker run hello:1
# hello guest, my version is 1.0!

# 파라미터를 넘기게 되면 기존 CMD는 override됩니다.
docker run hello:1 echo "hello world!"
# hello world!

docker run hello:1 cat hello.py
# import os
# import sys
# ...

docker run hello:1 pwd
# /root
```

컨테이너 실행 시, -e 옵션으로 환경변수를 주입할 수 있습니다.

```
docker run -e KEY=VALUE <REGISTRY>/<IMAGE>:<TAG>
```

my_ver 환경변수를 1.5로 수정하여 실행해 봅니다

```
docker run -e my_ver=1.5 hello:1
# hello guest, my version is 1.5!
```

1.4.3 Dockerfile 심화

ARG

Dockerfile 안에서 사용할 수 있는 매개변수를 정의합니다. 파라미터로 넘겨지는 변수의 값에 따라, 생성되는 이미지 내용을 바꿀 수 있습니다.

```
FROM ubuntu:18.04

RUN apt-get update \
    && apt-get install -y \
      curl \
      python-dev

ARG my_ver=1.0

WORKDIR /root
COPY hello.py .
ENV my_ver $my_ver

CMD ["python", "hello.py", "guest"]
```

ARG 지시자를 이용하여 my_ver이라는 변수를 생성합니다. 이미지 빌드 시, --build-arg 옵션을 이용하여 ARG 값을 덮어 씌울 수 있습니다. 다음 예제에서는 ARG의 기본값 1.0이 아닌 2.0이 설정됩니다.

```
docker build . -t hello:2 --build-arg my_ver=2.0

docker run hello:2
# hello guest, my version is 2.0!
```

이미지 빌드 시점에서 환경변수의 값을 바꾸더라도 컨테이너 실행 시점에서 여전히 환경변수를 변경할 수 있습니다.

```
docker run -e my_ver=2.5 hello:2
# hello guest, my version is 2.5!
```

ENTRYPOINT

CMD와 유사하나 실행 명령이 override되지 않고 실행 가능한 이미지를 만듭니다.

```
# Dockerfile
FROM ubuntu:18.04

RUN apt-get update \
    && apt-get install -y \
      curl \
      python-dev

WORKDIR /root
COPY hello.py .
ENV my_ver 1.0

ENTRYPOINT ["python", "hello.py", "guest"]
```

기존 CMD에서 ENTRYPOINT로 지시자를 변경하였습니다.

```
docker build . -t hello:3

docker run hello:3
# hello guest, my version is 1.0!

# 실행 명령을 전달해도 ENTRYPOINT 그대로 실행됩니다.
docker run hello:3 echo "hello"
# hello guest, my version is 1.0!
```

echo "hello" 명령을 파라미터로 전달하더라도 실행 명령이 override되지 않습니다. 이미지 자체가 실행 가능한 바이너리처럼 바뀌었기 때문입니다. 대신 파라미터 전달 시, 해당 값이 ENTRYPOINT의 파라미터로 그대로 전달됩니다.

기존 도커 파일에서 ENTRYPOINT만 조금 수정해보겠습니다.

```
# Dockerfile
FROM ubuntu:18.04

RUN apt-get update \
    && apt-get install -y \
      curl \
      python-dev

WORKDIR /root
COPY hello.py .
ENV my_ver 1.0

# guest를 삭제합니다.
ENTRYPOINT ["python", "hello.py"]
```

hello:4로 새로 이미지를 빌드합니다.

```
docker build . -t hello:4

# new-guest 파라미터를 전달합니다.
docker run hello:4 new-guest
# hello new-guest, my version is 1.0!
```

hello:4 이미지로 전달된 파라미터 (new-guest)가 실행 명령으로 override되지 않고 그대로 python hello.py의 파라미터로 전달되는 것을 확인할 수 있습니다.

마치 python hello.py new-guest가 호출된 것처럼 동작합니다.

CMD와 ENTRYPOINT 차이점

CMD는 쉽게 이해하자면, default command라고 생각하면 됩니다. 사용자가 이미지를 실행할 때 별다른 명령을 파라미터로 넘겨주지 않으면 default로 실행되는 명령이고 언제든지 override할 수 있습니다. 반대로, ENTRYPOINT는 이미지를 실행 가능한 바이너리로 만들어주는 지시자입니다. 이미지 실행 시, 무조건 호출되고 파라미터를 전달하게 되면 해당 파라미터가 그대로 ENTRYPOINT의 파라미터로 전달됩니다.

1.5 도커 실행 고급

도커 실행 시 몇 가지 옵션들을 조금 더 소개하겠습니다.

1.5.1 Network

```
docker run -p <HOST_PORT>:<CONTAINER_PORT> <IMAGE_NAME>
```

외부의 트래픽을 컨테이너 내부로 전달하기 위해서 로컬 호스트 서버와 컨테이너의 포트를 매핑시켜 트래픽을 포워딩합니다. (포트 포워딩) 다음 예제는 호스트의 5000번 포트를 컨테이너의 80포트와 매핑하는 명령입니다.

```
# 호스트의 5000번 포트를 컨테이너의 80포트와 매핑합니다.
docker run -p 5000:80 -d nginx
# rlasdf0234klcvmz904390zxhvksdf230zxc

# 5000번으로 localhost 호출합니다.
curl localhost:5000
# <!DOCTYPE html>
# <html>
# <head>
# <title>Welcome to nginx!</title>
# ...

# 내부/공인 IP로도 확인합니다.
```

```
curl <내부 또는 공인 IP>:5000
# <!DOCTYPE html>
# <html>
# <head>
# <title>Welcome to nginx!</title>
# ...
```

내부/공인 IP를 이용하여 직접 웹 브라우저에 입력합니다.

```
웹 브라우저 URL: <내부 IP/공인 IP>:5000
```

앞으로 예제를 따라하면서 종종 호스트 서버의 내부 IP와 외부 (공인) IP를 사용해야 하는 경우가 있습니다. 서버의 IP를 찾는 방법은 다양하지만 다음 명령들을 이용하면 IP를 찾는데 도움이 됩니다.

- 내부 IP 확인법: hostname -i 또는 ifconfig
- 공인 IP 확인법: curl ifconfig.co (해당 방법은 명시적으로 공인 IP가 서버에 할당되어 있을 경우에만 유효합니다. 그렇지 않다면 인터넷 게이트웨이(또는 NAT 게이트웨이) IP를 얻을 가능성이 높습니다.

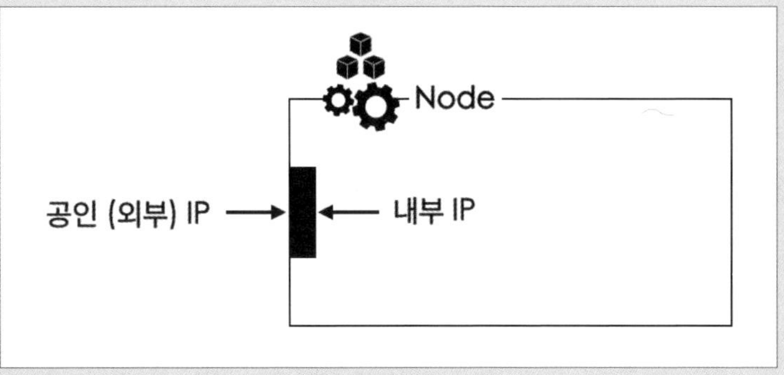

[그림 1-4] IP주소

1.5.2 Volume

```
docker run -v <HOST_DIR>:<CONTAINER_DIR> <IMAGE_NAME>
```

컨테이너는 휘발성 프로세스이기 때문에 컨테이너 내부의 데이터를 영구적으로 저장할 수 없습니다. 컨테이너의 데이터를 지속적으로 보관하기 위해서는 볼륨이라는 것을 사용합니다. 컨테이너 실행 시, 로컬 호스트의 파일시스템을 컨테이너와 연결하여 필요한 데이터를 로컬 호스트에 저장할 수 있습니다(볼륨 마운트).

```
# 현재 디렉터리를 컨테이너의 nginx 디렉터리와 연결합니다.
docker run -p 6000:80 -v $(pwd):/usr/share/nginx/html/ -d nginx

# 현재 디렉터리에 hello.txt 파일을 생성합니다.
echo hello! >> $(pwd)/hello.txt

# nginx 내부에서 해당 파일이 보이는지 확인합니다.
curl localhost:6000/hello.txt
# hello!
```

변경사항이 많은 파일의 경우, 컨테이너 내부에 파일을 두지 않고 호스트 서버의 디렉터리를 연결하여 호스트 서버에서 조금 더 손쉽게 파일을 수정할 수 있습니다. 또한, 컨테이너는 컨테이너 종료 시 저장된 데이터가 사라지지만 볼륨을 이용하여 데이터를 저장하는 경우, 데이터가 유실되지 않고 유지되는 장점이 있습니다.

1.5.3 Entrypoint

앞서 ENTRYPOINT는 파라미터 전달 시, override되지 않는다고 설명했지만 --entrypoint라는 옵션으로 ENTRYPOINT를 강제로 override 하는 방법이 있습니다.

```
# Dockerfile
FROM ubuntu:18.04

ENTRYPOINT ["echo"]
```

```
docker build . -t lets-echo

docker run lets-echo hello
# hello

# cat의 결과가 출력되는 것을 기대하나 cat '/etc/passwd'라는 문자열이 출력됩니다.
docker run lets-echo cat /etc/password
# cat /etc/password

# entrypoint를 cat 명령으로 override
docker run --entrypoint=cat lets-echo /etc/passwd
# root:x:0:0:root:/root:/bin/bash
# daemon:x:1:1:daemon:/usr/sbin:/usr/sbin/nologin
# bin:x:2:2:bin:/bin:/usr/sbin/nologin
# ...
```

1.5.4 User

기본적으로 컨테이너의 유저는 root입니다. 하지만 보안상 이유로 root가 아닌 일반 유저를 사용하도록 만들 수 있습니다.

```
# Dockerfile
FROM ubuntu:18.04

# Ubuntu 유저 생성
RUN adduser --disabled-password --gecos "" ubuntu

# 컨테이너 실행 시 ubuntu로 실행
USER ubuntu
```

```
# my-user라는 이미지 생성
docker build . -t my-user

# ubuntu라는 유저로 컨테이너 실행
docker run -it my-user bash
ubuntu@b09ce82d4a77:/$

ubuntu@b09ce82d4a77:/$ apt update
# Reading package lists... Done
# E: List directory /var/lib/apt/lists/partial is missing.
# - Acquire (13: Permission denied)

ubuntu@b09ce82d4a77:/$ exit
```

ubuntu는 root 유저가 아니므로 root 권한이 필요한 apt 사용하게 되면 퍼미션 에러가 발생합니다. 컨테이너 실행 시, --user 옵션을 이용하여 명시적으로 유저를 입력할 수 있습니다.

```
# 강제로 root 유저 사용
docker run --user root -it my-user bash
root@0ac2522215e8:/# apt update
# Get:1 http://security.ubuntu.com/ubuntu bionic-security InRelease
# Get:2 http://archive.ubuntu.com/ubuntu bionic InRelease [242 kB]
# ...

root@0ac2522215e8:/$ exit
```

1.6 마치며

쿠버네티스의 기초가 되는 컨테이너 기술에 대해서 살펴보았습니다. 컨테이너는 가상환경을 통해 도커가 설치된 어디서든 정상적으로 동작할 수 있는 발판을 마련해줍니다. 쿠버네티스는 이러한 도커의 특징을 잘 이용하여 단순히 하나의 서버에서뿐만 아니라, 여러 서버에서 여러 개의 컨테이너를 어떻게 잘 실행시킬 것인지에 집중합니다. 이제, 본격적으로 쿠버네티스에 대해 알아보도록 하겠습니다.

Clean up

```
# 생성된 모든 컨테이너 삭제
docker rm $(docker ps -aq) -f
docker rmi $(docker images -q) -f
```

쿠버네티스 소개

쿠버네티스 소개

이번 장에서는 쿠버네티스란 무엇인지 기본 개념과 전반적인 아키텍처에 대해 살펴 보고 그 장점에 대해서 알아보도록 하겠습니다.

2.1 쿠버네티스란?

쿠버네티스(Kubernetes, k8s)는 여러 서버로 구성된 클러스터 환경에서 컨테이너화된 프로세스를 관리하기 위한 컨테이너 오케스트레이션(Orchestration) 플랫폼입니다. 컨테이너는 가상 머신과는 다르게 호스트 운영체제를 공유합니다. 그래서 가상 머신에 비해 훨씬 더 가볍지만 가상 머신과 마찬가지로 실행 환경을 독립적으로 가져갈 수 있습니다. 가벼우면서도 가상화된 실행 환경을 가지는 컨테이너의 특징 덕분에 컨테이너를 쉽게 복제하거나 배포할 수 있습니다. 이러한 컨테이너를 여러 서버에 걸쳐 여러 개를 실행시키는 데 체계적으로 관리하는 기술을 컨테이너 오케스트레이션이라고 합니다. 쿠버네티스를 통해 컨테이너의 배포, 확장 및 스케줄링을 자동화할 수 있습니다.

[그림 2-1] 쿠버네티스 로고

쿠버네티스의 역사

그리스어로 키잡이(helmsman)를 뜻하는 쿠버네티스는 조 베다(Joe Beda), 브렌든 번스(Brendan Burns), 크레이그 맥루키(Craig McLuckie)에 의해 설립되었습니다. 2014년 중순 구글이 처음 발표했으며, 2015년 7월 21일 쿠버네티스 v1.0을 출시하였습니다. 쿠버네티스는 출시와 함께 CNCF(Cloud Native Computing Foundation) 재단에 기증되어 CNCF의 첫 번째 프로젝트가 되었습니다.

- 쿠버네티스 공식 웹사이트: https://kubernetes.io/
- 쿠버네티스 깃허브: https://github.com/kubernetes/kubernetes

CNCF란, 클라우드 네이티브 (Cloud Native) 오픈소스를 관리하는 재단으로 Linux Foundation의 하위 재단입니다. 클라우드 및 컨테이너 기술을 활용하여 확장 가능하고 유연한 애플리케이션을 만드는데 집중합니다. 구글, CoreOS, 레드헷, IBM 등이 초기 멤버로 시작하였고 현재는 약 450개의 멤버가 참여하고 있습니다. 2020년 현재, 약 11개의 Graduated 프로젝트와 약 19개의 인큐베이팅 프로젝트가 CNCF 산하에 운영되고 있습니다.

2.1.1 컨테이너 오케스트레이션이란?

컨테이너 오케스트레이션은 다수의 서버 위에서 컨테이너의 전반적인 라이프사이클을 관리해주는 플랫폼입니다. 쿠버네티스는 대표적인 컨테이너 오케스트레이션 플랫폼입니다. 구체적으로 다음과 같은 역할들을 담당합니다.

쿠버네티스는 컨테이너의,

- 실행 및 배포를 책임집니다.
- 이중화와 가용성을 보장합니다.

- 수평확장 및 축소를 관리합니다.
- 스케줄링을 담당합니다.
- 네트워크 설정을 관리합니다.
- health 상태를 모니터링합니다.
- 설정값을 관리합니다.

2.1.2 데이터 센터 운영체제

쿠버네티스를 다르게 소개해보겠습니다. 쿠버네티스를 데이터 센터 운영체제 또는 클러스터 운영체제라고 소개합니다. 데이터 센터(또는 클러스터)는 여러 서버를 연결하여 하나의 시스템처럼 동작하게 하는 컴퓨터의 집합을 의미합니다. 운영체제란 CPU, 메모리, 디스크, 네트워크 카드와 같은 부품으로 구성된 컴퓨터를 직접적인 물리장치 제어 없이 컴퓨터를 활용할 수 있게 인터페이스를 지원하고 사용자가 필요한 각종 자원을 제공하는 서비스 제공자 역할을 수행합니다. 운영체제는 사용자의 프로그램이 정상적으로 동작할 수 있게 전반적인 환경을 제공합니다.

- 데이터 센터(클러스터)
  - 여러 컴퓨터의 집합체
  - 리소스컴퓨팅 자원의 군집
- 운영체제
  - 하드웨어 추상화
  - 프로세스 스케줄링
  - 컴퓨팅 자원 관리
  - 사용자 인터페이스(UI)

쿠버네티스를 데이터 센터 운영체제라 정의하는 이유는, 쿠버네티스가 여러 컴퓨터의 집합으로 이루어진 하나의 거대한 시스템을 추상적으로 제어할 수 있는 사용자 인터페이스를 제공하고 프로그램(컨테이너)이 정상적으로 실행될 수 있게 여러 가지 기능을 제공하는 플랫폼이기 때문입니다. 이것을 일반 PC와 비교해보면 더 이해하기 쉽습니다. 일반 PC를 사용할 때 직접 물리 장치를 직접 제어하지 않고 윈도우나 리눅스와 같은 운영체제를 통해 컴퓨터를 제어하고 프로그램을 실행합니다. 이와 마찬가지로, 클러스터 시스템을 제어할 때는 쿠버네티스라는 운영체제를 사용한다고 볼 수 있습니다.

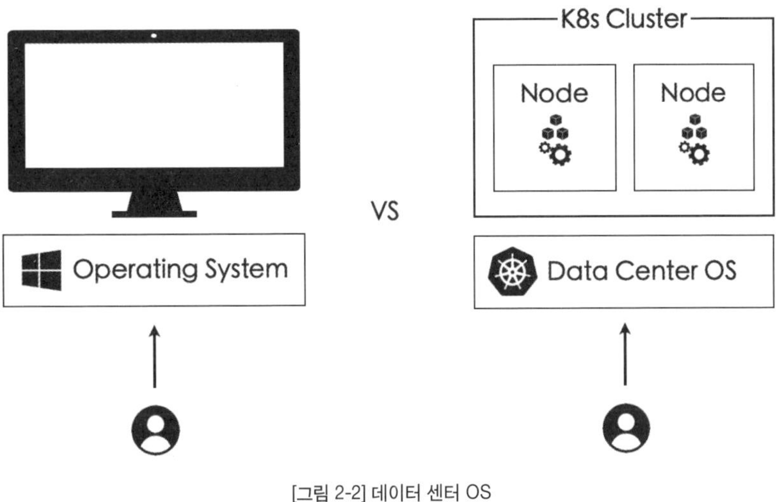

[그림 2-2] 데이터 센터 OS

2.2 쿠버네티스의 기본 개념

쿠버네티스는 일반적인 운영체제와 같이 운영체제로서 지원하는 기능들을 비슷하게 제공합니다. 예를 들어, 사용자가 개별 노드(서버)를 직접 제어하지 않고 쿠버네티스라는 추상화된 레이어를 통해 클러스터를 제어할 수 있는 하드웨어 추상화 기능을 제공하고 컨테이너의 스케줄링, 자원할당 관리 등의 기능을 제공합니다. 또한, 일반 PC에서 사용자가 그래픽 유저 인터페이스를 통해 컴퓨터를 쉽게 제어하듯이 쿠버네티스에서는 kubectl이라는 유저 인터페이스를 이용하여 쿠버네티스를 제어합니다. 비록 그래픽 기반의 인터페이스는 아닐지라도 쿠버네티스를 제어하기에 충분히 강력합니다. 그 외의 특징들을 더 살펴보도록 하겠습니다.

2.2.1 애완동물 vs 가축

쿠버네티스는 서버를 애완동물(Pet)보다는 가축(cattle)에 가깝다고 비유합니다. 서버를 가축에 비유하는 이유가 무엇일까요? 애완동물과 가축의 차이점에 대해 생각해보면서 이해를 돕도록 하겠습니다. 애완동물은 세심한 관리가 필요하고 가축은 때로 방목하여 키웁니다. 애완동물은 개체마다 정해진 이름이 있고, 배고프지 말라고 끼니를 챙겨주며, 아프지 말라고 예방 접종을 합니다. 반면, 가축은 개별적으로 정해진 이름 없이 무리로 관리합니다. 때로 무리에서 낙오된 개체는 죽기도 합니다. 애완동물과는 다르게 가축 한두 마리 죽는 것에 크게 슬퍼하지 않습니다. 워낙 개체수가 많으니까요. 쿠버네티스도 서버를 바라보는 관점이 이와 유사합니다.

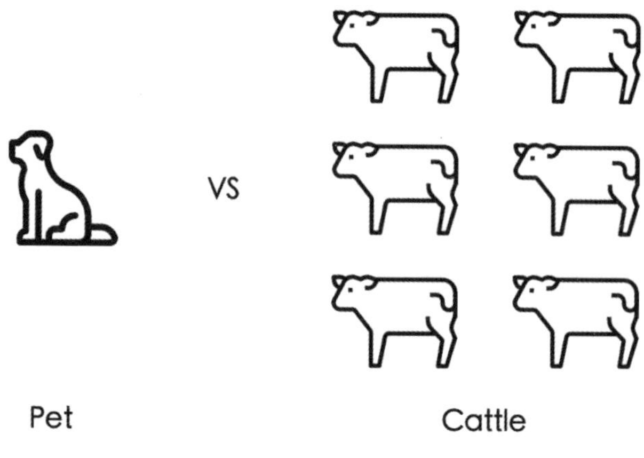

[그림 2-3] 애완동물 vs 가축

첫째, 서버마다 특별한 이름을 부여하지 않습니다. 이것은 서버마다 특정 역할이 정해져 있지 않는다는 것을 의미합니다. 예를 들어, 특정 서버의 역할을 빌드 서버, 웹 서버, 모니터링 서버 등으로 구분하지 않습니다. 모든 서버들은 워커 서버로 동일합니다.

둘째, 가축과 마찬가지로 한두 개의 서버가 망가져도 문제없습니다. 손쉽게 다른 서버에게 그 역할을 맡길 수 있으니까요. 쿠버네티스 안에서는 모든 서버들이 마스터와 워커로만 구분됩니다. 마스터에서는 쿠버네티스를 운용하기 위한 필수적인 핵심 컴포넌트가 존재하고, 나머지 워커 노드들은 단순히 컨테이너를 실행하는 환경(Container Executor)으로 사용합니다. 워커마다 특별한 역할을 맡지 않기 때문에 마스터가 죽지 않는 이상 특정 워커가 수행했던 역할을 나머지 워커들에 맡겨도 문제없습니다. 이것은 컨테이너라는 고립화된 가상실행 환경을 통해 이식성을 높였기에 가능한 일입니다. 이러한 특징으로, 많은 수의 서버를 관리하기에 수월합니다.

2.2.2 바라는 상태(Desired State)

쿠버네티스에는 "바라는 상태"라는 개념이 있습니다. 이것을 에어컨 시스템에 비유할 수 있습니다. 에어컨을 사용할 때, 현재 상태가 존재하고 (현재 온도) 사용자가 바라는 상태 (희망 온도)가 있습니다. 에어컨 시스템이 사용자의 희망온도에 따라 현재 상태를 변경시키기 위해 에어컨 시스템을 작동시키듯, 쿠버네티스는 사용자의 요청에 따라 현재 상태가 바라는 상태와 동일해지도록 사전에 미리 정의된 특정 작업을 수행합니다. 쿠버네티스에서 바라는 상태란 사용자가 생각하는 최종 애플리케이션 배포 상태를 말합니다. 사용자는 자신이 원하는 애플리케이션 배포 상태를 쿠버네티스에게 알려주면 쿠버네티스가 자동으로 현재 상태를 바라는 상태로 변경합니다. 바라는 상태를 가지는 것의 장점으로는 쿠버네티스에 장애가 발생하여 애플리케이션이 죽더라도 바라는 상태를 알기 때문에 손쉽게 원래의 바라는 상태로 배포 상태를 되살릴 수가 있습니다. (자가 치유)

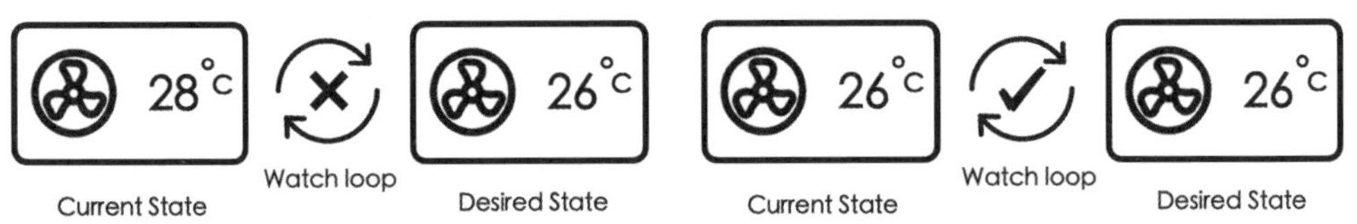

[그림 2-4] 현재상태 vs 바라는 상태

2.2.3 컨트롤러(Controller)

사용자가 '바라는 상태'를 선언하면, 쿠버네티스는 현재 상태를 사용자가 바라는 상태로 변경시킵니다. 현재 상태를 바라는 상태로 변경하는 주체를 '컨트롤러(Controller)'라고 부릅니다. 컨트롤러는 control-loop라는 루프를 돌며 특정 리소스를 지속적으로 모니터링하다가, 사용자가 생성한 리소스의 이벤트에 따라 사전에 정의된 작업을 수행합니다. 예를 들어, 뒤에서 살펴볼 Job라는 리소스를 사용자가 생성하면 (바라는 상태) 그에 맞는 배치 작업 프로세스를 실행 (특정 작업 수행)합니다.

2.2.4 쿠버네티스 리소스(Resource)

쿠버네티스는 모든 것이 리소스(Resource)로 표현됩니다. Pod, ReplicaSet, Deployment 등 쿠버네티스에는 다양한 리소스가 존재하고 각각의 역할이 있습니다. 리소스마다 세부 정의가 다르고 그에 따른 역할과 동작 방식이 다르지만 모두 리소스로 표현됩니다. 쿠버네티스의 가장 기본적인 리소스는 Pod입니다. Pod는 하나 이상의 컨테이너를 가지는 쿠버네티스의 최소 실행 단위입니다. 쿠버네티스에서 프로세스(컨테이너)를 실행한다는 의미는 Pod 리소스를 생성하는 것과 같다고 볼 수 있습니다. (컨테이너와 Pod는 완벽하게 동일하지는 않지만 Pod를 쉽게 이해하기 위한 설명입니다.)

2.2.5 선언형 커맨드(Declarative Command)

쿠버네티스에서는 선언형 커맨드(Declarative Command)를 지향합니다. 선언형 커맨드란 사용자가 직접 시스템의 상태를 바꾸지 않고 사용자가 바라는 상태를 선언적으로 기술하여 명령을 내리는 방법을 말합니다. 선언형 커맨드와 반대되는 개념이 명령형(Imperative) 커맨드입니다. 명령형 커맨드는 일반적으로 자주 사용하는 명령 형식입니다. 명령형 커맨드는 어떻게(HOW)에 대한 명령이라면 선언형 커맨드는 무엇을(WHAT)에 대한 명령입니다. 명령형 커맨드의 예로 SQL 쿼리를 들 수 있습니다. SQL 쿼리는 어떻게 테이블의 데이터를 질의할 것인가에 대한 명령입니다. 대부분의 명령이 이런 명령형 커맨드에 기반합니다. 반면, 선언형 커맨드의 대표적인 예로 HTML 문서를 들 수 있습니다. HTML 문서는 어떻게 명령을 수행해야 할지에 대한 정보는 없습니다. 대신 무엇을 해야 하는지 선언되어 있습니다. 예를 들어, <a href>라는 명령(element)이 선언되어 있으면, 웹 브라우저에서는 해당 선언을 보고 하이퍼링크를 연결해야 한다는 것(WHAT)을 알 수 있어 웹 브라우저가 직접 하이퍼링크를 연결하는 작업을 수행합니다.

쿠버네티스에서는 YAML형식을 이용하여 선언형 명령을 내립니다. 다음은 쿠버네티스에서 사용하는 YAML 형식의 리소스(Pod) 예시입니다.

```yaml
apiVersion: v1
kind: Pod
metadata:
  name: mypod
spec:
  containers:
  - image: nginx
    name: nginx
```

이러한 YAML 형식의 리소스를 'YAML 정의서(YAML description)'라고 부릅니다. 사용자는 쿠버네티스에 어떤 명령을 전달하거나 옵션값을 수정할 때 YAML 정의서의

YAML property를 추가하거나 수정합니다. 앞으로 계속해서 새로운 개념과 리소스를 살펴볼 때마다 그에 해당하는 YAML 정의서를 살펴볼 예정입니다. 사용자는 각 리소스마다의 모든 설정값을 외울 필요가 없습니다. 최소한의 필수값을 채워서 리소스를 생성하면, 나머지는 쿠버네티스가 기본값으로 리소스를 생성합니다.

2.2.6 네임스페이스(Namespace)

쿠버네티스에는 클러스터를 논리적으로 분리하는 네임스페이스라는 개념이 있습니다. 물리적으로는 하나의 쿠버네티스 클러스터 위에서 논리적으로 서로 다른 네임스페이스로 클러스터 환경을 나눌 수 있습니다. 네임스페이스마다 서로 다른 권한 설정을 할 수 있으며, 네트워크 정책 등을 설정할 수 있습니다. 쿠버네티스의 모든 리소스를 크게 두 가지로 구분하자면 네임스페이스 레벨 리소스와 클러스터 레벨 리소스로 구분이 됩니다.

네임스페이스 리소스는 특정 네임스페이스 안에 속하여 존재합니다. Pod, Deployment, Service와 같이 대부분의 쿠버네티스 리소스가 네임스페이스 안에 포함됩니다. 반면, Node, PersistentVolume, StorageClass와 같이 네임스페이스 영역에 상관없이 클러스터 레벨에서 존재하는 리소스도 있습니다. 네임스페이스는 사용자가 원하는대로 자유롭게 추가, 삭제가 가능합니다.

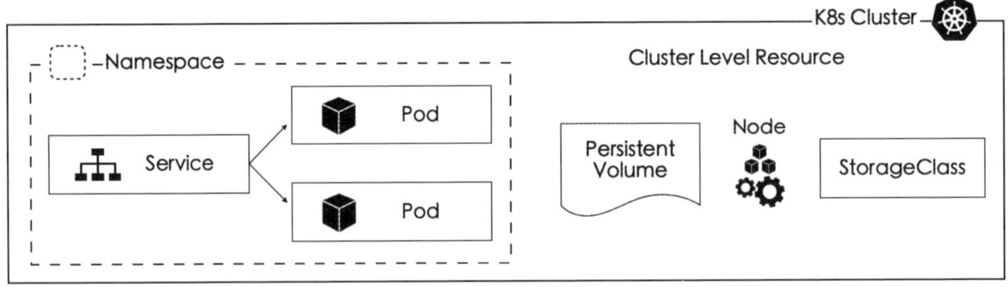

[그림 2-5] 네임스페이스

2.2.7 라벨 & 셀렉터(Label & Selector)

쿠버네티스에는 독특한 리소스 질의 체계가 존재합니다. 특정 리소스(또는 리소스 그룹)에 명령을 전달하거나 정보를 확인하고 싶을 때 라벨링 시스템을 이용합니다. 라벨링 시스템을 이용하여 질의하기 위해서 먼저 리소스에 key-value 형식의 태그정보(라벨)를 붙입니다. 그런 다음, 태깅한 리소스를 찾기 위해 셀렉터라는 것을 이용하여 특정 key-value를 가진 리소스만 추출할 수 있습니다. 쿠버네티스는 리소스간의 관계가 느슨하게 연결(loosely coupled)되어 유연한 구조를 가지는데 바로 라벨 & 셀렉터 메커니즘을 이용합니다.

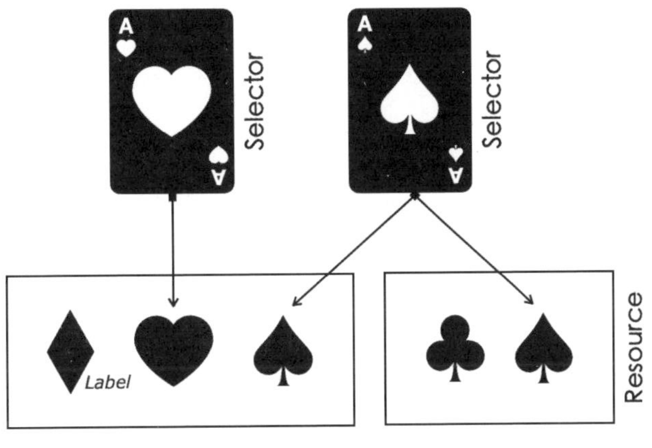

[그림 2-6] 라벨링 시스템

[그림 2-6]에서 볼 수 있듯이 각 리소스에 원하는 라벨을 붙입니다. 예를 들어, 첫 번째 리소스에는 모양(key)이 다이아몬드, 하트, 스페이드(value)인 라벨을 붙였습니다. 그리고 셀렉터에서 선택하고자 하는 라벨(모양)을 지정하여 리소스와 연결관계를 표현합니다. 구체적인 리소스간 연결관계의 의미는 앞으로 살펴볼 Service, Deployment 리소스 등에서 확인해보겠습니다.

2.2.8 서비스 탐색

쿠버네티스 클러스터내에서 통신하기 위해 노드 위치와는 상관없이 어디서든 접근할 수 있는 서비스 끝점 (Service Endpoint)이 필요합니다. 사용자(또는 Pod)는 서비스 끝점을 통해 다른 컨테이너 (Pod)와 통신할 수 있습니다. 이를 위해 사용자는 서비스에 접근하기 위한 끝점의 접속 정보(예를 들어 IP)를 알아야 합니다. 이를 서비스 탐색(Service Discovery)이라 합니다. 쿠버네티스에서는 DNS 기반의 서비스 탐색을 지원하기에 사용자가 매번 새로운 서비스의 IP를 찾을 필요 없이 도메인 주소를 기반으로 서비스에 접근할 수 있습니다. 쿠버네티스에서는 서비스 탐색 기능을 Service라는 리소스를 이용하여 제공합니다.

2.2.9 설정 관리

쿠버네티스에서는 컨테이너를 실행할때 필요한 설정값 및 민감 정보(credentials)를 플랫폼 레벨에서 관리할 수 있게 메커니즘을 제공합니다. 이러한 기능 덕분에 사용자는 서버마다 필요한 설정값을 저장하거나, 서버간의 설정값 동기화 문제를 직접 해결할 필요 없이 쿠버네티스 클러스터에서 제공하는 설정값 관리 기능을 활용할 수 있습니다. 쿠버네티스에서는 ConfigMap 또는 Secret이라는 리소스를 이용하여 컨테이너의 설정들을 관리합니다.

2.3 아키텍처

쿠버네티스는 일반적인 클러스터 시스템과 비슷하게 크게 마스터와 워커 노드로 구분됩니다.

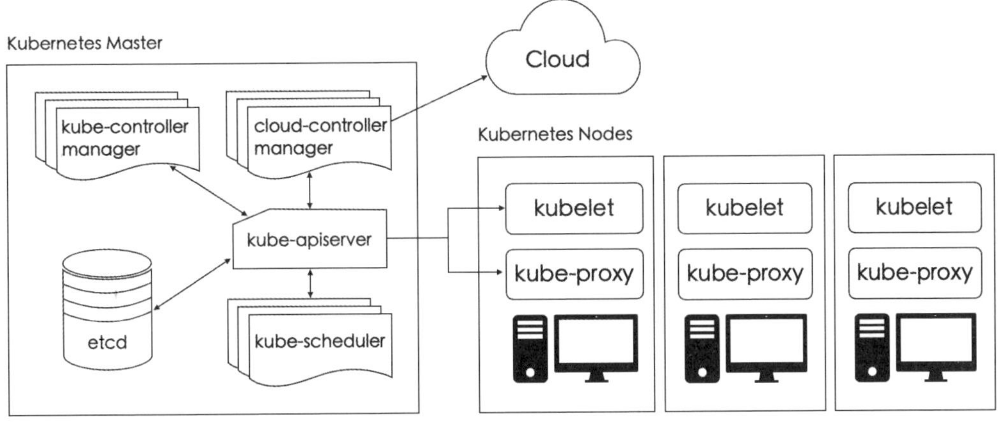

[그림 2-7] 아키텍처
(출처: https://kubernetes.io/docs/concepts/overview/components)

2.3.1 마스터

마스터에는 쿠버네티스 클러스터를 구성하는 핵심 컴포넌트들이 존재합니다.

- kube-apiserver: 마스터로 전달되는 모든 요청을 받아 드리는 REST API 서버
- etcd: 클러스터내 모든 메타 정보를 저장하는 저장소
- kube-scheduler: 사용자의 요청에 따라 적절하게 컨테이너를 워커 노드에 배치하는 스케줄러
- kube-controller-manager: 현재 상태와 바라는 상태를 지속적으로 확인하며 특정 이벤트에 따라 특정 동작을 수행하는 컨트롤러
- cloud-controller-manager: 클라우드 플랫폼(AWS, GCP, Azure 등)에 특화된 리소스를 제어하는 클라우드 컨트롤러

마스터는 단일한 서버로 구성할 수 있으며, 고가용성을 위해 여러 서버를 묶어 클러스터 마스터로도 구축할 수 있습니다.

kube-apiserver(API 서버)

api 서버는 쿠버네티스의 핵심 역할을 담당하며 다른 모든 컴포넌트들에서 오는 이벤트를 받아들이고 적절히 응답합니다. [그림 2-7] 아키텍처에서 알 수 있듯이 api 서버가 중심이 되어 모든 컴포넌트가 서로 통신합니다. api 서버는 요청을 받아드리는 역할을 할뿐만 아니라 직접 다른 컴포넌트에게 요청을 보내는 역할도 수행합니다. 사용자도 kubectl을 이용하여 api 서버에 명령을 보내고 응답 받습니다. 마스터와 통신한다는 뜻은 바로 이 api 서버와 통신을 한다는 것을 의미합니다.

etcd(저장소)

쿠버네티스 클러스터에 필요한 모든 데이터를 저장하는 DB 역할을 수행합니다. 일반적인 관계형 데이터베이스가 아닌 분산형 key-value 저장소이며, api 서버 백엔드에 위치하여 필요한 데이터를 api 서버에게 제공하거나 중요한 데이터는 key-value 형태로 저장합니다. 고가용성을 위해 etcd 클러스터를 구축하여 안정성을 높힐 수 있습니다.

kube-scheduler(컨테이너 스케줄러)

kube-scheduler는 지속적으로 아직 실행되지 못한 컨테이너가 없는지 확인하고 쿠버네티스 위에 새로운 컨테이너를 실행할 때 노드 상태, 요청 리소스량, 제약 조건에 따라 적절한 서버를 선택하여 컨테이너를 배치하는 역할을 담당합니다. kube-scheduler를 통해서 클러스터의 전반적인 컨테이너 스케줄링을 수행합니다.

kube-controller-manager(컨트롤러 집합)

kube-controller-manager는 지속적으로 control loops을 돌며 현재 상태(current state)와 바라는 상태(desired state)를 비교합니다. 두 가지 상태가 달라지면, 그것을

인지하고 현재 상태가 바라는 상태가 되도록 클러스터의 상태를 바꾸는 역할을 담당합니다. 전반적인 리소스의 라이프사이클을 관리합니다. 쿠버네티스에는 리소스별로 개별적인 리소스 컨트롤러가 존재합니다. 이러한 컨트롤러를 하나의 컴포넌트로 합친 것이 kube-controller-manager입니다.

cloud-controller-manager(클라우드 컨트롤러)

쿠버네티스는 클라우드 플랫폼과 굉장히 밀접한 관계를 가지고 있습니다. 예를 들어, 쿠버네티스 리소스를 이용하여 클라우드 플랫폼의 로드밸런스를 연결하거나 스토리지를 추가할 수 있습니다. 이러한 클라우드 플랫폼에 특화된 리소스를 제어하기 위해 쿠버네티스 마스터에는 따로 cloud-controller-manager라는 컴포넌트를 가지고 있습니다.

2.3.2 노드

워커 노드에는 마스터로부터 명령을 전달 받아 컨테이너를 실행시키는 노드 관리자와 컨테이너가 정상적으로 실행 될 수 있도록 도와주는 네트워크 프록시와 실행 환경이 있습니다.

- kubelet: 마스터의 명령에 따라 컨테이너의 라이프 사이클을 관리하는 노드 관리자
- kube-proxy: 컨테이너의 네트워킹을 책임지는 프록시
- container runtime: 실제 컨테이너를 실행하는 컨테이너 실행 환경

kubelet(노드 관리자)

각 노드에서 실행되는 메인 컴포넌트입니다. 마스터로부터 특정 컨테이너를 실행시키

기 위해 상세 명세(spec)를 받아 실행시키고, 해당 컨테이너가 정상적으로 동작하는지 지속적으로 모니터링합니다. 주기적으로 api 서버와 통신하며 마스터와 노드간에 필요한 정보를 서로 주고받습니다(노드의 상태 정보, 리소스 사용량 등).

kube-proxy(네트워크 프록시)

kube-proxy는 각 노드에 위치하며 쿠버네티스 서비스 네트워킹을 담당하는 컴포넌트입니다. 서비스마다 개별 IP를 가질 수 있게 만들어 주고 클러스터 내/외부의 트래픽을 Pod로 전달할 수 있도록 패킷을 라우팅합니다.

container runtime(컨테이너 실행 환경)

실제 컨테이너를 실행시키는 역할을 담당합니다. 도커를 예로 들 수 있습니다. 하지만 도커뿐만 아니라 CRI(Container Runtime Interface) 규약을 따른다면 어떠한 런타임도 쿠버네티스의 컨테이너 실행 환경으로 사용할 수 있습니다.

2.4 장점

그렇다면, 쿠버네티스의 장점은 무엇일까요?

2.4.1 실행 환경 고립화

쿠버네티스를 이용한다면 개별 실행 환경에 대해 고민할 필요 없이 프로세스를 어디서나 실행시킬 수 있습니다. 이것은 실행 환경 자체가 가상 환경으로 감싸져있어서 어디서든 container runtime이 설치된 곳이라면 정상적으로 동작하는 것을 보장받을 수 있습니다. 쿠버네티스의 모든 프로세스는 컨테이너로 실행되기 때문에 사용자는 각 서버의 실행 환경을 걱정할 필요 없이 서비스를 운영할 수 있습니다.

2.4.2 리소스 관리

쿠버네티스는 기본적으로 여러 서버를 통합해서 관리하게 해주는 클러스터 시스템입니다. 여러 서버의 리소스를 직접 하나씩 관리해야 한다면, 운영하는 데 큰 어려움이 따를 것입니다. 쿠버네티스에는 자체적으로 각 서버의 리소스를 체계적으로 관리할수 있는 기능을 제공합니다. 서버별 리소스 사용량 모니터링, 리소스 사용량 제한 등 클러스터 시스템의 전반적인 리소스를 관리할 수 있습니다.

2.4.3 스케줄링

서버의 개수가 많아지게 되면 리소스 관리뿐만 아니라, 프로세스의 스케줄링 또한 관리하기 힘들어집니다. 예를 들어, 새로운 프로세스를 실행시키고 싶을 때 서버의 개수가 많으면 어떤 서버가 현재 가용한지 그리고 어떤 서버에 메모리 자원이 충분한지 등을 일일이 확인하는 일은 쉽지 않습니다. 사람이 직접 각 서버를 순회하며 상태를 점검해야 하거나, 그 일을 대신 수행할 소프트웨어를 설치해야 됩니다.

그러나 쿠버네티스를 활용한다면 사용자가 직접 프로세스를 스케줄링할 필요 없이 쿠버네티스에게 맡길 수 있습니다. 이는 쿠버네티스 내장 스케줄러가 최적의 노드를 찾아 컨테이너를 배치해주기 때문입니다. 필요에 따라서는 사용자가 원하는 노드로 컨테이너가 할당될 수 있게 상세 스케줄링 정책을 설정할 수 있는 메커니즘도 제공합니다.

2.4.4 프로세스 관리

스케줄링된 이후의 여러 프로세스(컨테이너)를 직접 관리하는 것은 쉽지 않은 일입니다. 서버별로 실행 중인 프로세스, 완료된 프로세스 또는 에러가 발생한 프로세스 등을 지속적으로 직접 모니터링하기란 쉽지 않습니다. 쿠버네티스는 클러스터 레벨에서 프로세스 관리를 편리하게 할 수 있습니다. 사용자는 클러스터 내에서 실행되고 있는 모든 컨테이너를 명령 하나로 확인할 수 있습니다. 어떤 서버에 어떤 컨테이너가 위치하든 상관없이, 마스터 api 서버에 요청하면 해당하는 프로세스를 손쉽게 제어할 수 있습니다.

2.4.5 통합 설정 관리

여러 서비스를 운영하게 되면 많은 설정값들을 사용하게 됩니다. 쿠버네티스를 이용하면 개별적인 서버에서 각자 설정값을 파일로 보관하는 대신 중앙에서 통합하여 설정값들을 관리할 수 있습니다. 이를 통해 특정 서버와의 종속성 없이 어느 서버에서나 프로세스를 정상적으로 실행할 수 있습니다.

2.4.6 손쉬운 장애 대응

종종 문제가 되는 하나의 프로세스가 서버 전체에 장애를 일으키는 경우가 있습니다. 이를테면, 메모리 관리를 잘못하는 프로세스가 지속적으로 서버 전체 메모리를 고갈시키면 서버 전체에 장애가 발생하여 다른 프로세스에도 영향을 주게 됩니다. 쿠버네티스에서는 프로세스마다 리소스 사용량을 제한시킬 수 있어서, 문제가 되는 프로세스에만 장애가 발생하고 나머지는 영향을 받지 않게 설정할 수 있습니다. 더 크게는 서버 자체에 장애가 발생하여 해당 서버에서 실행되고 있는 컨테이너 전부에 문제가 발생할 수도 있지만, 그런 경우에도 손쉽게 다른 서버로 교체할 수 있습니다. 앞서 언급한 것처럼 모든 실행 정보는 마스터에서 관리되고 각 노드들은 특별한 역할을 가지지 않으므로, 새로운 노드로 이주하는 작업은 무척 간단합니다.

2.4.7 자동 확장

기존에 프로비저닝한 리소스가 부족하여 새로운 자원이 필요한 경우에도 쿠버네티스를 이용하면 손쉽게 자동 확장 기능을 설정할 수 있습니다. 이러한 기능을 활용하여 평소에는 최소한의 자원만 준비하고, 추후 필요 시 자동으로 리소스를 추가함으로써 운영 비용을 최소화하고 안정성을 높힐 수 있습니다.

2.4.8 하이브리드 클라우드 운영

쿠버네티스는 클라우드 플랫폼 위에서뿐만 아니라, 온프레미스 환경에서도 구축할 수 있습니다. 한쪽에 구축한 애플리케이션을 큰 변화 없이 다른 쪽에서도 동일한 기술 스택을 이용하여 시스템을 운영할 수 있습니다. 최근에는 멀티 클라우드의 필요성이 점차 커지고 있는데, 쿠버네티스가 멀티 클라우드간의 차이를 좁혀주는 핵심 플랫폼으로 자리 잡아가고 있습니다.

2.4.9 자가 치유

쿠버네티스의 또 하나의 큰 장점으로 자가 치유(self-healing) 기능을 들 수 있습니다. 쿠버네티스 내부적으로 바라는 상태(desired state)와 현재 상태를 저장해서, 컨테이너에 문제가 생겨 죽더라도 시스템에서 현재 상태와 바라는 상태가 달라진 것을 것인인지하고 컨테이너를 다시 실행합니다.

2.4.10 데이터 스토리지 관리

쿠버네티스를 이용하면 다양한 데이터 저장소를 자동으로 관리해 줍니다. 가장 기본적으로는 로컬 스토리지가 될 수 있으며 클라우드 플랫폼에서 제공하는 저장소나 NFS와 같이 네트워크 스토리지를 손쉽게 연결하고 해제할 수 있는 기능을 내장하고 있습니다.

2.4.11 배포 자동화

마지막 장점으로, 배포의 편리함을 생각할 수 있습니다. 쿠버네티스에 사용자가 바라는 상태를 지정하면 쿠버네티스가 자동으로 적절한 노드를 선택하여 컨테이너를 배치합니다. 또한 새로운 버전의 애플리케이션을 배포하거나 이전 버전으로 롤백할 때도 마찬가지로 사람이 직접 배포 작업을 수행하는 것이 아니라 쿠버네티스가 자동으로 대신 수행해 줍니다.

2.5 마치며

이번 장에서는 쿠버네티스에 대한 전반적인 개념과 아키텍처 그리고 장점에 대해서 살펴보았습니다. 앞으로 예제를 따라해보면서 위 내용들을 직접 확인해 보겠습니다.

쿠버네티스 설치

쿠버네티스 설치

쿠버네티스 클러스터를 설치하는 방법은 무수히 많습니다. 클라우드 플랫폼별, 운영체제 환경별 다양한 방법들이 존재합니다. 이 책에서는 k3s를 이용하여 클러스터를 구축합니다.

- k3s: IoT 디바이스에서 사용 가능한 경량 k8s 버전입니다.
- EKS: AWS에서 제공하는 k8s managed 서비스입니다.
- GKE: GCP에서 제공하는 k8s managed 서비스입니다.
- AKS: Azure에서 제공하는 k8s managed 서비스입니다.
- docker: 윈도우 및 mac OS용 도커 설치 시 쿠버네티스가 같이 설치됩니다.
- minikube: hypervisor를 이용하여 단일 서버에서 클러스터 효과를 냅니다.
- microk8s: canonical에서 제공하는 소형 k8s입니다.
- kubeadm: 온프레미스 서버에서 k8s를 구축할 때 많이 사용하는 툴입니다. 쿠버네티스 공식 설치 툴입니다.
  - k3s: https://k3s.io
  - EKS: https://aws.amazon.com/eks
  - GKE: https://cloud.google.com/kubernetes-engine
  - AKS: https://azure.microsoft.com/en-us/services/kubernetes-service
  - docker: https://docker.com
  - minikube:https://minikube.sigs.k8s.io
  - microk8s: https://microk8s.io
  - kubeadm: https://k8s.io/docs/setup/production-environment/tools/kubeadm

3.1 k3s 소개

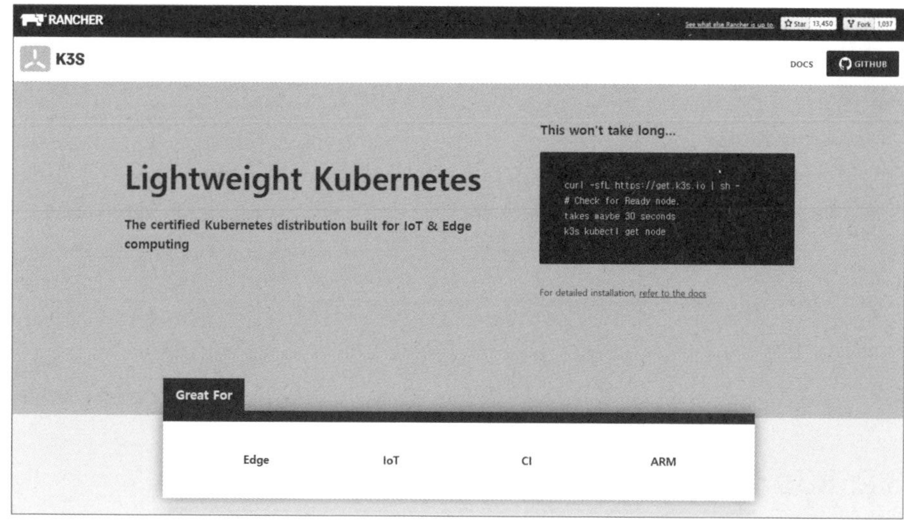

[그림 3-1] k3s 소개

k3s는 rancher라는 또 다른 쿠버네티스 배포판을 만든 회사에서 IoT 및 edge computing 디바이스 위에서도 동작할 수 있도록 만들어진 경량 쿠버네티스입니다. 설치가 쉽고 적은 리소스로도 실행할 수 있어 선택하였습니다.

k3s는 다음과 같은 장점을 가집니다.

1. 설치가 쉽다: 쿠버네티스를 처음 접하는 상황에서 클러스터를 구축하는 일은 쉽지 않습니다. 퍼블릭 클라우드에서 제공해주는 완전 관리형 서비스가 아닌 이상 처음 클러스터를 설치하는 작업은 많은 시간과 노력이 듭니다. k3s를 이용하면 단 몇 줄의 코드로 쉽게 온전한 쿠버네티스 클러스터를 구축할 수 있습니다.
2. 가볍다: k3s는 etcd, cloud manager 등 무거운 컴포넌트들을 다 제거하여 안정성과 클라우드 지원 기능을 약간 포기하고 가벼운 컴포넌트들로 대체하여

굉장히 적은 리소스로도 클러스터를 구축할 수 있습니다.

3. 대부분의 기능이 다 들어 있다: 가볍다고 중요한 기능이 빠진 것은 아닙니다. 쿠버네티스 위에서 학습, 개발, 테스트 시 필요한 모든 기능들을 다 탑재하고 있어 학습용으로 사용하기에 안성 맞춤입니다.

몇몇 예제에서는 클라우드 플랫폼에서 제공하는 기능들이 필요한 경우가 있습니다(노드 자동 확장 등).

3.2 k3s 설치하기

k3s 클러스터를 설치합니다. Public IP가 부여되는 서버를 권장하지만(EC2, GCE 등), 그렇지 않더라도 예제를 따라해보는 데 무리는 없습니다(몇 가지 페이지를 보는 화면에 제약이 있을 수 있습니다).

k3s 클러스터 구성은 다음과 같습니다.

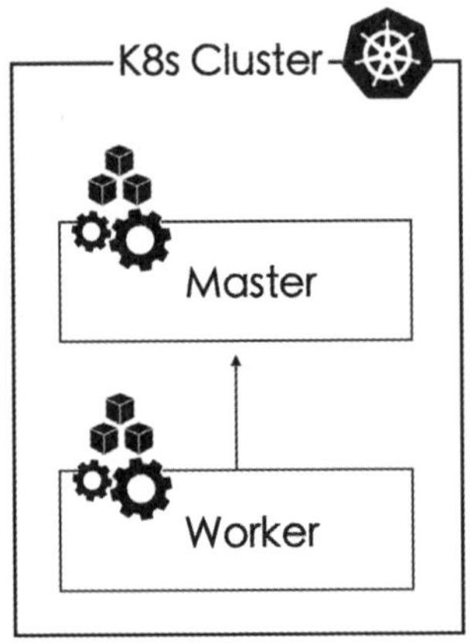

[그림 3-2] k3s 클러스터

하나의 마스터 노드와 하나의 워커 노드를 연결하여 쿠버네티스 클러스터를 구축합니다. 마스터와 워커 노드는 서로 양방향 통신이 가능해야 합니다. 처음 워커 컴포넌트를 설치하기 위해 워커 노드로 접속하는 경우를 제외하고, 나머지 모두 마스터 노드에서 예제를 진행합니다.

3.2.1 MobaXterm 설치(Optional)

윈도우 운영체제 사용자에 한해서 설치합니다. 리눅스나 맥 운영체제를 사용하시는 경우 MobaXterm을 설치하지 않아도 바로 각 운영체제에서 지원하는 터미널 프로그램을 사용할 수 있습니다.

리눅스 서버로 접속할 터미널을 윈도우에 설치합니다. putty(https://www.putty.org) 등 선호하는 터미널을 사용해도 좋습니다.

1. MobaXterm 다운로드: https://mobaxterm.mobatek.net/download.html
2. Home Edition > Download now 클릭
3. MobaXterm Home Edition(Portable edition) 다운로드
4. 다운로드 완료된 파일 압축 해제
5. Session 버튼 > SSH 버튼 클릭
6. Remote host / User 입력

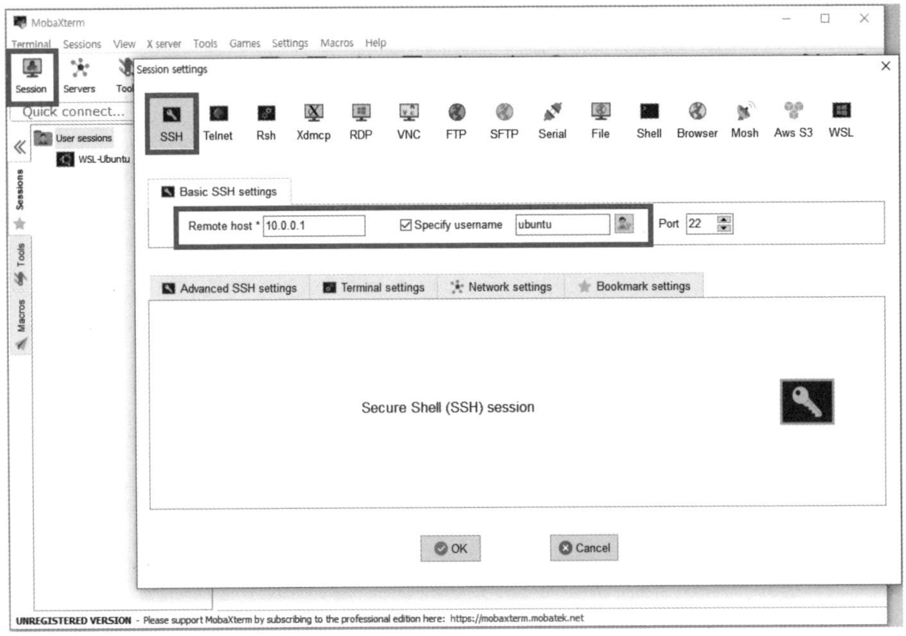

[그림 3-3] MobaXterm

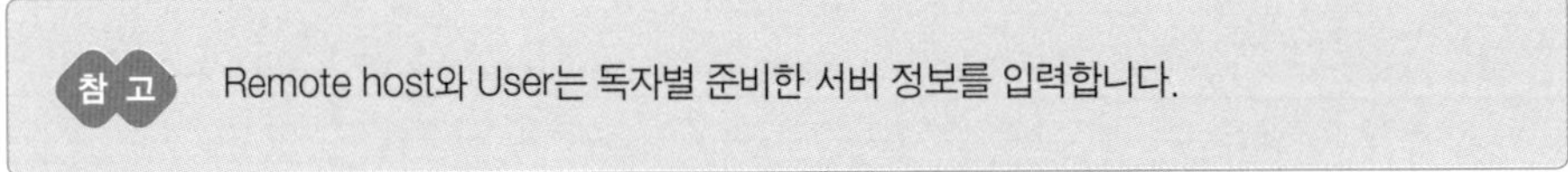

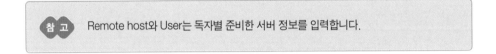

참고 Remote host와 User는 독자별 준비한 서버 정보를 입력합니다.

3.2.2 마스터 노드 설치

마스터 노드에 다음과 같은 포트가 열려 있어야 합니다.

프로토콜	포트 범위	목적
TCP	6443	API 서버
TCP	2379-2380	etcd 서버 client API
TCP	10250	kubelet API

프로토콜	포트 범위	목적
TCP	10251	kube-scheduler
TCP	10252	kube-controller-manager
TCP	30000-32767	nodePort services

마스터로 사용할 Ubuntu 20.04 서버로 접속하여 다음 명령을 실행합니다.

```
sudo apt update
sudo apt install -y docker.io nfs-common dnsutils curl

# k3s 마스터 설치
curl -sfL https://get.k3s.io | INSTALL_K3S_EXEC="\
    --disable traefik \
    --disable metrics-server \
    --node-name master --docker" \
    INSTALL_K3S_VERSION="v1.18.6+k3s1" sh -s -

# 마스터 통신을 위한 설정
mkdir ~/.kube
sudo cp /etc/rancher/k3s/k3s.yaml ~/.kube/config
sudo chown -R $(id -u):$(id -g) ~/.kube
echo "export KUBECONFIG=~/.kube/config" >> ~/.bashrc
source ~/.bashrc

# 설치 확인
kubectl cluster-info
# Kubernetes master is running at https://127.0.0.1:6443
# CoreDNS is running at https://127.0.0.1:6443/api/v1/namespaces...
#
# To further debug and diagnose cluster problems, use 'kubectl cluster-info
dump'.

kubectl get node -o wide
# NAME      STATUS   ROLES    AGE   VERSION         INTERNAL-IP    ...
# master    Ready    master   27m   v1.18.6+k3s1    10.0.1.1       ...
```

kubectl get node라는 명령으로 master가 보이고 STATUS가 READY로 확인할 수 있다면 일단 마스터 노드는 정상적으로 설치가 완료된 것입니다. 정상적으로 설치가 완료되지 못하였다면 3.2.4 설치문제 해결 방법을 참조하십시오.

이제 클러스터에 워커 노드를 추가하기 위해 마스터 노드에서 NODE_TOKEN 값과 마스터 노드의 IP인 MASTER_IP를 다음과 같이 확인합니다.

```
# 마스터 노드 토큰 확인
NODE_TOKEN=$(sudo cat /var/lib/rancher/k3s/server/node-token)
echo $NODE_TOKEN
# K10e6f5a983710a836b9ad21ca4a99fcxx::server:c8ae61726384c19726022879xx

# 마스터 노드 IP 확인
MASTER_IP=$(kubectl get node master -ojsonpath="{.status.addresses[0].
address}")
echo $MASTER_IP
# 10.0.1.1
```

마스터 노드에서 확인한 값들을 복사해 주시기 바랍니다. 워커 노드에서 사용하겠습니다.

3.2.3 워커 노드 설치

마스터 서버에서 빠져 나와 워커로 사용할 서버에 접속하여 다음과 같이 명령을 실행합니다. 마스터 노드에서 확인한 NODE_TOKEN과 MASTER_IP를 변수에 입력합니다.

워커 노드에 다음과 같은 포트가 열려 있어야 합니다.

프로토콜	포트 범위	목적
TCP	10250	kubelet API
TCP	30000-32767	nodePort services

```
NODE_TOKEN=<마스터에서 확인한 토큰 입력>
MASTER_IP=<마스터에서 얻은 내부 IP 입력>

sudo apt update
sudo apt install -y docker.io nfs-common curl

# k3s 워커 설치
curl -sfL https://get.k3s.io | K3S_URL=https://$MASTER_IP:6443 \
    K3S_TOKEN=$NODE_TOKEN \
    INSTALL_K3S_EXEC="--node-name worker --docker" \
    INSTALL_K3S_VERSION="v1.18.6+k3s1" sh -s -
```

주의

반드시 마스터와 워커를 서로 다른 서버에 설치하십시오. 같은 서버에서 마스터와 워커 설치가 불가능합니다.

워커 노드에서 설치가 완료된 이후에 워커 노드를 빠져 나와 다시 마스터 노드로 접속합니다. 다음 명령을 실행하여 워커 노드가 추가된 것을 볼 수 있고, STATUS가 READY로 나온다면 정상적으로 쿠버네티스 클러스터를 완성한 것입니다. 워커 노드가 정상적으로 클러스터에 추가되려면 시간이 조금 걸립니다. 최대 약 2분 이후에도 워커 노드가 보이지 않는다면 3.2.4 설치문제 해결 방법을 확인해 보시기 바랍니다.

```
# 마스터 노드에서 실행해야 합니다.
# 기존 마스터 노드 외에 새로운 워커 노드가 보인다면 성공.
kubectl get node -o wide
# NAME      STATUS   ROLES    AGE   VERSION         INTERNAL-IP   ...
```

```
# master    Ready    master    10m    v1.18.6+k3s1    10.0.1.1        ...
# worker    Ready    <none>    4m     v1.18.6+k3s1    10.0.1.2        ...
```

쿠버네티스 클러스터가 정상적으로 구성되었습니다. INTERNAL-IP가 바로 각 서버들의 내부 IP 주소입니다.

앞으로 진행하는 모든 예제는 마스터 노드에서 수행하오니 반드시 마스터 노드로 접속하십시오.

3.2.4 설치문제 해결 방법

설치가 완료된 이후 마스터, 워커 노드 둘 중 하나라도 NotReady 상태가 지속된다면 문제가 발생한 것입니다.

```
kubectl get node
# NAME      STATUS      ROLES     AGE   VERSION
# master    Ready       master    40m   v1.18.6+k3s1
# worker    NotReady    <none>    17m   v1.18.6+k3s1
```

또는 마스터, 워커 노드 둘 중 하나만 보이는 경우도 마찬가지 문제가 발생한 것입니다.

```
kubectl get node
# NAME      STATUS      ROLES     AGE   VERSION
# master    Ready       master    40m   v1.18.6+k3s1
```

문제를 해결하기 위해 다음과 같은 작업을 수행해보십시오.

마스터 노드 로그 확인

```
# 마스터 노드 상태 확인
sudo systemctl status k3s.service
# * k3s.service - Lightweight Kubernetes
#   ...
#   CGroup: /system.slice/k3s.service
#           └─955 /usr/local/bin/k3s server --disable traefik \
#                                           --disable metrics-server \
#                                           --node-name master \
#                                           --docker
#
# Aug 11 17:37:09 ip-10-0-1-1 k3s[955]: I0811 17:37:09.189289   ...
# Aug 11 17:37:14 ip-10-0-1-1 k3s[955]: I0811 17:37:14.190442   ...
# ...

# journald 로그 확인
sudo journalctl -u k3s.service
# Jul 13 17:51:08 ip-10-0-1-1 k3s[955]: W0713 17:51:08.168244   ...
# Jul 13 17:51:08 ip-10-0-1-1 k3s[955]: I0713 17:51:08.649295   ...
# ...
```

에러 메시지나 exception 메시지를 확인합니다.

워커 노드 로그 확인

```
# 워커 노드 상태 확인
sudo systemctl status k3s-agent.service
# * k3s-agent.service - Lightweight Kubernetes
#   ...
#   CGroup: /system.slice/k3s-agent.service
#           └─955 /usr/local/bin/k3s agent --token K10e6f5a983710 ..\
#                                          --server 10.0.1.1 \
#                                          --node-name worker \
#                                          --docker
```

```
#
# Aug 11 17:37:09 ip-10-0-1-2 k3s[955]: I0811 17:37:09.189289   ...
# Aug 11 17:37:14 ip-10-0-1-2 k3s[955]: I0811 17:37:14.190442   ...
# ...

# journald 로그 확인
sudo journalctl -u k3s-agent.service
# Jul 13 17:51:08 ip-10-0-1-2 k3s[955]: W0713 17:51:08.168244   ...
# Jul 13 17:51:08 ip-10-0-1-2 k3s[955]: I0713 17:51:08.649295   ...
# ...
```

다음과 같은 체크 리스트를 확인해보십시오.

- NODE_TOKEN 값이 제대로 설정되었나요?
- MASTER_IP가 제대로 설정되었나요?
- 워커 노드에서 마스터 노드로 IP 연결이 가능한가요?
- 마스터, 워커 노드에 적절한 포트가 열려 있나요?

마스터 & 워커 노드 재설치

마스터 노드에서 다음 명령을 수행하여 마스터를 제거하십시오.

```
/usr/local/bin/k3s-uninstall.sh
```

워커 노드에서 다음 명령을 수행하여 워커를 제거하십시오.

```
/usr/local/bin/k3s-agent-uninstall.sh
```

삭제 완료 후, 처음부터 다시 재설치를 진행합니다.

공식문서 참고

마지막으로 공식 설치 문서를 참고하여 문제의 원인을 파악해 보시기 바랍니다.

https://rancher.com/docs/k3s/latest/en/installation

3.3 마치며

k3s를 이용하여 쿠버네티스 클러스터를 구축하는 방법에 대해서 살펴봤습니다. k3s는 가볍지만 강력한 기능들을 모두 탑재한 쿠버네티스 배포판입니다. 상황에 따라서 워커 노드를 2개 이상 더 추가하고 싶은 경우, 3.2.3 워커 노드 설치에 적힌 명령을 그대로 새로운 워커 노드에 실행하면 워커 노드가 더 추가됩니다. 예제에서는 총 2개 (master, worker) 노드를 기준으로 설명 합니다. 이제, 본격적으로 쿠버네티스 클러스터를 제어하는 명령에 대해서 살펴보겠습니다.

쿠버네티스 첫 만남

Chapter 04 쿠버네티스 첫 만남

이번 장에서는 쿠버네티 클러스터와 대화하는 방법에 대해서 살펴보도록 하겠습니다. 쿠버네티스 클러스터를 컨트롤하기 위해 kubectl 명령툴을 사용합니다. 쿠버네티스 API 서버는 REST API로 통신을 합니다. 사용자가 직접 HTTP 프로토콜로 API 서버와 통신할 수도 있지만 쿠버네티스에서는 쉽게 마스터와 통신할 수 있게 해주는 클라이언트 툴인 kubectl을 제공합니다. kubectl 툴의 기본적인 사용방법을 숙지하면서 쿠버네티스와 익숙해지길 바랍니다.

4.1 기본 명령

쿠버네티스는 여러 컨테이너를 관리해주는 컨테이너 오케스트레이션 플랫폼입니다. 기본적으로 도커 컨테이너와 마찬가지로 컨테이너의 실행과 삭제, 조회 등을 할 수 있습니다. 가장 기본적인 컨테이너 조작법에 대해서 살펴보겠습니다.

4.1.1 컨테이너 실행

```
kubectl run <NAME> --image <IMAGE>
```

kubectl을 이용하여 첫 컨테이너를 실행합니다.

```
kubectl run mynginx --image nginx
# pod/mynginx created
```

mynginx라는 이름의 컨테이너를 nginx 라는 이미지를 이용하여 생성하라는 의미를 가집니다.

도커 명령 비교: docker run

도커 명령 비교는 이해를 돕기 위해 비교한 것입니다. 완벽히 1:1 대응되지 않으니, 참고만 하시길 바랍니다.

4.1.2 컨테이너 조회

```
kubectl get pod
```

방금 실행한 컨테이너를 확인하기 위해서 kubectl get 명령을 사용합니다.

```
kubectl get pod
# NAME      READY   STATUS    RESTARTS   AGE
# mynginx   1/1     Running   0          2s
```

STATUS에 ContainerCreating라는 문구가 보인다면 조금 더 기다려 주시기 바랍니다. Running이라는 문구가 보인다면 mynginx라는 이름의 컨테이너가 정상적으로 실행된 것입니다. 그런데 왜 kubectl get container가 아니라, kubectl get pod라고 할까요? Pod란 도대체 무엇일까요? 바로 다음 장에서 Pod에 대해 자세히 설명하겠지만 잠시 이해를 돕자면, 쿠버네티스에서는 프로세스를 실행할 때 단순히 컨테이너를 사용하지 않고 Pod라는 리소스를 사용합니다. 쿠버네티스의 실행 최소 단위는 Pod입니다. 지금은 컨테이너와 Pod가 같다는 정도로 이해하고 넘어가도 무방합니다. 다만, 컨테이너라고 표현한 부분이 사실은 전부 Pod를 의미하는 거라고 기억하시면 됩니다.

get 명령의 3번째 컬럼 STATUS는 Pod의 상태 정보를 나타냅니다. Pod가 가질 수 있는 상태는 다음과 같습니다.

- Pending: 쿠버네티스 마스터에 생성 명령은 전달되었지만 아직 실행되지 않은 상태입니다.
- ContainerCreating: 특정 노드에 스케줄링되어 컨테이너를 생성 중인 단계입니다(이미지 다운로드 등).
- Running: Pod가 정상적으로 실행되고 있는 상태입니다.
- Completed: 계속 실행되고 있는 프로세스가 아닌 한 번 실행하고 완료되는 배치작업 Pod에서 작업이 완료된 상태를 나타냅니다.
- Error: Pod에 문제가 생겨 에러가 발생한 상태입니다.
- CrashLoopBackOff: 지속적으로 에러 상태로 있어 crash가 반복되는 상태입니다.

특정 Pod의 상태 정보를 더 자세히 보고 싶다면 Pod의 이름과 함께 -o yaml 옵션을 통해 더 자세히 확인할 수 있습니다.

```
kubectl get pod mynginx -o yaml
# apiVersion: v1
# kind: Pod
# metadata:
#   creationTimestamp: "2020-06-21T06:54:52Z"
#   labels:
#     run: mynginx
#   managedFields:
#   - apiVersion: v1
#   ...
```

```
#   ...
#   name: mynginx
#   namespace: default
#   resourceVersion: "11160054"
#   ...
```

PodIP, nodeName등 다양한 Pod 상세 설정 정보를 확인할 수 있습니다.

굉장히 많은 설정 정보가 쏟아져 나와 그 길이에 압도될 수도 있지만 앞으로 책 내용을 차근차근 따라해 보다보면 어느새 대부분의 내용을 이해할 수 있을 것입니다. 특히 길게 늘어진 managedFields는 쿠버네티스 1.18 버전에 추가된 property로 마스터가 참조하는 메타 정보입니다.

반면에 간단하게 Pod의 IP를 바로 확인하려면 -o wide 옵션을 사용할 수 있습니다(옵션값을 붙여서 사용할 수도 있습니다. -owide).

```
kubectl get pod -o wide
# NAME     READY   STATUS    RESTARTS   AGE   IP            NODE     ...
# mynginx  1/1     Running   0          6s    10.42.0.226   master   ...
```

예제에서 Pod의 IP로 10.42.0.226가 부여된 것을 확인할 수 있습니다. (Pod IP는 독자마다 다릅니다.)

도커 명령 비교: docker ps

4.1.3 컨테이너 상세정보 확인

```
kubectl describe pod <NAME>
```

describe명령도 get 명령과 유사하게 Pod의 상태 정보를 보여줍니다. get과는 조금 다르게 Pod에 대한 Events 기록까지 확인할 수 있습니다. 문제가 발생하였을 때 get 명령과 함께 디버깅 용도로 자주 사용됩니다.

```
kubectl describe pod mynginx
# Name:         mynginx
# Namespace:    default
# Priority:     0
# Node:         master/172.31.31.36
# Start Time:   Sun, 21 Jun 2020 06:54:52 +0000
# Labels:       run=mynginx
# Annotations:  <none>
# Status:       Running
# IP:           10.42.0.155
# IPs:
#   IP:  10.42.0.155
# ....
```

도커 명령 비교: docker inspect

4.1.4 컨테이너 로깅

```
kubectl logs <NAME>
```

도커 컨테이너 로깅과 마찬가지로 컨테이너의 로그 정보를 확인할 수 있습니다. -f, --follow 옵션은 출력 스트림이 종료되지 않고, 지속적으로 로그를 출력합니다.

```
kubectl logs -f mynginx
# /docker-entrypoint.sh: /docker-entrypoint.d/ is not empty, will ...
# /docker-entrypoint.sh: Looking for shell scripts in /docker-...
# ...
```

간혹 Pod를 생성한 직후 바로 logs 명령을 사용할 경우, 아래와 유사한 에러 메시지를 볼 수도 있습니다. 이는 컨테이너가 생성 중이어서 나타낸 메시지로, 잠깐 기다렸다가 다시 logs 명령을 실행하면 됩니다.

```
# Error from server (BadRequest): container "mynginx" in pod
"mynginx"
# is waiting to start: ContainerCreating
```

또는 kubectl wait --for 명령을 이용하여 Pod가 완료되기까지 기다립니다.

```
# wait until condition met
kubectl wait --for condition=Ready pod mynginx
# pod/mynginx condition met
```

도커 명령 비교: docker logs

4.1.5 컨테이너 명령 전달

```
kubectl exec <NAME> -- <CMD>
```

실행 중인 컨테이너에 명령을 전달할 때 사용합니다. docker exec 명령과 유사합니다. 한 가지 차이점이 있다면, 컨테이너에 실행할 명령을 전달할 때 구분자(--)로 전달할 명령을 구분한다는 것입니다.

```
# mynginx에 apt-get update 명령을 전달합니다.
kubectl exec mynginx -- apt-get update
# Get:1 http://security.debian.org/debian-security buster/updates ...
```

```
# Get:2 http://deb.debian.org/debian buster InRelease [121 kB]
# Get:3 http://deb.debian.org/debian buster-updates InRelease [51.9 kB]
# ...
```

도커와 마찬가지로 -it 옵션을 이용하여 컨테이너 내부로 들어갈 수 있습니다. 예시로 mynginx로 들어가서 hostname 명령을 입력하면, mynginx의 호스트 이름인 mynginx가 출력되는 것을 확인할 수 있습니다.

```
kubectl exec -it mynginx -- bash

root@mynginx:/# hostname
# mynginx

root@mynginx:/# exit  # 컨테이너 exit
```

도커 명령 비교: docker exec

4.1.6 컨테이너 / 호스트간 파일 복사

```
kubectl cp <TARGET> <SOURCE>
```

컨테이너에서 호스트로 또는 호스트에서 컨테이너로 파일을 복사할 때 사용합니다. 컨테이너 안의 파일 위치를 표현할 때는 <CONTAINER_NAME>:<PATH>와 같은 형식을 사용합니다. 예를 들어, 호스트의 /etc/passwd 파일을 mynginx 컨테이너의 /tmp/passwd로 복사하려면 다음과 같이 실행합니다.

```
# <HOST> --> <CONTAINER>
kubectl cp /etc/passwd mynginx:/tmp/passwd
```

```
# exec 명령으로 복사가 되었는지 확인합니다.
kubectl exec mynginx -- ls /tmp/passwd
# /tmp/passwd

kubectl exec mynginx -- cat /tmp/passwd
# root:x:0:0:root:/root:/bin/bash
# daemon:x:1:1:daemon:/usr/sbin:/usr/sbin/nologin
# bin:x:2:2:bin:/bin:/usr/sbin/nologin
# ...
```

도커 명령 비교: docker cp

4.1.7 컨테이너 정보 수정

```
kubectl edit pod <NAME>
```

실행된 컨테이너의 정보를 수정합니다. edit 명령을 실행하면 vim과 같은 텍스트 에디터가 열리면서 kubectl get pod <NAME> -oyaml에서 살펴본 내용과 동일한 구조가 보입니다. 사용자가 vim을 통해 수정한 내용이 실제 컨테이너에 반영됩니다. mynginx에 hello: world라는 label을 추가해보겠습니다.

```
kubectl edit pod mynginx
# apiVersion: v1
# kind: Pod
# metadata:
#   creationTimestamp: "..."
#   labels:
#     run: mynginx
#     hello: world         # <-- 라벨 추가
#   managedFields:
#   ...
```

입력 완료 후, vim 텍스트 에디터에서 저장 및 종료를 위해 ESC를 누른 다음 :wq를 입력하여 변경사항을 반영합니다. 다시 컨테이너의 상세정보를 조회하면 방금 입력한 라벨이 추가된 것을 확인할 수 있습니다.

```
# mynginx 상세정보 조회
kubectl get pod mynginx -oyaml
# apiVersion: v1
# kind: Pod
# metadata:
#   creationTimestamp: "..."
#   labels:
#     hello: world          # <-- 추가된 라벨 확인
#     run: mynginx
#   ...
```

도커 명령 비교: docker update

4.1.8 컨테이너 삭제

```
kubectl delete pod <NAME>
```

생성한 컨테이너를 삭제하기 위해 delete 명령을 이용합니다.

```
kubectl delete pod mynginx
# pod mynginx deleted

kubectl get pod
# No resources found ..
```

지금까지 살펴본 mynginx 컨테이너가 사라진 것을 확인할 수 있습니다.

도커 명령 비교: docker rm

4.1.9 선언형 명령 정의서(YAML) 기반의 컨테이너 생성

```
kubectl apply -f <FILE_NAME>
```

앞서, 쿠버네티스는 선언형 명령을 지향한다고 설명한 바 있습니다. 이번에는 선언형 명령 정의서(YAML)를 기반으로 명령을 실행하는 방법에 대해 살펴보겠습니다. 먼저, 다음과 같은 YAML 파일을 mynginx.yaml라는 이름으로 생성합니다. 어떤 텍스트 에디터를 사용하든 상관없이 해당 형식에 맞는 YAML 파일만 있으면 됩니다. 이 책에서는 vim 텍스트 에디터 사용 기준으로 설명합니다.

```
# mynginx.yaml
apiVersion: v1
kind: Pod
metadata:
  name: mynginx
spec:
  containers:
  - name: mynginx
    image: nginx
```

YAML 파일을 살펴보면 컨테이너 상세정보 조회 (kubectl get pod <NAME> -oyaml)에 확인한 내용과 비슷하지만 매우 간단한 형태로 구성된 것을 알 수 있습니다. 이것은 사용자가 가장 기본이 되는 정보(컨테이너 이름, 이미지 주소 등)만 입력하면, 쿠버네티스가 알아서 나머지 값들을 채우기 때문입니다.

```
ls
# mynginx.yaml
```

```
kubectl apply -f mynginx.yaml
# pod/mynginx created

kubectl get pod
# NAME      READY   STATUS     RESTARTS   AGE
# mynginx   1/1     Running    1          6s

kubectl get pod mynginx -oyaml
# apiVersion: v1
# kind: Pod
# metadata:
#   ...
#   name: mynginx
#   ...
# spec:
#   containers:
#   - image: nginx
#     name: mynginx
#   ...
```

kubectl run 명령과 동일하게 mynginx라는 컨테이너가 생성되는 것을 확인할 수 있습니다. kubectl run은 명령형 스타일의 컨테이너 실행 명령이고, kubectl apply는 선언형 스타일의 명령입니다. 앞으로 대부분의 경우, apply 명령을 이용하여 쿠버네티스의 리소스들을 생성할 예정입니다.

apply 명령의 장점은 로컬 파일시스템에 위치한 YAML 정의서 뿐만 아니라, 인터넷 상에 위치한 YAML 정의서도 손쉽게 가져다 사용할 수 있다는 점입니다.

```
kubectl apply -f https://raw.githubusercontent.com/kubernetes/website/
master/content/en/examples/pods/simple-pod.yaml
# pod/nginx created

kubectl delete -f https://raw.githubusercontent.com/kubernetes/website/
master/content/en/examples/pods/simple-pod.yaml
# pod/nginx deleted
```

이번에는 mynginx.yaml 파일에 라벨을 추가하고 이미지 주소를 수정해보겠습니다.

```
# mynginx.yaml
apiVersion: v1
kind: Pod
metadata:
  labels:
    hello: world           # <-- 라벨 추가
  name: mynginx
spec:
  containers:
  - name: mynginx
    image: nginx:1.17.2    # <-- 기존 latest에서 1.17.2로 변경
```

그리고 똑같이 apply 명령을 이용하여 선언형 명령을 내립니다.

```
kubectl apply -f mynginx.yaml
# pod/mynginx configured

kubectl get pod
# NAME      READY   STATUS     RESTARTS   AGE
# mynginx   1/1     Running    1          3m48s

kubectl get pod mynginx -oyaml
# apiVersion: v1
# kind: Pod
# metadata:
#   labels:
#     hello: world
#   ...
#   name: mynginx
#   ...
# spec:
#   containers:
#   - image: nginx:1.17.2
#     name: mynginx
#   ...
```

이번에는 pod/mynginx configured라는 메시지와 함께 새로 컨테이너가 생성되는 것이 아니라, 기존 컨테이너의 설정값이 수정되었습니다. 마지막으로 동일한 파일에 대해서 똑같이 apply 명령을 수행합니다.

```
kubectl apply -f mynginx.yaml
# pod/mynginx unchanged

kubectl get pod
# NAME       READY   STATUS      RESTARTS   AGE
# mynginx    1/1     Running     1          3m48s

kubectl get pod mynginx -oyaml
# apiVersion: v1
# kind: Pod
# metadata:
#   labels:
#     hello: world
#   ...
#   name: mynginx
#   ...
# spec:
#   containers:
#   - image: nginx:1.17.2
#     name: mynginx
#   ...
```

pod/mynginx unchanged라는 메시지와 함께 컨테이너의 정보가 전혀 변경되지 않았습니다. 이를 통해 알 수 있듯이 apply라는 선언형 명령은 멱등성을 보장하여 여러 번 실행하더라도 항상 YAML 정의서에 선언된 내용과 동일한 결과를 얻을 수 있게 만듭니다.

용어정리

- **멱등성(idempotent)**: 동일한 연산을 여러 번 적용하더라도 최종 결과가 달라지지 않는 성질. 대표적으로 자료구조 set은 멱등성을 보장합니다. 동일한 원소를 여러번 추가해도 최종적으로는 1개만 가지고 있기 때문입니다.

4.2 고급 명령

4.2.1 리소스별 명령

쿠버네티스는 모든 것이 리소스로 표현됩니다. 지금까지 살펴본 명령은 다음 장에서 살펴볼 Pod라는 리소스를 기준으로 설명하였습니다. 쿠버네티스는 Pod 리소스 외에 Service, ReplicaSet, Deployment 등 다양한 리소스를 포함하고 있습니다. Pod 외에 다른 리소스에 대한 명령을 수행하고 싶으면 어떻게 할 수 있을까요? 간단합니다. 기존에 Pod라고 적은 부분을 다른 리소스로 변경하여 명령을 실행하면 됩니다.

예를 들어, Service 리소스에 대해 살펴보고 싶다면 service를 입력합니다.

```
kubectl get service
# NAME         TYPE        CLUSTER-IP   EXTERNAL-IP   PORT(S)   AGE
# kubernetes   ClusterIP   10.43.0.1    <none>        443/TCP   13d

# describe 명령도 동일하게 작동합니다.
kubectl describe service kubernetes
# Name:                kubernetes
# Namespace:           default
# Labels:              component=apiserver
#                      provider=kubernetes
#  ...
```

쿠버네티스 클러스터를 구축하기 위해 사용한 Node 또한 쿠버네티스의 리소스 중 하나로 표현됩니다.

```
kubectl get node
# NAME     STATUS   ROLES    AGE   VERSION
# master   Ready    master   13d   v1.18.3+k3s1
# worker   Ready    master   13d   v1.18.3+k3s1

kubectl describe node master
# Name:               master
# Roles:              master
# Labels:             beta.kubernetes.io/arch=amd64
#                     beta.kubernetes.io/instance-type=k3s
# ...
```

4.2.2 네임스페이스(Namespace)

쿠버네티스에는 네임스페이스라는 개념이 있습니다. 쿠버네티스 클러스터를 논리적으로 나누는 역할을 합니다. Pod, Service와 같은 리소스가 네임스페이스별로 생성되고 사용자 접근제어, Network 접근제어 정책을 다르게 가져갈 수 있습니다.

네임스페이스도 하나의 리소스로 표현됩니다.

```
kubectl get namespace
# NAME              STATUS   AGE
# default           Active   12m
# kube-system       Active   12m
# kube-public       Active   12m
# kube-node-lease   Active   12m

kubectl describe namespace kube-system
# Name:         kube-system
```

```
# Labels:        <none>
# Annotations:   <none>
# ...
```

- default: 기본 네임스페이스입니다. 아무런 옵션 없이 컨테이너를 만들게 되면 default 네임스페이스에 생성됩니다.
- kube-system: 쿠버네티스의 핵심 컴포넌트들이 들어있는 네임스페이스입니다. 해당 네임스페이스에 네트워크 설정, DNS 서버 등 중요한 역할을 담당하는 컨테이너가 존재합니다.
- kube-public: 외부로 공개 가능한 리소스를 담고 있는 네임스페이스입니다.
- kube-node-lease: 노드가 살아있는지 마스터에 알리는 용도로 존재하는 네임스페이스입니다.

명령을 실행할 때, --namespace 옵션 (-n)을 이용하여 특정 네임스페이스에 리소스를 생성할 수 있습니다.

```
kubectl run mynginx-ns --image nginx --namespace kube-system
# pod/mynginx-ns created

# kube-system 네임스페이스에서 Pod 확인
kubectl get pod mynginx-ns -n kube-system  # --namespace를 -n로 축약 가능
# NAME          READY   STATUS    RESTARTS   AGE
# mynginx-ns    1/1     Running   0          13s

kubectl delete pod mynginx-ns -n kube-system
# pod/mynginx-ns deleted
```

네임스페이스 옵션을 생략하면 기본 네임스페이스인 default 네임스페이스로 설정됩니다. 다음 두 가지 명령은 동일한 결과를 보여줍니다.

```
kubectl get pod -n default
# NAME      READY   STATUS    RESTARTS   AGE
# mynginx   1/1     Running   0          71m

kubectl get pod
# NAME      READY   STATUS    RESTARTS   AGE
# mynginx   1/1     Running   0          71m
```

4.2.3 자동완성 기능

kubectl 명령을 매번 일일이 입력하는 것이 귀찮게 느껴질 수도 있습니다. 쿠버네티스에서는 이를 해결하기 위해 자동으로 명령을 완성시켜주는 스크립트를 제공합니다. 다음 사이트에서 사용하는 쉘에 맞게 스크립트를 세팅할 수 있습니다.

https://kubernetes.io/docs/tasks/tools/install-kubectl/#enabling-shell-autocompletion

예를 들어, bash 쉘이라면 다음 명령을 통해 자동완성 기능을 추가할 수 있습니다.

```
echo 'source <(kubectl completion bash)' >> ~/.bashrc
source ~/.bashrc
```

자동완성 기능을 테스트하려면 위해 다음 컨테이너를 생성합니다.

```
kubectl run yournginx --image nginx
# pod/yournginx created
```

이제 kubectl get pod까지 입력 후 띄어쓰기한 다음 <TAB> 키를 누르면 실행되고 있는 컨테이너 리스트를 확인할 수 있습니다.

```
kubectl get pod <TAB>
# mynginx      yournginx
```

자동완성 기능을 통해 편리하게 쿠버네티스 클러스터를 조작하십시오.

4.2.4 즉석 리소스 생성

YAML 명령 정의서를 이용하여 리소스를 생성할 때 매번 YAML 파일을 만들어서 생성하지 않고, 다음과 같이 cat & here document 명령 조합을 활용하여 즉석으로 리소스를 생성할 수 있습니다. 빠르게 리소스를 생성하고자 할 때 즐겨 사용할 수 있습니다. 이 책에서도 종종 예시에서 활용할 예정입니다.

```
cat << EOF | kubectl apply -f -
apiVersion: v1
kind: Pod
metadata:
  name: cat-nginx
spec:
  containers:
  - image: nginx
    name: cat-nginx
EOF
# pod/cat-nginx created
```

4.2.5 리소스 특정 정보 추출

--jsonpath라는 옵션을 이용하여 리소스의 특정 정보만을 골라서 추출할 수 있습니다. 예를 들어 마스터 노드의 IP를 확인하기 위해 노드 리소스를 살펴보겠습니다.

```
kubectl get node master -o yaml
# apiVersion: v1
# kind: Node
# metadata:
#   annotations:
#   ...
# spec:
#   podCIDR: 10.42.0.0/24
#   podCIDRs:
#   - 10.42.0.0/24
#   providerID: k3s://master
# status:
#   addresses:
#   - address: 10.0.1.1
#     type: InternalIP
#   - address: master
#     type: Hostname
```

status.addresses[0].address 위치에 마스터 노드의 IP(10.0.1.1)가 출력되는 것을 볼 수 있습니다. 이것은 -o wide 옵션을 사용할 때 나오는 IP(INTERNAL-IP)와 동일합니다.

```
kubectl get node master -o wide
# NAME     STATUS   ROLES    AGE   VERSION        INTERNAL-IP     ...
# master   Ready    master   27m   v1.18.6+k3s1   10.0.1.1        ...
```

이 값을 --jsonpath 옵션을 이용하여 추출해보겠습니다. 찾고자 하는 값의 json 경로를 기록하면, 경로에 대한 값이 출력됩니다.

```
kubectl get node master -o jsonpath="{.status.addresses[0].address}"
# 10.0.1.1
```

jsonpath에 대한 상세 사용법은 다음 페이지를 참고해 주시기 바랍니다.

https://kubernetes.io/docs/reference/kubectl/jsonpath

4.2.6 모든 리소스 조회

Pod 리소스 외에 쿠버네티스에는 다양한 리소스들이 존재합니다. 어떤 리소스들이 존재하는지 확인하기 위해 다음의 명령을 사용합니다.

```
kubectl api-resources
# NAME          SHORTNAMES  APIGROUP  NAMESPACED   KIND
# namespaces    ns                    false        Namespace
# nodes         no                    false        Node
# pods          po                    true         Pod
# ...
```

4번째 컬럼에 NAMESPACED라는 이름의 컬럼이 존재합니다. 쿠버네티스 리소스는 크게 네임스페이스 레벨의 리소스와 클러스터 레벨의 리소스로 구분됩니다. 네임스페이스 레벨의 리소스는 해당 리소스가 반드시 특정 네임스페이스에 속해야 하는 리소스를 의미하고 클러스터 레벨의 리소스는 네임스페이스와 상관없이 클러스터 레벨에 존재하는 리소스입니다. 네임스페이스 레벨의 대표적인 리소스가 Pod이고, 클러스터 레벨의 대표적인 리소스는 Node입니다. 쿠버네티스 노드는 특별한 네임스페이스에 속하지 않고 클러스터 레벨에서 쿠버네티스 클러스터를 구성하기 때문입니다. 네임스페이스 레벨의 API 리소스만 탐색하기 위한 명령어는 다음과 같습니다.

```
kubectl api-resources --namespaced=true
# NAME          SHORTNAMES   APIGROUP  NAMESPACED   KIND
# bindings                             true         Binding
# configmaps    cm                     true         ConfigMap
# endpoints     ep                     true         Endpoints
# events        ev                     true         Event
```

4.2.7 리소스 정의 설명

리소스의 간단한 정의를 살펴보려면 다음과 같은 명령을 사용합니다.

```
# Pod에 대한 정의를 확인할 수 있습니다.
kubectl explain pods
# KIND:     Pod
# VERSION:  v1
#
# DESCRIPTION:
#       Pod is a collection of containers that can run on a host.
#       This resource is created by clients and scheduled onto hosts.
#
# FIELDS:
#     apiVersion    <string>
#       APIVersion defines the versioned schema of this representation
# ....
```

4.2.8 클러스터 상태 확인

쿠버네티스 클러스터가 정상적으로 동작하고 있는지 확인하고 싶을 때가 있습니다(클러스터 설치 직후 등). 전반적인 클러스터의 health check을 확인하고 싶을 때 다음 3가지 명령을 사용합니다.

```
# 쿠버네티스 API 서버 작동 여부 확인
kubectl cluster-info

# 전체 노드 상태 확인
kubectl get node

# 쿠버네티스 핵심 컴포넌트의 Pod 상태 확인
kubectl get pod -n kube-system
```

간단한 3가지 명령만으로도 많은 경우, 문제의 원인을 찾을 수 있습니다.

4.2.9 클라이언트 설정 파일

```
kubectl config <SUBCOMMAND>
```

kubectl 툴은 내부적으로 KUBECONFIG ($HOME/.kube/config) 설정 파일을 참조하여 마스터 주소, 인증 정보 등을 관리합니다. kubectl의 설정값을 바꾸기 위해서 해당 파일을 직접 수정할 수도 있고, kubectl config 명령을 사용할 수도 있습니다. 먼저, view 명령을 통해 클라이언트 설정 파일값들을 확인합니다.

```
kubectl config view
# apiVersion: v1
# clusters:
# - cluster:
#     certificate-authority-data: DATA+OMITTED
#     server: https://127.0.0.1:6443
#   name: default
# ...
```

또는 KUBECONFIG 설정 파일을 직접 출력합니다.

```
cat $HOME/.kube/config
# apiVersion: v1
# clusters:
# - cluster:
#     certificate-authority-data: ....
#     server: https://127.0.0.1:6443
#   name: default
# contexts:
# - context:
#     cluster: default
```

```
#     user: default
#   name: default
# current-context: default
# kind: Config
# preferences: {}
# users:
# - name: default
#   user:
#     password: ...
#     username: admin
```

KUBECONFIG 설정 파일은 크게 3가지 영역으로 나뉩니다.

- clusters: kubectl 툴이 바라보는 클러스터 정보를 입력합니다. 예제에서는 쿠버네티스 API 서버와 kubectl 툴이 동일한 서버에 존재하므로 localhost (127.0.0.1)을 바라보지만, 원격에 위치한 클러스터인 경우 원격 주소지를 입력합니다.
- users: 쿠버네티스 클러스터에 접속하는 사용자를 정의합니다. Chapter 13 접근제어에서 사용자가 접근하는 방법에 대해서 살펴보도록 하겠습니다.
- contexts: cluster와 user를 연결해주는 것을 context라고 합니다. 예시에서는 하나의 클러스터와 하나의 사용자만 존재하기 때문에 큰 의미는 없지만, kubectl이 여러 개의 클러스터나 사용자를 관리할 경우 유용하게 사용할 수 있습니다.

KUBECONFIG 설정파일은 13장 접근 제어에서도 다룰 예정입니다.

4.2.10 kubectl 명령 치트시트

다음 웹 사이트에 kubectl에 관한 치트시트를 제공합니다. 기본적인 kubectl 명령 외에 다양한 명령들을 살펴볼 수 있습니다.

https://kubernetes.io/docs/reference/kubectl/cheatsheet/

4.3 마치며

이번 장에서 처음으로 쿠버네티스 클러스터를 제어하기 위해 기본적인 kubectl 명령을 살펴보았습니다. 앞으로 여러 장에 걸쳐 조금씩 kubectl 명령툴에 대해서 조금 더 자세히 살펴보도록 하겠습니다. 다음 장에서는 쿠버네티스의 가장 기본 실행 단위인 Pod 리소스에 대해서 자세히 알아보도록 하겠습니다.

Clean up

```
kubectl delete pod --all
```

Chapter 05

Pod 살펴보기

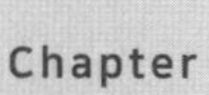

Pod 살펴보기

이번 장에서는 쿠버네티스에서 가장 기본이 되는 Pod 리소스에 대해 자세히 알아보겠습니다. 쿠버네티스에는 각 리소스들이 빌딩 블럭처럼 동작합니다. 여러 개의 빌딩블럭을 조합하여 또 하나의 커다란 빌딩블럭을 만듭니다. Pod 리소스는 그 가운데 쿠버네티스의 가장 기초가 되는 빌딩블럭으로, 많은 리소스들이 Pod와 연관되어 있습니다. 이 Pod를 이해하는 것이 쿠버네티스의 핵심을 이해할 수 있는 길입니다.

5.1 Pod 소개

Pod는 쿠버네티스의 최소 실행 단위입니다. 아무리 작고 단순한 프로세스 하나를 실행시키려 하더라도, Pod를 통해 수행됩니다. 쿠버네티스는 Pod를 통해 기본 가상환경을 제공합니다. Pod는 가상머신의 instance, 도커의 컨테이너와 같이 쿠버네티스에서 지원하는 가상환경 실행 단위입니다.

가상환경 플랫폼 실행 단위

- 가상머신: Instance
- 도커: Container
- 쿠버네티스: Pod

5.1.1 Pod 특징

Pod는 다음과 같은 특징들을 갖습니다.

1개 이상의 컨테이너 실행

Pod는 1개 이상의 컨테이너를 가질 수 있습니다. 보통은 1개 Pod 내에 한 개 컨테이너를 실행하지만 상황에 따라서 2개, 많게는 3개까지 컨테이너를 실행합니다(이론상으로는 3개 이상도 가능하지만 실질적으로 3개 이상 넘어가는 경우가 거의 없습니다).

동일 노드에 할당

Pod 내에 실행되는 컨테이너들은 반드시 동일한 노드에 할당되며 동일한 생명 주기를 갖습니다. Pod 삭제 시, Pod 내의 모든 컨테이너가 전부 같이 삭제됩니다.

고유의 Pod IP

Pod 리소스는 노드 IP와는 별개로 클러스터 내에서 접근 가능한(reachable) 고유의 IP를 할당받습니다. 도커 컨테이너인 경우 다른 노드에 위치한 컨테이너간의 통신을 하기 위해서 일반적으로 포트 포워딩을 이용하여 노드 IP와 포워딩 포트(forwarding port)를 이용하여 접근합니다. 쿠버네티스에서는 다른 노드에 위치한 Pod라 하더라도 NAT(Network Address Translation) 통신 없이도 Pod 고유의 IP를 이용하여 접근할 수 있습니다.

용어정리

- **NAT**(Network Address Translation): 여러 개의 내부 IP를 1개의 외부 IP와 연결하는 기술로, 대표적으로 port-forwarding이 있습니다.

IP 공유

Pod 내에 있는 컨테이너들은 서로 IP를 공유합니다. 그렇기 때문에 Pod 내의 컨테이너끼리는 localhost를 통해 서로 네트워크 접근이 가능하며 포트를 이용하여 구분합니다.

volume 공유

Pod 안의 컨테이너들은 동일한 볼륨과 연결이 가능하여 파일 시스템을 기반으로 서로 파일을 주고받을 수 있습니다.

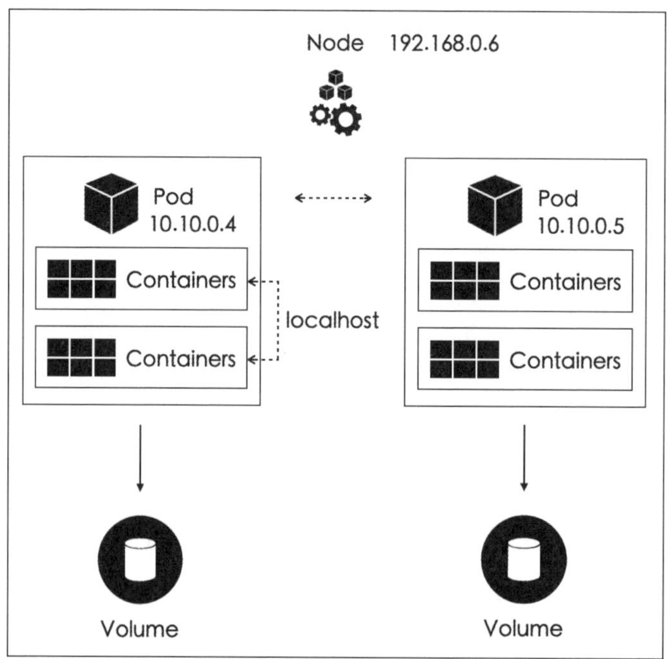

[그림 5-1] Pod 소개

쿠버네티스의 모든 리소스는 YAML 형태의 선언형 명령 정의서(declarative description)로 표현될 수 있습니다. Pod의 YAML 정의서 파일을 만들어보겠습니다.

--dry-run과 -o yaml 옵션을 조합하면, Pod를 실제로 생성하지 않고 템플릿 파일을 생성할 수 있습니다.

```
# mynginx.yaml 이라는 YAML 정의서 생성
kubectl run mynginx --image nginx --dry-run=client -o yaml > mynginx.yaml

vim mynginx.yaml
```

```
# mynginx.yaml
apiVersion: v1
kind: Pod
metadata:
  labels:
    run: mynginx
  name: mynginx
spec:
  containers:
  - image: nginx
    name: mynginx
  restartPolicy: Never
```

실제로는 몇 가지 property가 더 있지만, 예제에서는 Pod를 구성하기 위한 최소 property만 설명하겠습니다.

- apiVersion: 모든 리소스에서는 apiVersion이 정의되어 있습니다. 리소스의 이름이 동일할 경우, 이름 충돌을 피하기 위한 목적으로 리소스의 scope을 정의한 것입니다. 프로그래밍 언어의 패키지 이름과 비슷한 역할을 합니다.
- kind: 리소스의 타입을 정의합니다. 이번 장에서는 Pod라는 리소스에 대해서 살펴보겠습니다. 프로그래밍 언어의 클래스 이름과 비슷한 역할을 합니다.
- metadata: 리소스의 메타 정보를 나타냅니다.
  - labels: 리소스의 라벨정보를 표기합니다.
  - name: 리소스의 이름을 표기합니다(mynginx).

- spec: 리소스의 스펙을 정의합니다. spec은 리소스마다 조금씩 다르게 정의됩니다.
  - containers: 1개 이상의 컨테이너를 정의합니다. 예제에서는 1개 컨테이너만 존재합니다.
    - name: 컨테이너의 이름을 표기합니다.
    - image: 컨테이너의 이미지 주소를 지정합니다.

이제, YAML 파일을 이용하여 Pod를 생성해보겠습니다.

```
kubectl apply -f mynginx.yaml
# pod/mynginx created
```

Pod를 생성하면 다음과 같은 순서로 Pod가 생성됩니다.

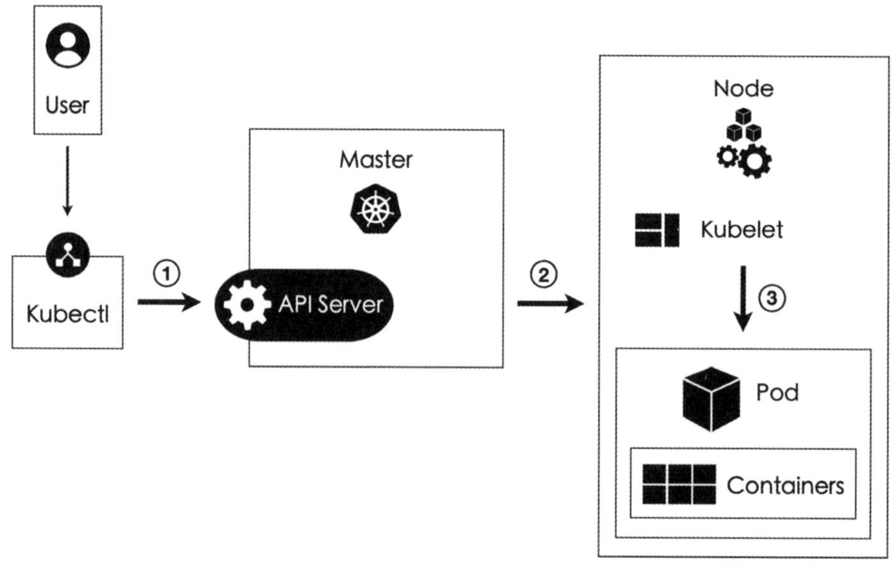

[그림 5-2] Pod 생성

① 사용자가 kubectl 명령을 통해 Pod 정의를 쿠버네티스 마스터에 전달합니다.

② 쿠버네티스 마스터는 YAML 정의의 유효성 체크(validation check) 후 특정 노드에 사용자의 요청에 따라 컨테이너를 실행하도록 명령을 내립니다.

③ 명령을 전달받은 노드(kubelet)는 요청 사항에 맞게 실제 컨테이너를 노드에 실행합니다.

이제부터 Pod의 다양한 기능에 대해서 살펴보겠습니다. Pod에 새로운 기능을 소개할 때마다 그에 따라 Pod spec에 새로운 property가 추가됩니다.

5.2 라벨링 시스템

라벨링 시스템은 쿠버네티스에서 정말 중요한 메커니즘 중 하나입니다. 특정 리소스를 참조하기 위해서 라벨링 시스템을 이용하기도 하고 Pod에 트래픽을 전달할 때도 라벨링 시스템을 활용합니다. 이번 절에서는 라벨링 시스템의 기초가 되는 Pod의 라벨링 메커니즘에 대해서 살펴보도록 하겠습니다. 사실 라벨 자체로는 큰 기능이 없습니다. 단순한 key,value 형태의 문자열입니다. Pod에 라벨을 부여한다는 의미는 key,value 형태의 문자열을 Pod의 metadata property에 추가 한다는 것을 의미합니다. (4.1.7 edit 명령으로 라벨을 추가해 보았죠). 하지만 이 단순한 라벨을 다양한 방법에 활용할 수 있습니다.

5.2.1 라벨 정보 부여

Pod에 라벨을 부여하는 방법은 크게 2가지 있습니다.

label 명령을 이용하는 방법

```
kubectl label pod <NAME> <KEY>=<VALUE>
```

명령형 스타일의 커맨드로 label 명령을 사용할 수 있습니다. mynginx이라는 Pod에 hello=world라는 라벨을 추가하였습니다.

```
kubectl label pod mynginx hello=world
# pod/mynginx labeled

kubectl get pod mynginx -oyaml
# apiVersion: v1
# kind: Pod
# metadata:
#   creationTimestamp: "2020-06-21T06:54:52Z"
#   labels:
#     hello: world
#     run: mynginx
#   ...
```

선언형 명령을 이용하는 방법

Pod YAML 정의서를 작성할 때 metadata property에 직접 라벨을 추가하여 리소스를 생성할 수 있습니다.

```
cat << EOF | kubectl apply -f -
apiVersion: v1
kind: Pod
metadata:
  # hello=world 라벨 지정
  labels:
    hello: world
    run: mynginx
  name: mynginx
spec:
  containers:
  - image: nginx
    name: mynginx
EOF
```

- metadata: 리소스의 메타데이터 정보를 나타냅니다(리소스 이름, 라벨 등).
  - labels: 라벨 정보를 태깅하기 위해 labels property를 사용합니다.

kubectl run 〈NAME〉 명령을 수행하면 자동으로 run=〈NAME〉이라는 라벨이 추가됩니다. 예를 들어, kubectl run hello --image ... 명령은 run=hello 라벨을 자동으로 Pod에 추가합니다.

```
kubectl run hello --image nginx
# pod/hello created

kubectl get pod hello -o yaml
# apiVersion: v1
# kind: Pod
# metadata:
#   creationTimestamp: "2020-06-21T06:54:52Z"
#   labels:
#     run: hello    # <-- 자동으로 추가됨
#   ...

kubectl delete pod hello
# pod/hello deleted
```

5.2.2 라벨 정보 확인

Pod에 부여된 라벨을 확인하기 위해서 -L 옵션을 사용합니다. 예제에서는 run이라는 키에 대한 값을 표시합니다.

```
# 키 run에 대한 값 표시
kubectl get pod mynginx -L run
# NAME       READY    STATUS     RESTARTS    AGE    RUN
# mynginx    1/1      Running    0           15m    mynginx
```

특정 라벨이 아닌 전체 라벨을 확인하고 싶다면 --show-labels 옵션을 사용합니다.

```
# 모든 라벨 정보 표시
kubectl get pod mynginx --show-labels
# NAME       READY    STATUS     RESTARTS    AGE    LABELS
# mynginx    1/1      Running    0           83s    hello=world,run=mynginx
```

5.2.3 라벨을 이용한 조건 필터링

특정 라벨을 가진 Pod만 필터해서 보기 원한다면 -l 옵션을 사용합니다. 특정 key를 기준으로 필터를 할 수 있으며 key,value 전체를 이용하여 필터링할 수도 있습니다.

```
# 새로운 yournginx Pod 생성
kubectl run yournginx --image nginx
# pod/yournginx created

# key가 run인 Pod들 출력
kubectl get pod -l run
# NAME         READY    STATUS     RESTARTS    AGE
# mynginx      1/1      Running    0           19m
# yournginx    1/1      Running    0           20m

# key가 run이고 value가 mynginx인 Pod 출력
kubectl get pod -l run=mynginx
# NAME       READY    STATUS     RESTARTS    AGE
# mynginx    1/1      Running    0           19m

# key가 run이고 value가 yournginx Pod 출력
kubectl get pod -l run=yournginx
# NAME         READY    STATUS     RESTARTS    AGE
# yournginx    1/1      Running    0           20m
```

5.2.4 nodeSelector를 이용한 노드 선택

라벨링 시스템을 이용하여 Pod가 특정 노드에 할당되도록 스케줄링할 수 있습니다. 기본적으로 사용자가 별도의 선택 없이 Pod를 생성하면 쿠버네티스 마스터가 어떤 노드 위에서 실행할지를 판단하여 스케줄링합니다. 쿠버네티스는 클러스터링 시스템이어서, 사용자가 매번 노드를 선택할 필요 없이 쿠버네티스가 Pod 스케줄링을 관리합니다.

그렇지만, 간혹 특정 노드(또는 노드그룹)를 명시적으로 선택해서 실행시켜야 할 수도 있습니다. 예를 들어, A라는 노드는 디스크가 SSD로 설정되고 있고 B라는 노드는 디스크가 HDD로 설정됐다면, 특정 Pod에 한해서는 SSD 디스크를 사용해야 할 수 있습니다. 바로 이때 nodeSelector라는 property를 이용하여 노드를 선택할 수 있습니다.

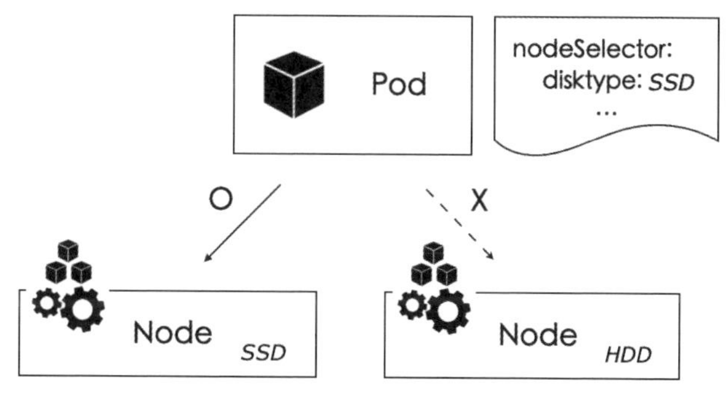

[그림 5-3] nodeSelector

```
kubectl get node  --show-labels
# NAME     STATUS   ROLES    AGE   VERSION        LABELS
# master   Ready    master   14d   v1.18.6+k3s1   beta.kubernetes.io/...
# worker   Ready    <none>   14d   v1.18.6+k3s1   beta.kubernetes.io/...
```

노드에는 기본적으로 설정되어 있는 라벨들이 많이 있습니다. 여기에 disktype라는 라벨을 추가해 봅시다. 마스터 노드에 disktype=ssd 라벨를 부여하고 워커 노드에

disktype=hdd 라벨을 부여합니다. Pod와 마찬가지로 노드에 label 명령을 사용할 수 있습니다.

```
kubectl label node master disktype=ssd
# node/master labeled

kubectl label node worker disktype=hdd
# node/worker labeled
```

노드의 라벨을 확인합니다.

```
# disktype 라벨 확인
kubectl get node --show-labels | grep disktype
# NAME     STATUS   ROLES    AGE   VERSION        LABELS
# master   Ready    master   14d   v1.18.6+k3s1   ....disktype=ssd,....
# worker   Ready    <none>   14d   v1.18.6+k3s1   ....disktype=hdd,....
```

이제, 실행하고자 하는 Pod의 YAML 정의서에 nodeSelector property를 추가합니다.

```
# node-selector.yaml
apiVersion: v1
kind: Pod
metadata:
  name: node-selector
spec:
  containers:
  - name: nginx
    image: nginx
  # 특정 노드 라벨 선택
  nodeSelector:
    disktype: ssd
```

- nodeSelector: 선택하고자하는 노드의 라벨을 지정합니다.

```
kubectl apply -f node-selector.yaml
# pod/node-selector created
```

-o wide라는 옵션을 이용하면 해당 Pod가 어느 노드에서 실행되고 있는지 확인할 수 있습니다.

```
kubectl get pod node-selector -o wide
# NAME           READY   STATUS    RESTARTS   AGE   IP          NODE
# node-selector  1/1     Running   0          19s   10.42.0.8   master
```

참고 **노드 그룹**

만약 2개 이상의 노드에 동일한 라벨이 부여되어 있는 경우, 쿠버네티스가 노드의 상태(리소스 사용량 등)를 확인하여 그 가운데 최적의 노드 하나를 선택합니다.

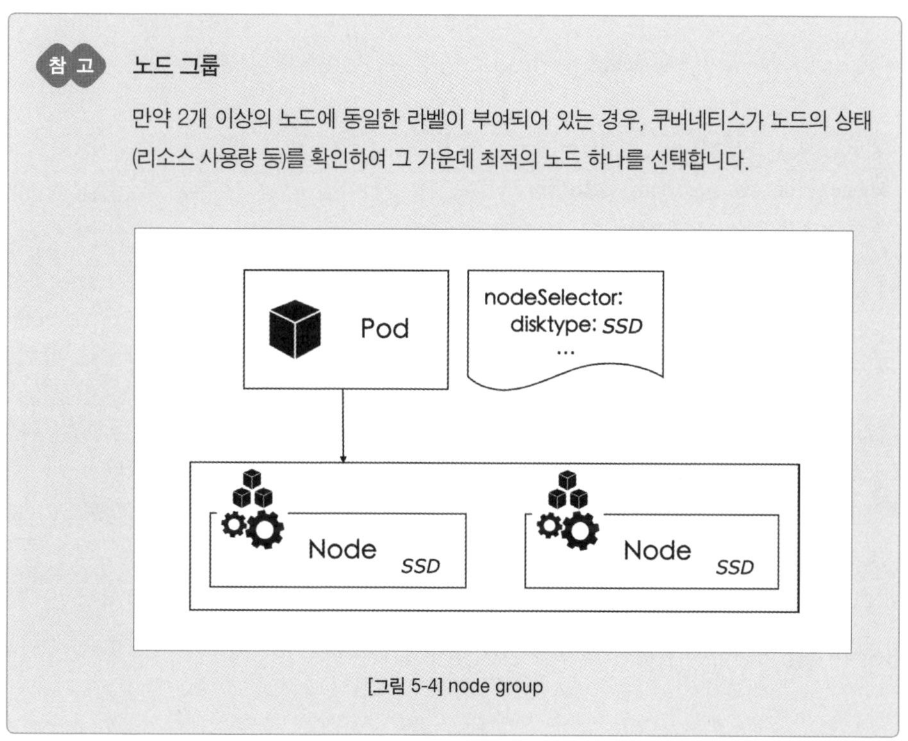

[그림 5-4] node group

이제, 동일한 node-selector.yaml 파일의 nodeSelector를 변경해보겠습니다.

```yaml
# node-selector.yaml
apiVersion: v1
kind: Pod
metadata:
  name: node-selector
spec:
  containers:
  - name: nginx
    image: nginx
  # 특정 노드 라벨 선택
  nodeSelector:
    disktype: hdd      # 기존 ssd에서 hdd로 변경
```

기존 disktype=ssd에서 disktype=hdd로 변경 후, Pod를 다시 생성합니다.

```bash
# 기존의 Pod 삭제
kubectl delete pod node-selector
# pod/node-selector deleted

# 새로 라벨링한 Pod 생성
kubectl apply -f node-selector.yaml
# pod/node-selector created

kubectl get pod node-selector -o wide
# NAME            READY   STATUS    RESTARTS   AGE   IP          NODE
# node-selector   1/1     Running   0          19s   10.42.0.6   worker
```

이번에는 워커 노드에 Pod가 스케줄링된 것을 확인할 수 있습니다. 이처럼 node Selector를 이용하여 원하는 노드를 선택할 수 있습니다.

5.3 실행 명령 및 파라미터 지정

Pod 생성 시, 실행 명령과 파라미터를 전달할 수 있습니다. 지금까지 nginx 이미지의 기본 실행 명령을 사용했지만, 사용자가 원하는 명령으로 바꿔서 실행할 수 있습니다. 다음 예제에서는 지금까지 사용한 nginx 이미지에 실행 명령(command)과 파라미터(args)를 수정했을 때 Pod가 어떻게 동작하는지 살펴보겠습니다.

```
# cmd.yaml
apiVersion: v1
kind: Pod
metadata:
  name: cmd
spec:
  restartPolicy: OnFailure
  containers:
  - name: nginx
    image: nginx
    # 실행 명령
    command: ["/bin/echo"]
    # 파라미터
    args: ["hello"]
```

- command: 컨테이너의 시작 실행 명령을 지정합니다. 도커의 ENTRYPOINT에 대응되는 property입니다.
- args: 실행 명령에 넘겨줄 파라미터를 지정합니다. 도커의 CMD에 대응되는 property입니다.
- restartPolicy: Pod의 재시작 정책을 설정합니다.
  - Always: Pod 종료 시 항상 재시작을 시도합니다(default 설정).
  - Never: 재시작을 시도하지 않습니다.
  - OnFailure: 실패 시에만 재시작을 시도합니다.

echo 명령은 웹 서버와 다르게 실행 후 종료되기 때문에 실패 시(OnFailure)에만 재시작합니다. 그렇지 않으면 똑같은 명령이 계속 반복해서 실행됩니다(실행 - 종료 - 재시작 반복).

cmd.yaml 파일을 실행하면 기존의 nginx 서버로 실행되던 Pod가 hello 메시지를 출력하는 쉘 스크립트로 바뀐 것을 확인할 수 있습니다.

```
kubectl apply -f cmd.yaml
# pod/cmd created

kubectl logs -f cmd
# hello
```

기본 이미지의 실행 명령 외에 사용자가 원하는 실행 명령을 지정하고 싶을 때 사용할 수 있는 기능입니다.

5.4 환경변수 설정

이번 절에서는 Pod에 환경변수를 전달하는 방법에 대해 살펴보겠습니다. Pod에 환경변수를 설정하는 방법은 간단합니다. env property를 활용하여 간단히 환경변수를 설정할 수 있습니다.

```
# env.yaml
apiVersion: v1
kind: Pod
metadata:
  name: env
spec:
```

```
containers:
- name: nginx
  image: nginx
  env:
  - name: hello
    value: "world!"
```

- env: 환경변수를 설정하는 property를 선언합니다.
  - name: 환경변수의 key를 지정합니다.
  - value: 환경변수의 value를 지정합니다.

Pod를 생성한 이후 exec 명령으로 실행 중인 env Pod에 printenv 명령을 전달합니다.

```
# env.yaml 파일을 이용하여 Pod 생성
kubectl apply -f env.yaml
#pod/env created

# 환경변수 hello 확인
kubectl exec env -- printenv | grep hello
# hello=world!
```

5.5 볼륨 연결

Pod 내부 스토리지의 생명주기는 Pod와 동일하게 Pod가 사라지면 저장된 데이터도 삭제됩니다. Pod내에서 생성된 데이터를 Pod 생명주기와 상관없이 지속적으로 저장하고 싶다면 볼륨을 따로 연결해야 합니다. 쿠버네티스에는 여러 가지 불륨 타입이 존재하지만, 예제에서는 가장 기본이 되는 host Volume을 사용합니다. host Volume은 도커 -v 옵션과 유사하게 host 서버의 볼륨 공간에 Pod가 데이터를 저장하는 것을 말합니다. 다음 예제를 살펴보겠습니다.

```
# volume.yaml
apiVersion: v1
kind: Pod
metadata:
  name: volume
spec:
  containers:
  - name: nginx
    image: nginx

    # 컨테이너 내부의 연결 위치 지정
    volumeMounts:
    - mountPath: /container-volume
      name: my-volume

  # host 서버의 연결 위치 지정
  volumes:
  - name: my-volume
    hostPath:
      path: /home
```

- volumeMounts: 컨테이너 내부에 사용될 볼륨을 선언합니다.
  - mountPath: 컨테이너 내부에 볼륨이 연결될 위치를 지정합니다(/container-volume).
  - name: volumeMounts와 volumes을 연결하는 식별자로 사용됩니다(my-volume).
- volumes: Pod에서 사용할 volume을 지정합니다.
  - name: volumeMounts와 volumes을 연결하는 식별자로 사용됩니다(my-volume).
  - hostPath: 호스트 서버의 연결 위치를 지정합니다(/home).

volume Pod를 생성하여 /container-volume 내부를 살펴보면 호스트 서버의 /home 디렉터리와 동일하다는 것을 알 수 있습니다.

```
kubectl apply -f volume.yaml
#pod/volume created

kubectl exec volume -- ls /container-volume
# ubuntu

ls /home
# ubuntu
```

호스트 서버의 디렉터리를 연결하는 hostPath 외에 Pod 내에서 임시로 생성하는 emptyDir property도 존재합니다. emptyDir volume은 주로 컨테이너끼리 파일 데이터를 주고받을 때 자주 사용합니다. 2개 컨테이너 실행에서 더 자세히 살펴보겠습니다.

```
# volume-empty.yaml
apiVersion: v1
kind: Pod
metadata:
  name: volume-empty
spec:
  containers:
  - name: nginx
    image: nginx
    volumeMounts:
    - mountPath: /container-volume
      name: my-volume
  volumes:
  - name: my-volume
    emptyDir: {}
```

- emptyDir: Pod의 생명주기를 따라가는 임시 volume. Pod 생성 시 같이 생성되고, Pod 삭제 시 같이 사라집니다. 이것은 컨테이너 내부에 데이터를 저장하는 것과 별반 다르지 않습니다. 하지만 차이점으로 2개 이상의 컨테이너가 서로 디렉터리 공간을 공유할 수 있다는 점이 있습니다.

5.6 리소스 관리

이번 절에서 설명하는 리소스는 쿠버네티스의 리소스가 아닌 컴퓨팅 자원 관리에 관한 내용입니다.

쿠버네티스는 컨테이너 실행에 필요한 리소스를 제약할 수 있는 메커니즘을 제공합니다. resources라는 property를 활용하여 리소스를 관리합니다. resources에는 2가지 리소스 관리 기능이 있습니다. 최소 리소스 사용량을 보장해주는 requests, 최대 리소스 사용량을 제한하는 limits property가 그것입니다.

5.6.1 requests

Pod가 보장받을 수 있는 최소 리소스 사용량을 정의합니다.

```
# requests.yaml
apiVersion: v1
kind: Pod
metadata:
  name: requests
spec:
  containers:
```

```
  - name: nginx
    image: nginx
    resources:
      requests:
        cpu: "250m"
        memory: "500Mi"
```

- requests: 최소 리소스 사용량 정의
  - cpu: CPU 리소스 최소 사용량 정의
  - memory: 메모리 리소스 최소 사용량 정의

cpu에서 1000m은 1core를 뜻합니다. 예시의 250m은 0.25core를 의미합니다. memory의 Mi는 1MiB(2^{20} bytes)를 의미합니다.

5.6.2 limits

Pod가 최대로 사용할 수 있는 최대 리소스 사용량을 정의합니다.

```
# limits.yaml
apiVersion: v1
kind: Pod
metadata:
  name: limits
spec:
  restartPolicy: Never
  containers:
  - name: mynginx
    image: python:3.7
    command: [ "python" ]
    args: [ "-c", "arr = []\nwhile True: arr.append(range(1000))" ]
    resources:
      limits:
```

```
      cpu: "500m"
      memory: "1Gi"
```

- limits: 최대 리소스 사용량 제한
  - cpu: CPU 리소스 최대 사용량 정의
  - memory: 메모리 리소스 최대 사용량 정의

limits는 최대 리소스 사용량을 제한합니다. 예제에서는 최대 0.5cpu와 1Gi 메모리 사용량을 넘을 수 없습니다. 컨테이너가 최대 리소스 사용량을 넘게 되면 CPU인 경우 throttling이 발생하고, 메모리인 경우 Out of Memory 에러가 발생합니다. 예제의 파이썬 스크립트는 무한히 메모리 리소스를 소비합니다. 다음 명령으로 Pod의 상태가 어떻게 변화하는지 살펴보겠습니다.

```
kubectl apply -f limits.yaml
# pod/limits created

watch kubectl get pod
# NAME    READY   STATUS     RESTARTS   AGE
# limits  1/1     Running    0          1m
# ...
# limits  0/1     OOMKilled  0          1m
```

무한히 메모리를 소비하는 스크립트가 최대 메모리 리소스 사용량을 넘으면 강제로 프로세스가 중단됩니다. 쿠버네티스의 이러한 기능을 통해 특정 프로세스의 리소스 소진이 전체 서버에 영향을 주지 않고 해당 프로세스에만 영향을 미쳐 전체적으로 안정된 운영을 가능하게 합니다. 2개 리소스 관리 기능을 조합하면 다음과 같습니다.

```
# resources.yaml
apiVersion: v1
kind: Pod
metadata:
```

```
  name: resources
spec:
  containers:
  - name: nginx
    image: nginx
    resources:
      requests:
        cpu: "250m"
        memory: "500Mi"
      limits:
        cpu: "500m"
        memory: "1Gi"
```

예제의 resources Pod는 최소 0.25core / 500Mi 메모리~최대 0.5core / 1Gi 메모리의 리소스를 사용할 수 있습니다.

5.7 상태 확인

이번 절에서는 Pod가 정상적으로 동작하고 있는지 확인하는 상태 확인(health check) 기능에 대해서 살펴보도록 하겠습니다.

5.7.1 livenessProbe

쿠버네티스에는 컨테이너가 정상적으로 살아있는지 확인하기 위해 livenessProbe property를 이용합니다. livenessProbe을 이용하여 Pod가 정상적으로 동작하는지 확인하며, 자가치유를 위한 판단 기준으로 활용합니다.

```
# liveness.yaml
apiVersion: v1
```

```yaml
kind: Pod
metadata:
  name: liveness
spec:
  containers:
  - name: nginx
    image: nginx
    livenessProbe:
      httpGet:
        path: /live
        port: 80
```

- livenessProbe: Pod가 정상적으로 동작하고 있는지 확인하는 property입니다.
  - httpGet: HTTP GET method를 이용하여 상태 확인을 수행합니다.
    - path: HTTP PATH를 지정합니다.
    - port: HTTP 포트를 지정합니다.

예제에서 Pod의 상태를 확인하는 방법으로 HTTP 프로토콜의 GET method를 이용하여 /live 위치의 80포트를 지속적으로 호출합니다. 이때, HTTP 리턴 코드가 200번대~300번 대인 응답코드를 정상으로 판단하고, 그 이외 코드는 비정상으로 판단하여 컨테이너가 종료되고 재시작됩니다.

```
kubectl apply -f liveness.yaml
# pod/liveness created

# <CTRL> + <C>로 watch를 종료할 수 있습니다.
watch kubectl get pod liveness
# NAME       READY   STATUS    RESTARTS   AGE
# liveness   1/1     Running   2          71s

# 기본적으로 nginx에는 /live 라는 API가 없습니다.
kubectl logs -f liveness
```

```
# ...
# 10.42.0.1 - - [13/Aug/2020:12:31:24 +0000] "GET /live HTTP/1.1" 404 153
"-" "kube-probe/1.18" "-"
# 10.42.0.1 - - [13/Aug/2020:12:31:34 +0000] "GET /live HTTP/1.1" 404 153
"-" "kube-probe/1.18" "-"
```

Pod 생성 후, watch를 통해 계속해서 Pod를 지켜보면 RESTARTS의 값이 계속해서 증가하는 것을 확인할 수 있습니다. 이것은 쿠버네티스가 /live 호출에 404error를 반환받기 때문에 Pod가 정상적이지 않다고 판단하여 Pod를 강제로 재시작(자가치유)하기 때문입니다. live 파일을 생성하여 /live 호출에 정상적으로 응답하도록 수정합니다.

```
kubectl exec liveness -- touch /usr/share/nginx/html/live

kubectl logs liveness
# 10.42.0.1 - - [14/Aug/2020:08:50:08 +0000] "GET /live HTTP/1.1" 404 153
"-" "kube-probe/1.18" "-"
# 10.42.0.1 - - [14/Aug/2020:08:50:18 +0000] "GET /live HTTP/1.1" 200 0 "-"
"kube-probe/1.18" "-"

kubectl get pod liveness
# NAME        READY    STATUS      RESTARTS   AGE
# liveness    1/1      Running     2          12m
```

/live 호출에 200으로 응답하여 이제 더 이상 RESTARTS 개수가 증가하지 않는 것을 알 수 있습니다.

5.7.2 readinessProbe

livenessProbe는 Pod가 살아있는지 확인하는 용도라면 readinessProbe은 Pod가 생성 직후, 트래픽을 받을 준비가 완료되었는지 확인하는 property입니다. Jenkins 서버와 같이 처음 구동하는데에 시간이 오래 걸리는 웹 서비스라면 구동이 완료된 이후에 트래픽을 받아야 합니다. 이런 경우, readinessProbe을 통해서 해당 Pod의 초기화가 완료되었다는 것을 쿠버네티스에 알리는 용도로 사용합니다.

```
# readiness.yaml
apiVersion: v1
kind: Pod
metadata:
  name: readiness
spec:
  containers:
  - name: nginx
    image: nginx
    readinessProbe:
      httpGet:
        path: /ready
        port: 80
```

- readinessProbe: Pod의 준비 완료를 확인하는 property입니다.
  - httpGet: HTTP GET method를 이용합니다.
    - path: HTTP PATH(/ready)를 지정합니다.
    - port: HTTP 포트를 지정합니다.

readinessProbe의 상태를 다음의 READY 0/1 표시를 통해 확인할 수 있습니다.

```
kubectl apply -f readiness.yaml
# pod/readiness created

kubectl logs -f readiness
# 10.42.0.1 - - [28/Jun/2020:13:31:28 +0000] "GET /ready HTTP/1.1"
# 404 153 "-" "kube-probe/1.18" "-"

# /ready 호출에 404 에러가 반환되어 준비 상태가 완료되지 않음
kubectl get pod
# NAME        READY   STATUS      RESTARTS   AGE
```

```
# readiness   0/1     Running     0          2m

# /ready URL 생성
kubectl exec readiness -- touch /usr/share/nginx/html/ready

# READY 1/1로 준비 완료 상태로 변경
kubectl get pod
# NAME        READY   STATUS      RESTARTS   AGE
# readiness   1/1     Running     0          2m
```

livenessProbe, readinessProbe에서 HTTP 통신뿐만 아니라, 명령 실행을 통해서도 정상 여부를 확인할 수 있습니다.

```yaml
# readiness-cmd.yaml
apiVersion: v1
kind: Pod
metadata:
  name: readiness-cmd
spec:
  containers:
  - name: nginx
    image: nginx
    readinessProbe:
      exec:
        command:
        - cat
        - /tmp/ready
```

- readinessProbe: Pod의 준비 상태를 확인합니다.
  - exec: 다음 명령을 실행합니다.
    - command: 사용자가 실행할 명령을 지정합니다.

명령의 리턴값이 0이면 정상으로, 0 이외의 다른 값이 반환되면 비정상으로 인식합니다. 예제에서 /tmp/ready 파일이 존재하는 경우, cat 명령 실행 시 정상적으로 0이 반환되어 Ready 상태로 되지만 해당 파일이 존재하지 않는 경우, Pod의 준비가 덜 되었다고 판단합니다.

```
kubectl apply -f readiness-cmd.yaml
# pod/readiness-cmd created

# READY 0/1로 준비가 완료 되지 않음
kubectl get pod
# NAME             READY    STATUS       RESTARTS    AGE
# readiness-cmd    0/1      Running      0           2m

# /tmp/ready 파일 생성
kubectl exec readiness-cmd -- touch /tmp/ready

# READY 1/1로 준비 완료 상태로 변경
kubectl get pod
# NAME             READY    STATUS       RESTARTS    AGE
# readiness-cmd    1/1      Running      0           2m
```

5.8 2개 컨테이너 실행

앞서, Pod는 1개 이상의 컨테이너를 가질 수 있는 최소 실행 단위라고 설명한 바 있습니다. 지금까지는 하나의 Pod에 하나의 컨테이너만 사용하는 방법에 대해서 살펴보았지만, 이번 절에서는 하나의 Pod 내에 2개의 서로 다른 컨테이너를 실행해보도록 하겠습니다.

```
# second.yaml
apiVersion: v1
kind: Pod
metadata:
  name: second
```

```
spec:
  containers:
  - name: nginx
    image: nginx
  - name: curl
    image: curlimages/curl
    command: ["/bin/sh"]
    args: ["-c", "while true; do sleep 5; curl localhost; done"]
```

첫 번째 컨테이너 mynginx는 지금까지 계속해서 살펴본 간단한 NGINX 웹 서버입니다. 두 번째 컨테이너는 쉘 스크립트를 실행하는 컨테이너로, 루프를 돌며 5초간 대기 후 localhost로 호출을 합니다. 지금까지 containers property에는 1개의 컨테이너만 정의했지만, 예제처럼 리스트에 여러 컨테이너를 넣을 수 있습니다. 2개의 컨테이너를 가진 Pod를 생성하고, logs를 확인합니다.

```
kubectl apply -f second.yaml
# pod/second created

kubectl logs second
# error: a container name must be specified for pod second, choose
one of: [nginx curl]
```

기존과는 다르게 logs 명령에서 에러가 발생합니다. Pod내에 1개 이상의 컨테이너가 존재하기 때문에 어떤 컨테이너의 로그를 확인할지 명시적으로 지정해주어야 합니다. -c 옵션으로 Pod 내 특정 컨테이너를 지정합니다.

```
# mynginx 컨테이너 지정
kubectl logs second -c nginx
# 127.0.0.1 - - [22/Jun/2020:13:37:00 +0000] "GET / HTTP/1.1" 200
# 612 "-" "curl/7.70.0-DEV" "-"
# 127.0.0.1 - - [22/Jun/2020:13:37:09 +0000] "GET / HTTP/1.1" 200
# 612 "-" "curl/7.70.0-DEV" "-"
```

```
# curl 컨테이너 지정
kubectl logs mynginx-second -c curl
# ...
```

그렇다면, 두 번째 컨테이너에서 curl을 실행하기 전에 5초간 대기하는 이유는 무엇일까요? 그 이유는 쿠버네티스는 Pod 내부 컨테이너끼리의 실행 순서를 보장하지 않기 때문입니다. 그래서 nginx 컨테이너가 정상적으로 서비스가 올라온 이후에 curl을 호출하기 위한 목적으로 대기합니다.

사이드카 패턴

1개 Pod 내에 2개 이상의 컨테이너를 실행하는 이유는 무엇일까요? 여러 가지 패턴이 있지만 대표적으로 사이드카 패턴(Sidecar Pattern)이 있습니다. 사이드카 패턴이란 오토바이의 사이드카를 비유한 것으로 메인 컨테이너가 주어진 본연의 임무를 수행하고(예를 들어, 웹 서빙) 사이드카 컨테이너에서 메인 컨테이너를 보조하는 역할(예를 들어, 웹 서버의 로그를 중앙 로그 시스템으로 전송)을 담당할 때 사용하는 패턴입니다. 메인 컨테이너를 보조하는 역할이 오토바이의 사이드카를 닮았다고 하여 지어진 이름입니다.

5.9 초기화 컨테이너

앞서 컨테이너끼리는 실행순서를 보장하지 않다고 설명했습니다. 첫 번째 컨테이너가 항상 먼저 실행된다는 보장은 없습니다. 그렇다면 명시적으로 메인 컨테이너가 실행되기 전에 미리 초기화 작업(initalize)을 수행해야 하는 경우는 어떻게 할 수 있을까요? 바로 initContainers property를 이용하여 먼저 초기화 작업을 수행할 수 있습니다.

```
# init-container.yaml
apiVersion: v1
kind: Pod
```

```yaml
metadata:
  name: init-container
spec:
  restartPolicy: OnFailure
  containers:
  - name: busybox
    image: k8s.gcr.io/busybox
    command: [ "ls" ]
    args: [ "/tmp/moby" ]
    volumeMounts:
    - name: workdir
      mountPath: /tmp
  initContainers:
  - name: git
    image: alpine/git
    command: ["sh"]
    args:
    - "-c"
    - "git clone https://github.com/moby/moby.git /tmp/moby"
    volumeMounts:
    - name: workdir
      mountPath: "/tmp"
  volumes:
  - name: workdir
    emptyDir: {}
```

- initContainers: 메인 컨테이너 실행에 앞서 초기화를 위해 먼저 실행되는 컨테이너를 정의합니다.

이를테면, 메인 컨테이너가 실행되기 전에 먼저 git 리파지토리를 미리 받아야 한다면 초기화 컨테이너에서 미리 git pull을 받아 컨테이너끼리의 공유 공간인 emptyDir volume(/tmp)을 통해 git 리파지토리를 전달합니다. 초기화 컨테이너의 도움으로 메인 컨테이너에서는 git 리파지토리의 데이터가 이미 있는 것을 가정하고 로직을 수행할 수 있습니다.

```
kubectl apply -f init-container.yaml
# pod/init-container created

kubectl get pod
# NAME             READY   STATUS      RESTARTS   AGE
# init-container   0/1     Init:0/1    0          2s
# ...
# init-container   0/1     Completed   0          2s

# initContainer log 확인
kubectl logs init-container -c git -f
# Cloning into '/tmp/moby'...

# 메인 컨테이너 (busybox) log 확인
kubectl logs init-container
# AUTHORS
# CHANGELOG.md
# CONTRIBUTING.md
# Dockerfile
# Dockerfile.buildx
# ...
```

5.10 Config 설정

쿠버네티스에는 설정값들을 따로 모아두고 필요할 때 꺼내 사용할 수 있는 메커니즘이 존재합니다. 설정값들을 따로 모아둘 수 있는 통을 쿠버네티스에서는 ConfigMap이라 부릅니다. 이번 절에서는 ConfigMap에 들어 있는 설정값들을 불러와서 Pod에 전달하는 방법에 대해 살펴보겠습니다.

5.10.1 ConfigMap 리소스 생성

ConfigMap 리소스는 메타데이터(설정값)를 저장하는 리소스입니다. 지금까지는 Pod에 직접 설정값들을 기입하였지만 ConfigMap에 모든 설정값들을 저장해놓고 Pod에서는 필요한 정보들을 불러올 수 있습니다. 먼저, ConfigMap을 생성하는 방법부터 살펴보도록 하겠습니다.

```
kubectl create configmap <key> <data-source>
```

다음과 같은 설정 파일을 작성합니다. 게임 설정 파일을 모방하였습니다.

```
# game.properties
weapon=gun
health=3
potion=5
```

--from-file 옵션을 사용하여 game.properteis 파일을 game-config라는 이름의 ConfigMap으로 만듭니다.

```
kubectl create configmap game-config --from-file=game.properties
# configmap/game-config created
```

만들어진 ConfigMap을 상세 조회하면 다음과 같이 출력됩니다.

```
kubectl get cm game-config -o yaml  # 축약하여 cm
# apiVersion: v1
# data:
#   game.properties: |
#     weapon=gun
#     health=3
#     potion=5
# kind: ConfigMap
```

```
# metadata:
#   name: game-config
#   namespace: default
```

- apiVersion: v1 core API
- kind: ConfigMap 리소스
- data: 설정값들이 저장된 데이터

game-config라는 ConfigMap에 설정값들이 담긴 것을 확인할 수 있습니다. 이번에는 --from-literal이라는 옵션을 사용하여, ConfigMap을 생성해보겠습니다. --from-literal 옵션은 --from-file과 다르게 사용자가 직접 설정값을 지정합니다.

```
kubectl create configmap special-config \
             --from-literal=special.power=10 \
             --from-literal=special.strength=20
# configmap/special-config created
```

--from-literal 옵션 파라미터로 직접 설정값을 저장합니다.

```
kubectl get configmaps special-config -o yaml
# apiVersion: v1
# kind: ConfigMap
# metadata:
#   name: special-config
#   namespace: default
# data:
#   special.power: 10
#   special.strength: 20
```

또는 사용자가 직접 ConfigMap 리소스를 YAML 정의서로 작성하여 생성할 수도 있습니다.

```
# monster-config.yaml
apiVersion: v1
kind: ConfigMap
metadata:
  name: monster-config
  namespace: default
data:
  monsterType: fire
  monsterNum: "5"
  monsterLife: "3"
```

```
kubectl apply -f monster-config.yaml
# configmap/monster-config created

kubectl get cm monster-config -o yaml
# apiVersion: v1
# kind: ConfigMap
# metadata:
#   name: monster-config
#   namespace: default
# data:
#   monsterType: fire
#   monsterNum: "5"
#   monsterLife: "3"
```

5.10.2 ConfigMap 활용

볼륨 연결

ConfigMap 리소스 활용 방법으로 ConfigMap을 볼륨으로 마운트하여 파일처럼 사용할 수 있습니다.

```
# game-volume.yaml
apiVersion: v1
```

```yaml
kind: Pod
metadata:
  name: game-volume
spec:
  restartPolicy: OnFailure
  containers:
  - name: game-volume
    image: k8s.gcr.io/busybox
    command: [ "/bin/sh", "-c", "cat /etc/config/game.properties" ]
    volumeMounts:
    - name: game-volume
      mountPath: /etc/config
  volumes:
  - name: game-volume
    configMap:
      name: game-config
```

- volumes: Pod에서 사용할 볼륨을 선언합니다.
  - configMap: 기존의 hostPath, emptyDir 외에 configMap이라는 볼륨을 사용할 수 있습니다.
    - name: 볼륨으로 사용할 ConfigMap 이름을 지정합니다.

```bash
kubectl apply -f game-volume.yaml
# pod/game-volume created

kubectl logs game-volume
# weapon=gun
# health=3
# potion=5
```

첫 번째 ConfigMap 활용 방법으로, game.properties라는 파일로 만든 ConfigMap을 동일하게 파일로 볼륨 마운트하여 사용하는 방법을 살펴보았습니다.

환경변수 - valueFrom

ConfigMap을 Pod의 환경변수로도 사용할 수 있습니다.

```yaml
# special-env.yaml
apiVersion: v1
kind: Pod
metadata:
  name: special-env
spec:
  restartPolicy: OnFailure
  containers:
  - name: special-env
    image: k8s.gcr.io/busybox
    command: [ "printenv" ]
    args: [ "special_env" ]
    env:
    - name: special_env
      valueFrom:
        configMapKeyRef:
          name: special-config
          key: special.power
```

- env: 환경변수 사용을 선언합니다.
- name: 환경변수의 key를 지정합니다.
- valueFrom: 기존의 value property 대신 valueFrom을 사용함으로써 다른 리소스의 정보를 참조하는 것을 선언합니다.
  - configMapKeyRef: ConfigMap의 키를 참조합니다.
    - name: ConfigMap의 이름을 설정합니다.
    - key: ConfigMap내에 포함된 설정값 중 특정 설정값을 명시적으로 선택합니다.

예제의 의미는 special-config라는 ConfigMap 중 special.power라는 설정값을 환경변수 special-env로 활용하라는 것을 의미합니다.

```
kubectl apply -f special-env.yaml
# pod/special-env created

kubectl logs special-env
# 10
```

환경변수 - envFrom

이번에는 1개의 설정값이 아니라, ConfigMap에 포함된 모든 설정값을 환경변수로 사용하는 envFrom이라는 property에 대해서 살펴보겠습니다.

```
# monster-env.yaml
apiVersion: v1
kind: Pod
metadata:
  name: monster-env
spec:
  restartPolicy: OnFailure
  containers:
  - name: monster-env
    image: k8s.gcr.io/busybox
    command: [ "printenv" ]
    # env 대신에 envFrom 사용
    envFrom:
    - configMapRef:
        name: monster-config
```

- envFrom: 기존 env 대신 envFrom을 사용함으로써 ConfigMap 설정값을 환경변수 전체로 사용하는 것을 선언합니다.

— configMapRef: ConfigMap의 특정 키(configMapKeyRef)가 아닌 전체 ConfigMap(configMapRef)을 사용하도록 설정합니다.
  - name: 사용하려는 ConfigMap의 이름을 지정합니다.

```
kubectl apply -f monster-env.yaml
# pod/monster-env created

kubectl logs monster-env  | grep monster
# HOSTNAME=monster-env
# monsterLife=3
# monsterNum=5
# monsterType=fire
```

monster-env ConfigMap에 포함된 모든 설정값들이 환경변수로 설정되어 있는 것을 확인할 수 있습니다.

5.11 민감 데이터 관리

ConfigMap 리소스와 유사하지만 이름에서 알 수 있듯이 민감한 데이터를 저장하는데 사용할 수 있는 리소스입니다. Secret 리소스는 각 노드에서 사용될 때 디스크에 저장되지 않고, tmpfs 라는 메모리 기반 파일시스템을 사용해서 보안에 더욱 강합니다. 또한, Secret 리소스를 사용자가 조회할 때 평문으로 바로 조회되지 않고 base64로 한번 인코딩되어 표시됩니다(그저 인코딩되어 표시될 뿐 암호화는 아닙니다).

5.11.1 Secret 리소스 생성

먼저 계정이름과 비밀번호로 사용할 값들을 base64로 인코딩합니다.

```
echo -ne admin | base64
# YWRtaW4=

echo -ne password123 | base64
# cGFzc3dvcmQxMjM=
```

해당 값을 이용하여 다음과 같은 Secret 리소스를 만들어보겠습니다.

```yaml
# user-info.yaml
apiVersion: v1
kind: Secret
metadata:
  name: user-info
type: Opaque
data:
  username: YWRtaW4=              # admin
  password: cGFzc3dvcmQxMjM=     # password123
```

- type: Secret 리소스의 타입을 설정합니다. 기본적으로 Opaque을 사용하지만, 경우에 따라서 kubernetes.io/service-account-token, kubernetes.io/tls 등을 사용합니다. 다른 타입들은 뒤에서 살펴보겠습니다.
- data: 저장할 민감 데이터를 입력합니다.

```
kubectl apply -f user-info.yaml
# secret/user-info created

kubectl get secret user-info -o yaml
# apiVersion: v1
# data:
#   password: cGFzc3dvcmQxMjM=
#   username: YWRtaW4=
# kind: Secret
# metadata:
#   ...
```

```
#    name: user-info
#    namespace: default
#    resourceVersion: "6386"
#    selfLink: /api/v1/namespaces/default/secrets/user-info
#    uid: bd6ca3a6-17f1-4690-aefe-6200e402aa35
# type: Opaque
```

data의 필드값들을 직접 base64로 인코딩하지 않고 쿠버네티스가 대신 처리해주길 원한다면 stringData property를 사용합니다.

```yaml
# user-info-stringdata.yaml
apiVersion: v1
kind: Secret
metadata:
  name: user-info-stringdata
type: Opaque
stringData:
  username: admin
  password: password123
```

```
kubectl apply -f user-info-stringdata.yaml
# secret/user-info-stringdata created

kubectl get secret user-info-stringdata -o yaml
# apiVersion: v1
# data:
#    password: cGFzc3dvcmQxMjM=
#    username: YWRtaW4=
# kind: Secret
# metadata:
#    ...
#    name: user-info-stringdata
#    namespace: default
#    resourceVersion: "6386"
#    selfLink: /api/v1/namespaces/default/secrets/user-info
```

```
#   uid: bd61b459-a0d4-4158-aefe-6200f202aa35
# type: Opaque
```

YAML 파일뿐만 아니라, 명령형 커맨드를 이용해서 Secret 리소스를 생성할 수도 있습니다. 다음과 같이 사용자 정보가 저장된 properties 파일이 있습니다.

```
cat user-info.properties
# username=admin
# password=password123
```

--from-env-file 옵션을 이용하여 properties 파일로부터 Secret을 생성합니다.

```
kubectl create secret generic user-info-from-file \
                --from-env-file=user-info.properties
# secret/user-info-from-file created

kubectl get secret user-info-from-file -oyaml
# apiVersion: v1
# data:
#   password: cGFzc3dvcmQxMjM=
#   username: YWRtaW4=
# kind: Secret
# metadata:
#   creationTimestamp: "2020-07-07T12:03:14Z"
#   name: user-info-from-file
#   namespace: default
#   resourceVersion: "3647019"
#   selfLink: /api/v1/namespaces/default/secrets/user-info-from-file2
#   uid: 57bc52e1-4158-4f13-a0d4-0581b45950db
# type: Opaque
```

--from-env-file뿐만 아니라, ConfigMap과 마찬가지로 --from-file, --from-literal 옵션을 지원합니다.

5.11.2 Secret 활용

이제, 생성한 Secret을 Pod에서 활용해보겠습니다.

볼륨 연결

Secret도 ConfigMap과 동일하게 볼륨 연결이 가능합니다. volumes property에 secret이라는 이름으로 볼륨을 연결할 수 있습니다.

```
# secret-volume.yaml
apiVersion: v1
kind: Pod
metadata:
  name: secret-volume
spec:
  restartPolicy: OnFailure
  containers:
  - name: secret-volume
    image: k8s.gcr.io/busybox
    command: [ "sh" ]
    args: ["-c", "ls /secret; cat /secret/username"]
    volumeMounts:
    - name: secret
      mountPath: "/secret"
  volumes:
  - name: secret
    secret:
      secretName: user-info
```

볼륨을 연결하여 해당 위치의 디렉터리를 확인해보겠습니다.

```
kubectl apply -f secret-volume.yaml
# pod/secret-volume created

kubectl logs secret-volume
```

```
# password
# username
# admin
```

환경변수 - env

Secret 리소스도 환경변수로 정보를 추출할 수 있습니다. 개별적인 환경변수를 지정할 때 valueFrom.secretKeyRef property를 사용합니다.

```yaml
# secret-env.yaml
apiVersion: v1
kind: Pod
metadata:
  name: secret-env
spec:
  restartPolicy: OnFailure
  containers:
  - name: secret-env
    image: k8s.gcr.io/busybox
    command: [ "printenv" ]
    env:
    - name: USERNAME
      valueFrom:
        secretKeyRef:
          name: user-info
          key: username
    - name: PASSWORD
      valueFrom:
        secretKeyRef:
          name: user-info
          key: password
```

```
kubectl apply -f secret-env.yaml
# pod/secret-env created
```

```
kubectl logs secret-env
# PATH=/usr/local/sbin:/usr/local/bin:/usr/sbin:/usr/bin:/sbin:/bin
# HOSTNAME=secret-envfrom
# USERNAME=admin
# PASSWORD=1f2d1e2e67df
# ...
```

환경변수 - envFrom

전체 환경변수를 부르고자 할 때 envFrom.secretRef property를 사용합니다.

```yaml
# secret-envfrom.yaml
apiVersion: v1
kind: Pod
metadata:
  name: secret-envfrom
spec:
  restartPolicy: OnFailure
  containers:
  - name: secret-envfrom
    image: k8s.gcr.io/busybox
    command: [ "printenv" ]
    envFrom:
    - secretRef:
        name: user-info
```

```
kubectl apply -f secret-envfrom.yaml
# pod/secret-envfrom created

kubectl logs secret-envfrom
# PATH=/usr/local/sbin:/usr/local/bin:/usr/sbin:/usr/bin:/sbin:/bin
# HOSTNAME=secret-envfrom
# username=admin
```

```
# password=1f2d1e2e67df
# ...
```

5.12 메타데이터 전달

쿠버네티스에서는 Pod의 메타데이터를 컨테이너에게 전달할 수 있는 메커니즘을 제공합니다. 이것을 Downward API라 부릅니다. 실행되는 Pod의 정보를 컨테이너에 노출하고 싶을 때 사용합니다. ConfigMap, Secret과 마찬가지로 환경변수와 볼륨 연결을 통해 컨테이너에 정보를 전달할 수 있습니다.

5.12.1 볼륨 연결

```
# downward-volume.yaml
apiVersion: v1
kind: Pod
metadata:
  name: downward-volume
  labels:
    zone: ap-north-east
    cluster: cluster1
spec:
  restartPolicy: OnFailure
  containers:
  - name: downward
    image: k8s.gcr.io/busybox
    command: ["sh", "-c"]
    args: ["cat /etc/podinfo/labels"]
    volumeMounts:
    - name: podinfo
      mountPath: /etc/podinfo
```

```yaml
  volumes:
  - name: podinfo
    downwardAPI:
      items:
      - path: "labels"
        fieldRef:
          fieldPath: metadata.labels
```

- downwardAPI: DownwardAPI 볼륨 사용을 선언합니다.
  - items: 메타데이터로 사용할 아이템 리스트를 지정합니다.
    - path: 볼륨과 연결될 컨테이너 내부 path를 지정합니다.
    - fieldRef: 참조할 필드를 선언합니다.
      - fieldPath: Pod의 메타데이터 필드를 지정합니다.

```
kubectl apply -f downward-volume.yaml
# pod/downward-volume created

# Pod의 라벨 정보와 비교해 보시기 바랍니다.
kubectl logs downward-volume
# cluster="cluster1"
# zone="ap-north-east"
```

DownwardAPI를 이용하여 Pod의 라벨 필드를 컨테이너의 /etc/podinfo/labels 위치에 볼륨을 연결했습니다. 파일 이름이 labels로 정의된 이유는 downwardAPI.items[0].path를 labels로 지정해서입니다.

5.12.2 환경변수 - env

Downward API도 마찬가지로 환경변수로 선언할 수 있습니다.

```
# downward-env.yaml
apiVersion: v1
kind: Pod
metadata:
  name: downward-env
spec:
  restartPolicy: OnFailure
  containers:
  - name: downward
    image: k8s.gcr.io/busybox
    command: [ "printenv"]
    env:
    - name: NODE_NAME
      valueFrom:
        fieldRef:
          fieldPath: spec.nodeName
    - name: POD_NAME
      valueFrom:
        fieldRef:
          fieldPath: metadata.name
    - name: POD_NAMESPACE
      valueFrom:
        fieldRef:
          fieldPath: metadata.namespace
    - name: POD_IP
      valueFrom:
        fieldRef:
          fieldPath: status.podIP
```

- name: 환경변수의 키값을 지정합니다.
- valueFrom: 환경변수값을 선언합니다.
  - fieldRef: 참조할 필드를 선언합니다.
    - fieldPath: Pod의 메타데이터 필드를 지정합니다.

```
kubectl apply -f downward-env.yaml
# pod/downward-env created
```

```
kubectl logs downward-env
# POD_NAME=downward-env
# POD_NAMESPACE=default
# POD_IP=10.42.0.219
# NODE_NAME=master
# ...
```

fieldPath의 필드에 지정해놓은 Pod의 이름, 네임스페이스, 아이피 등을 환경변수로 확인할 수 있습니다.

5.13 마치며

이번 장에서는 쿠버네티스의 가장 기본이 되는 Pod 리소스에 대해서 자세히 살펴보았습니다. Pod는 쿠버네티스의 중심이 되는 리소스로 Pod의 핵심적인 기능에 대해서 전반적으로 살펴보았습니다. 이후에 나오는 새로운 리소스 및 개념들이 대부분 Pod를 기반으로 확장되어 나오는 만큼 Pod에 대한 깊은 이해가 필요합니다. 다음 장에서는 쿠버네티스의 네트워킹을 책임지는 Service 리소스에 대해 살펴보도록 하겠습니다.

Clean up

```
kubectl delete pod --all
```

쿠버네티스 네트워킹

Chapter 06 쿠버네티스 네트워킹

이번 장에서는 쿠버네티스의 네트워크를 담당하는 Service 리소스에 대해서 살펴보겠습니다. Service 리소스도 Pod와 마찬가지로 YAML 형식으로 정의됩니다. Service 리소스는 Pod IP와는 또 다른 독자적인 IP를 부여받아 서비스의 끝점(Endpoint)을 제공하며 라벨링 시스템을 통해 Pod로 트래픽을 전달합니다. Service 리소스는 Pod 앞단에 위치하여 마치 로드 밸런서처럼 동작합니다.

6.1 Service 소개

쿠버네티스에는 Pod 자체에도 IP가 부여됩니다. curl 명령을 통해 Pod IP로 호출을 하면 정상적으로 결과를 반환합니다. 해당 IP를 통해 요청을 보내고 응답을 받을 수 있습니다. 그렇다면, 따로 Service라는 리소스를 만들어 네트워크 통신을 담당하게 만든 이유는 무엇일까요?

```
kubectl run mynginx --image nginx
# pod/mynginx created

# Pod IP는 사용자마다 다릅니다.
kubectl get pod -owide
# NAME     READY   STATUS    RESTARTS   AGE   IP           NODE     ...
# mynginx  1/1     Running   0          12d   10.42.0.26   master   ...

kubectl exec mynginx -- curl -s 10.42.0.26
```

```
# <html>
# <head>
# <title>Welcome to nginx!</title>
# <style>
#     body {
# ...
```

6.1.1 불안정한 Pod vs 안정적인 Service

쿠버네티스에서는 Pod 리소스를 불안정한(ephemeral, mortal) 자원으로 여깁니다. Pod는 필요한 경우 쉽게 생성하였다가 사용이 끝나면 쉽게 삭제할 수 있는 리소스입니다. Pod는 언제든지, 무슨 이유로든 종료될 수 있는 리소스로 생각합니다. 이러한 특징으로 인해 Pod는 불안정한 서비스 끝점(Endpoint)을 제공합니다. Pod 리소스에 부여되는 IP를 이용하여 서비스를 호출하는 경우, 사용자는 끊임없이 서비스 끝점의 이상 여부와 바뀐 IP를 추적해야만 합니다. 이러한 문제를 해결하고자 Pod의 생명주기와는 상관없이 안정적인 서비스 끝점을 제공하는 Service라는 리소스가 등장하게 되었습니다.

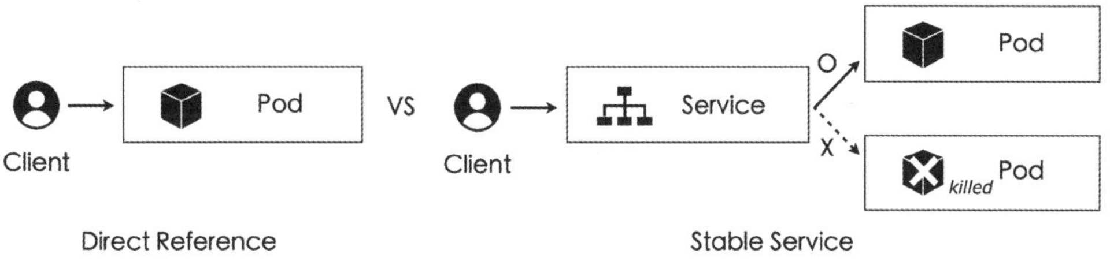

[그림 6-1] Pod vs Service

Service 리소스는 Pod의 앞단에 위치하며 Service로 들어오는 트래픽을 Pod로 전달하는 리버스 프록시와 같은 역할을 수행합니다. Service 리소스 덕분에 Pod의 IP가 변경되더라도 사용자 입장에서는 동일한 IP로 서비스에 접근할 수 있고 1개의 Pod가 죽어도 다른 Pod로 트래픽을 전달해 주기 때문에 안정성 및 가용성을 높힐 수 있습니다.

용어정리

- **리버스 프록시(reverse proxy): 클라이언트** 서버 구조에서 서버로 전송되는 요청을 대신 받아 원래의 서버로 전달해주는 대리 서버를 의미합니다. 서버로 요청되는 부하를 분산시키고 보안을 높이는 용도로 사용됩니다.

6.1.2 서비스 탐색(Service Discovery)

Service 리소스는 안정적인 IP를 제공해줄 뿐만 아니라, 서비스 탐색 기능을 수행하는 도메인 이름 기반의 서비스 끝점을 제공합니다. 사용자는 쿠버네티스 클러스터 내에서 Service 리소스의 이름을 기반으로 DNS 참조가 가능합니다. 이를 통해 사용자는 손쉽게 다른 서비스를 탐색하고 참조할 수 있습니다. 예를 들어, myservice라는 이름의 Service 리소스를 생성하면 사용자는 myservice라는 도메인 주소로 해당 Service에 요청할 수 있습니다.

6.1.3 Service 첫 만남

다음과 같이 첫 Service 리소스를 생성합니다. Service 리소스의 생성 방법 및 작동원리에 대해서 살펴보겠습니다.

```yaml
# myservice.yaml
apiVersion: v1
kind: Service
metadata:
  labels:
```

```
    hello: world
  name: myservice
spec:
  ports:
  - port: 8080
    protocol: TCP
    targetPort: 80
  selector:
    run: mynginx
```

Pod와 마찬가지로 apiVersion, kind, metadata 등의 property가 존재합니다. spec 부분에서 Service 고유의 명세(description)가 정의됩니다.

- apiVersion: Pod와 마찬가지로 v1 API 버전입니다.
- kind: Service 리소스를 선언합니다.
- metadata: 리소스의 메타 정보를 나타냅니다.
  - labels: Service에도 라벨을 부여할 수 있습니다.
  - name: 이름을 지정합니다. 해당 이름이 도메인 주소로 활용됩니다.
- spec: Service의 스펙을 정의합니다.
  - ports: Service의 포트들을 정의합니다.
    - port: Service로 들어오는 포트를 지정합니다.
    - protocol: 사용하는 프로토콜을 지정합니다. TCP, UDP, HTTP 등이 있습니다.
    - targetPort: 트래픽을 전달할 컨테이너의 포트를 지정합니다.
  - selector: 트래픽을 전달할 컨테이너의 라벨을 선택합니다. 예제에서는 run=mynginx 라벨을 가진 Pod에 Service 트래픽을 전달합니다.

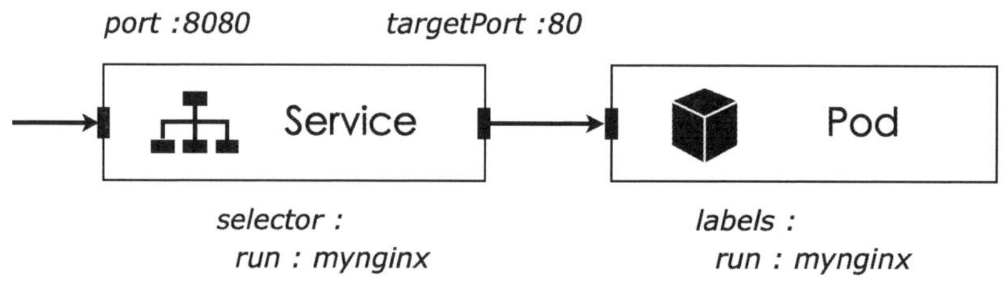

[그림 6-2] Service 소개

라벨 셀렉터를 이용하여 Pod를 선택하는 이유

Service의 트래픽을 전달할 Pod를 선택하기 위해 라벨 셀렉터를 사용합니다. 단순히 Pod의 이름을 지정하거나 Pod의 IP를 이용할 수도 있었을 텐데, 라벨링 시스템을 사용하는 이유는 무엇일까요? 쿠버네티스에서는 각 리소스의 관계를 느슨한 연결 관계(loosely coupled)로 표현하고자 합니다. 리소스간 느슨한 관계로 연결하게 되면 여러 가지 이점이 있습니다. 느슨한 연결 관계란 결국 특정 리소스를 직접 참조하는 것이 아니라, 간접 참조한다는 것을 의미합니다. Service에서 Pod의 이름이나 IP를 직접 참조하게 되면 Pod의 생명주기에 따라 사용자가 매번 새로운 Pod 정보를 Service에 등록 및 삭제해야 합니다.

반면, 라벨링 시스템을 통해 느슨한 관계를 유지할 경우 Service에서 바라보는 특정 라벨을 가지고 있는 어떠한 Pod에도 트래픽을 전달할 수 있습니다. Pod 입장에서도 Service를 직접 참조할 필요 없이 Service에서 바라보는 특정 라벨을 달기만 하면 바로 Service에 등록되어 트래픽을 전달받을 수 있습니다. 쿠버네티스가 대신 Service와 Pod를 매핑시켜 주기 때문입니다. 이렇게 유연한 구조로 애플리케이션을 구축할 수 있기 때문에 쿠버네티스에서는 많은 경우, 라벨링 시스템을 이용하여 리소스간 관계를 표현합니다.

이제, Service를 생성하여 서비스 끝점을 생성해보겠습니다.

```
# 앞에서 살펴 본 Service 리소스를 생성합니다.
kubectl apply -f myservice.yaml
# service/myservice created

# 생성된 Service 리소스를 조회합니다.
# Service IP (CLUSTER-IP)를 확인합니다(예제에서는 10.43.152.73).
kubectl get service  # 축약시, svc
# NAME         TYPE        CLUSTER-IP     EXTERNAL-IP  PORT(S)    AGE
# kubernetes   ClusterIP   10.43.0.1      <none>       443/TCP    24d
# myservice    ClusterIP   10.43.152.73   <none>       8080/TCP   6s

# Pod IP를 확인합니다(예제에서는 10.42.0.226).
kubectl get pod -owide
# NAME     READY  STATUS    RESTARTS  AGE   IP           NODE    ...
# mynginx  1/1    Running   0         6s    10.42.0.226  master ...
```

Service 리소스도 Pod와 마찬가지로 get 명령을 이용하여 리소스를 나열할 수 있습니다. 방금 생성한 myservice라는 이름을 가진 Service가 보입니다. 그 외에도 kubernetes라는 Service도 보입니다. 해당 Service는 쿠버네티스 API 서버로 트래픽을 전송하는 서비스 끝점입니다. 쿠버네티스 설치 시 기본적으로 생성됩니다. myservice의 Service IP를 확인해보면 mynginx Pod IP와 다른 고유의 IP를 가진 것을 알 수 있습니다. 각각의 주소를 이용하여 트래픽을 전달해보겠습니다(Pod 및 Service IP는 독자별로 다르게 나타납니다).

```
# curl 요청할 client Pod 생성
kubectl run client --image nginx
# pod/client created

# Pod IP로 접근
kubectl exec client -- curl 10.42.0.226

# Service IP로 접근 (CLUSTER-IP)
kubectl exec client -- curl 10.43.152.73:8080
```

```
# Service 이름 (DNS 주소)로 접근
kubectl exec client -- curl myservice:8080
```

- Pod IP, Service IP, Service 이름으로 요청하면 전부 동일하게 mynginx 서버의 결과가 반환됩니다.
- Service 끝점으로 요청하는 경우, Service에서 사용하는 포트(port property), 8080을 사용합니다.

myservice의 IP 주소를 확인하기 위해 DNS lookup을 수행합니다.

```
# DNS lookup을 수행하기 위해 nslookup 명령을 설치합니다.
kubectl exec client -- sh -c "apt update && apt install -y dnsutils"
# Hit:1 http://deb.debian.org/debian buster InRelease
# Hit:2 http://security.debian.org/debian-security buster/updates
# Hit:3 http://deb.debian.org/debian buster-updates InRelease
# Reading package lists...
# ...

# myservice의 DNS를 조회합니다.
kubectl exec client -- nslookup myservice
# Server:         10.43.0.10
# Address:        10.43.0.10#53
#
# Name:   myservice.default.svc.cluster.local
# Address: 10.43.152.73
```

myservice의 IP 주소(예제에서는 10.43.152.73)가 Service의 CLUSTER-IP와 동일한 것을 확인할 수 있습니다. 이를 통해 앞서 설명드린 것과 같이, Service의 이름이 도메인 주소 역할을 수행하는 것을 알 수 있습니다. 한 가지 살펴 볼 점은 DNS의 이름(Name)이 단순히 myservice가 아니라, myservice.default.svc.cluster.local로 나오는 것을 볼 수 있습니다. 이것은 Service 리소스의 전체 도메인 주소를 나타냅니다.

6.1.4 Service 도메인 주소 법칙

Service 리소스의 전체 도메인 이름 법칙은 다음과 같습니다.

```
<서비스 이름>.<네임스페이스>.svc.cluster.local
```

.을 기준으로 첫번째 도메인은 서비스 이름을 나타냅니다. 두 번째 도메인은 Service가 생성된 네임스페이스가 출력됩니다. 나머지 도메인 svc.cluster.local은 쿠버네티스 cluster domain으로, 쉽게 Service 도메인의 postfix라고 이해하면 됩니다. 해당 값은 다른 것으로 변경이 가능하지만, 보통 기본값으로 사용합니다. Service의 전체 도메인 주소는 생략이 가능합니다. 생략 시 규칙은 다음과 같습니다.

- <서비스 이름>.<네임스페이스> == <서비스 이름>.<네임스페이스>.svc.cluster.local
- <서비스 이름> == <서비스 이름>.<네임스페이스>.svc.cluster.local

직접 예제를 통해 살펴보겠습니다.

```
# Service의 전체 도메인 주소를 조회합니다.
kubectl exec client -- nslookup myservice.default.svc.cluster.local
# Server:         10.43.0.10
# Address:        10.43.0.10#53
#
# Name:   myservice.default.svc.cluster.local
# Address: 10.43.152.73

# Service의 일부 도메인 주소를 조회합니다.
kubectl exec client -- nslookup myservice.default
# Server:         10.43.0.10
# Address:        10.43.0.10#53
#
# Name:   myservice.default.svc.cluster.local
# Address: 10.43.152.73
```

```
# Service 이름만 사용해도 참조가 가능합니다.
kubectl exec client -- nslookup myservice
# Server:         10.43.0.10
# Address:        10.43.0.10#53
#
# Name:   myservice.default.svc.cluster.local
# Address: 10.43.152.73
```

6.1.5 클러스터 DNS 서버

Service 이름을 도메인 주소로 사용이 가능한 이유는 바로 쿠버네티스에서 제공하는 DNS 서버가 있기 때문입니다. 리눅스 시스템에서 DNS 서버 설정을 담당하는 /etc/resolv.conf 파일을 확인해보겠습니다.

```
# 로컬 호스트 서버의 DNS 설정이 아닌 Pod의 DNS 설정을 확인합니다.
kubectl exec client -- cat /etc/resolv.conf
# nameserver 10.43.0.10
# search default.svc.cluster.local svc.cluster.local cluster.local ap-
northeast-2.compute.internal
# options ndots:5
```

nameserver에 10.43.0.10라는 IP를 확인할 수 있습니다. 쿠버네티스의 모든 Pod들은 바로 이 IP로 DNS를 조회합니다. 그렇다면, 해당 IP의 주인은 누구일까요? 쿠버네티스 핵심 컴포넌트가 존재하는 kube-system 네임스페이스의 Service 리소스를 한번 살펴 보겠습니다.

```
kubectl get svc -n kube-system
# NAME      TYPE        CLUSTER-IP    EXTERNAL-IP   PORT(S)
# kube-dns  ClusterIP   10.43.0.10    <none>        53/UDP,53/TCP,9153/TCP
```

kube-dns라는 Service가 10.43.0.10의 주인인 것을 확인할 수 있습니다. --show-labels 옵션으로 어떤 라벨을 가지고 있는지 확인해보겠습니다.

```
kubectl get svc kube-dns -n kube-system --show-labels
# NAME       TYPE        CLUSTER-IP   ...    AGE   LABELS
# kube-dns   ClusterIP   10.43.0.10   ...    46h   k8s-app=kube-dns,...
```

k8s-app=kube-dns 라벨 정보를 이용하여 매핑되는 Pod가 어떤 것이 있는지 확인해보겠습니다.

```
# k8s-app=kube-dns 라벨로 Pod를 필터합니다.
kubectl get pod -n kube-system -l k8s-app=kube-dns
# NAME               READY   STATUS    RESTARTS   AGE
# coredns-6c6bb68    1/1     Running   0          46h
```

coredns-xxx라는 Pod가 조회됩니다. coredns는 쿠버네티스에서 제공하는 클러스터 DNS 서버입니다. 모든 Pod들은 클러스터 내부, 외부 DNS 질의를 coredns을 통해 수행합니다. 이러한 이유로 쿠버네티스 클러스터 안에서 자체적인 도메인 네임 시스템을 가질 수 있게 되는 것입니다.

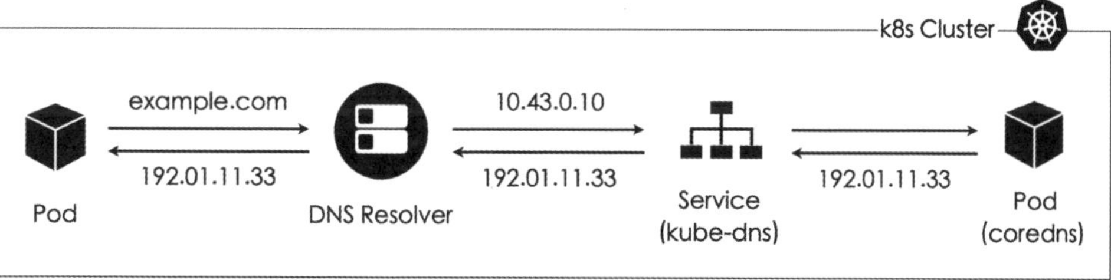

[그림 6-3] CoreDNS

CoreDNS(https://coredns.io)는 CNCF의 Graduated 프로젝트로 쉽게 플러그인을 붙일 수 있고 동적으로 DNS 기반 서비스 탐색을 수행할 수 있습니다.

6.2 Service 종류

Service 리소스에는 총 4가지 타입이 있습니다. 클러스터 내에서 동작하는 가장 기본적인 Service 타입부터 외부 트래픽을 받을 수 있는 로드 밸런서 타입까지 다양한 타입들을 하나씩 살펴 보겠습니다.

6.2.1 ClusterIP

ClusterIP는 Service 리소스의 가장 기본이 되는 타입입니다. 별다른 타입 지정을 하지 않으면 기본적으로 ClusterIP로 설정됩니다. ClusterIP 타입의 서비스 끝점은 쿠버네티스 클러스터 내부에서만 접근이 가능합니다. 클러스터 내에 존재하는 Pod에서만 ClusterIP 타입의 Service로 접근이 가능할 뿐 클러스터 외부에서는 접근할 수 없습니다.

그렇다면, 클러스터 외부에서 접근하지 못하는 ClusterIP 타입이 존재하는 이유는 무엇일까요? 그 이유는 크게 2가지로 볼 수 있습니다. 첫 번째, 많은 경우 네트워크 보안 및 관리를 위해 한두 개의 외부 서비스 끝점 외에는 직접 트래픽을 전달받는 경우가 드뭅니다. 대신 외부로 열린 서비스 끝점으로부터 트래픽을 전달받아 서비스를 제공합니다. 두 번째, ClusterIP 타입은 더 확장된 쿠버네티스 네트워킹을 위한 기본 빌딩블럭으로 사용됩니다. ClusterIP를 기반으로 더 복잡한 네트워킹을 수행할 수 있습니다.

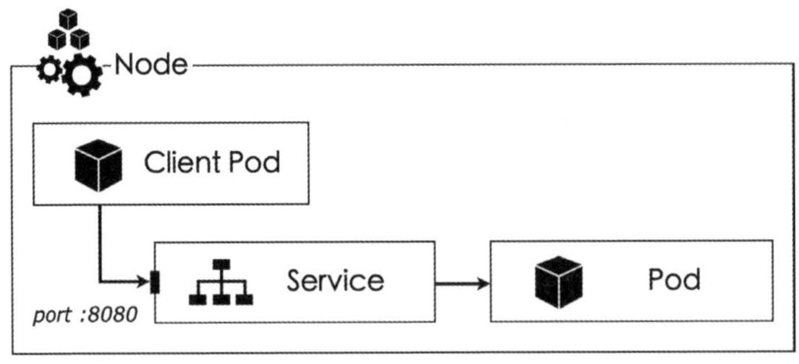

[그림 6-4] ClusterIP

이제, 직접 ClusterIP 타입의 Service를 생성해 봅시다. Pod template 파일을 생성할 때, --expose, --port 80 옵션을 추가합니다.

```
kubectl run cluster-ip --image nginx --expose --port 80 \
    --dry-run=client -o yaml > cluster-ip.yaml

vim cluster-ip.yaml
```

```
# cluster-ip.yaml
apiVersion: v1
kind: Service
metadata:
  name: cluster-ip
spec:
  # type: ClusterIP  # 생략되어 있음
  ports:
  - port: 8080
    protocol: TCP
    targetPort: 80
  selector:
    run: cluster-ip
---
apiVersion: v1
kind: Pod
metadata:
  labels:
    run: cluster-ip
  name: cluster-ip
spec:
  containers:
  - image: nginx
    name: cluster-ip
    ports:
    - containerPort: 80
    resources: {}
  dnsPolicy: ClusterFirst
  restartPolicy: Always
```

cluster-ip.yaml 파일을 열면 기본인 ClusterIP타입 Service 리소스와 그에 대응하는 Pod가 생성된 것을 확인할 수 있습니다. 앞서 살펴 본 myservice Service도 바로 ClusterIP 타입 Service입니다. 그렇기 때문에 로컬 호스트에서 직접 서비스 끝점으로 요청을 보낸 것이 아니라 클라이언트 Pod를 만들어서 서비스 끝점으로 접근한 것입니다(클러스터 내에서만 트래픽을 받을 수 있기 때문입니다).

YAML 파일 중간의 ---의 역할은 1개 파일 내에 2개 이상의 리소스를 나누어서 표현할 때 사용하는 지시자입니다.

Pod와 Service를 생성하고 Service의 타입을 조회하겠습니다.

```
kubectl apply -f cluster-ip.yaml
# service/cluster-ip created
# pod/cluster-ip created

kubectl get svc cluster-ip -oyaml | grep type
#  type: ClusterIP

kubectl exec client -- curl -s cluster-ip
# <!DOCTYPE html>
# <html>
# <head>
# <title>Welcome to nginx!</title>
# ...
```

Service 타입에 ClusterIP라고 설정되어 있는 것을 확인할 수 있습니다. ClusterIP 타입의 Service는 쿠버네티스 클러스터 내부에 안정적인 서비스 끝점을 제공하고 도메인 주소를 통해 Pod로 트래픽을 전달할 수 있는 메커니즘을 제공합니다.

6.2.2 NodePort

ClusterIP 타입으로는 외부 트래픽을 클러스터 내로 전달하지 못했습니다. 이번에 살펴 볼 NodePort 타입은 도커 컨테이너 포트 매핑과 비슷하게 로컬 호스트의 특정 포트를 Service의 특정 포트와 연결시켜 외부 트래픽을 Service까지 전달합니다. NodePort 타입 YAML 명세를 살펴보겠습니다.

```yaml
# node-port.yaml
apiVersion: v1
kind: Service
metadata:
  name: node-port
spec:
  type: NodePort      # type 추가
  ports:
  - port: 8080
    protocol: TCP
    targetPort: 80
    nodePort: 30080  # 호스트(노드)의 포트 지정
  selector:
    run: mynginx
---
apiVersion: v1
kind: Pod
metadata:
  labels:
    run: node-port
  name: node-port
spec:
  containers:
  - image: nginx
    name: nginx
    ports:
    - containerPort: 80
```

- type: 타입을 NodePort로 지정합니다.

- nodePort: 호스트 서버에서 사용할 포트 번호를 정의합니다. 쿠버네티스에서 제공하는 NodePort range는 30000-32767입니다.

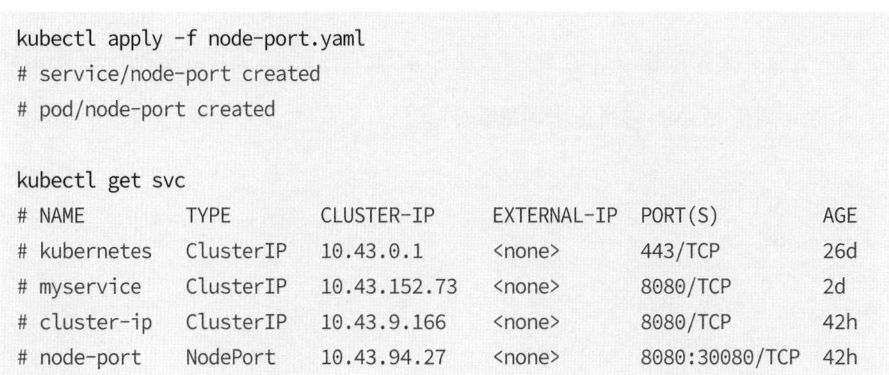

```
kubectl apply -f node-port.yaml
# service/node-port created
# pod/node-port created

kubectl get svc
# NAME         TYPE        CLUSTER-IP     EXTERNAL-IP  PORT(S)         AGE
# kubernetes   ClusterIP   10.43.0.1      <none>       443/TCP         26d
# myservice    ClusterIP   10.43.152.73   <none>       8080/TCP        2d
# cluster-ip   ClusterIP   10.43.9.166    <none>       8080/TCP        42h
# node-port    NodePort    10.43.94.27    <none>       8080:30080/TCP  42h
```

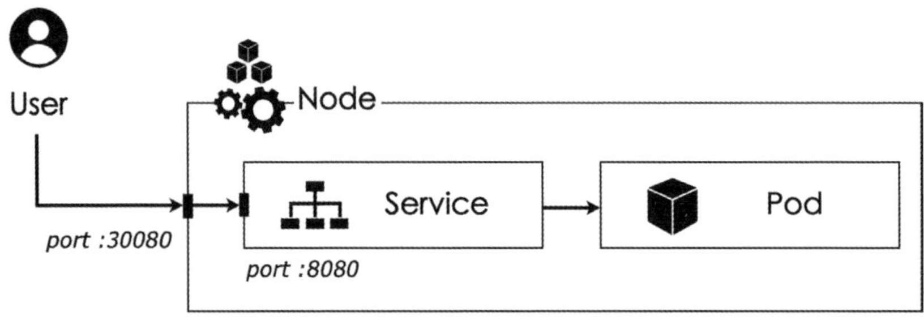

[그림 6-5] NodePort

cluster-ip와는 다르게 node-port Service는 TYPE이 NodePort로 설정되어 있는 것을 확인할 수 있습니다. 또한, PORT(S) 열에서 8080(Service Port)와 30080(Node Port)이 매핑되어 있는 것을 확인할 수 있습니다. 실제 호스트(노드) 포트에 트래픽을 전달하여 포트가 바인딩되어 있는지 확인합니다. 이때, NodePort 타입의 중요한 기능으로 NodePort는 단지 Pod가 위치한 노드 뿐만 아니라, 모든 노드에서 동일하게 서비스 끝점을 제공한다는 점입니다. 예를 들어, 방금 생성한 node-port Pod가 마스터 노드에 위치한다고 가정해보겠습니다. 이 경우라 하더라도 마스터 노드, 워커 노드 모두 동일한 NodePort로 서비스에 접근할 수 있습니다.

```
# 트래픽을 전달 받을 Pod가 마스터 노드에 위치합니다.
kubectl get pod node-port -owide
# NAME         READY   STATUS    RESTARTS   AGE   IP           NODE
# node-port    1/1     Running   0          14m   10.42.0.28   master

MASTER_IP=$(kubectl get node master -ojsonpath="{.status.addresses[0].
address}")
curl $MASTER_IP:30080
# <!DOCTYPE html>
# <html>
# <head>
# ...

WORKER_IP=$(kubectl get node worker -ojsonpath="{.status.addresses[0].
address}")
curl $WORKER_IP:30080
# <!DOCTYPE html>
# <html>
# <head>
# ...
```

쿠버네티스는 클러스터 시스템이기 때문에 특정 노드에서만 서비스가 동작하지 않고 모든 노드에 동일하게 적용됩니다. 이러한 것이 가능하게 만들어주는 컴포넌트가 바로 쿠버네티스 아키텍처에서 살펴 본 kube-proxy입니다. kube-proxy는 리눅스 커널의 netfilter를 이용하여 리눅스 커널 레벨에서 특정 트래픽을 중간에서 가로채 다른 곳으로 라우팅해주는 역할을 수행합니다. 이를 통해 Pod가 위치한 노드 뿐만 아니라, 모든 노드에서 동일한 NodePort로 원하는 서비스에 접근할 수 있게 제공합니다(externalTrafficPolicy 옵션이 Cluster인 경우).

네트워크 방화벽 설정에 따라 접근이 불가능할 수도 있으니, 외부에서 접근 가능한 공인 IP가 있다면 공인 IP로도 연결 테스트를 해보십시오.

```
curl <공인 IP>:30080

# 웹 브라우저에서 <공인 IP>:30080으로도 확인할 수 있습니다.
```

지금까지 NodePort 타입 Service를 이용하여 호스트 서버의 30080 포트와 Service의 8080 포트가 매핑되어 클러스터 외부 트래픽을 Service까지 전달해주는 것을 확인하였습니다.

6.2.3 LoadBalancer

NodePort를 이용하여 외부 트래픽을 쿠버네티스 클러스터로 전달하는 방법을 살펴보았습니다. 도커 포트 포워딩과 비슷하게 로컬 호스트 포트와 Service 포트를 매핑함으로써 트래픽을 전달하였습니다. 차이점은 단순히 한 개 노드에서 뿐만 아니라 모든 노드에서 동일한 포트로 접근할 수 있었습니다. 쿠버네티스에서는 이에 그치지 않고 노드 앞단에 로드밸런서를 두고 해당 로드밸런서가 각 노드로 트래픽을 분산할 수 있게 로드밸런서 타입을 제공합니다. 로드밸런서 타입을 이용하면 퍼블릭 클라우드 플랫폼에서 제공하는 로드밸런서(또는 소프트웨어로 구현된 로드밸런서)를 Service 리소스에 연결할 수 있습니다. 그렇다면 외부 트래픽을 전달받을 수 있는 NodePort 타입이 존재하는데, 로드밸런서 타입이 필요한 이유는 무엇일까요?

첫째, 보안적인 측면으로 호스트 서버의 노드포트 대역(30000-32767)을 직접 외부에 공개할 필요 없이 서버를 내부 네트워크에 두고 로드밸런서만 외부 네트워크에 위치하여 well-known 포트로 서비스 끝점을 제공하여 네트워크 보안성을 높힐 수 있습니다. 둘째, 로드밸런서가 클러스터 앞단에 존재하면 사용자가 각각의 서버 IP(master, worker)를 직접 알 필요 없이 로드밸런서의 IP 또는 도메인 주소만 가지고 요청을 보낼 수 있기에 편리합니다. 특히 쿠버네티스는 각 노드를 가축 다루듯 노드의 생성 & 삭제를 비교적 자유롭게 수행하는데, 그때마다 노드의 IP를 추적하는 일은 비효율적이기 때문에 로드밸런서를 사용합니다. ClusterIP 타입 서비스가 Pod 레벨에서의 안정적인 서비스 끝점을 제공하는 것이라면 로드밸런서 타입 서비스는 노드 레벨에서의 안정적인 서비스 끝점을 제공하는 것입니다.

이제, 로드밸런서 타입 서비스를 예제로 생성해보겠습니다. 보통 로드밸런서는 클라우드 플랫폼에서 제공하는 것을 사용합니다(예를 들어 AWS에서는 ELB 등). 하지만 k3s에서는 따로 클라우드 플랫폼의 지원을 받을 수 없기 때문에 소프트웨어로 구현된 가상의 로드밸런서를 사용합니다. 사실 그리 어려운 작업이 아닙니다. 타입만 변경하면 나머지는 쿠버네티스 클러스터가 자동으로 로드밸런서를 생성하여 호스트 서버와 연결합니다.

```
# load-bal.yaml
apiVersion: v1
kind: Service
metadata:
  name: load-bal
spec:
  type: LoadBalancer  # 타입 LoadBalancer
  ports:
  - port: 8080
    protocol: TCP
    targetPort: 80
    nodePort: 30088
  selector:
    run: mynginx
---
apiVersion: v1
kind: Pod
metadata:
  labels:
    run: load-bal
  name: load-bal
spec:
  containers:
```

```
  - image: nginx
    name: nginx
    ports:
    - containerPort: 80
```

```
kubectl apply -f load-bal.yaml
# service/load-bal created
# pod/load-bal created

kubectl get svc load-bal
# NAME        TYPE           CLUSTER-IP     EXTERNAL-IP     PORT(S)
# load-bal    LoadBalancer   10.43.230.45   10.0.1.1        8080:30088/TCP
```

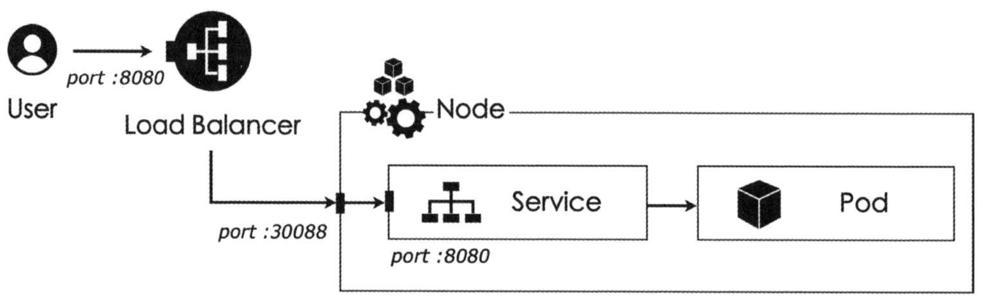

[그림 6-6] 로드밸런서

생성된 Service 리소스를 살펴보면, TYPE이 로드밸런서로 설정된 것을 확인할 수 있습니다. 또한, 기존과는 다르게 EXTERNAL-IP 열에 IP가 생성되어 있는 것을 확인할 수 있습니다(예제에서는 10.0.1.1). 로드밸런서 타입의 Service를 생성하면 EXTERNAL-IP에 로드밸런서의 IP가 설정됩니다. k3s에서는 소프트웨어로 구현된 로드밸런서가 생성되어 있어서 호스트 서버의 IP(마스터나 워커 노드 둘 중 하나)와 동일하게 로드밸런서 IP가 지정되지만, EKS, GKE, AKS와 같은 퍼블릭 클라우드 서비스에서 제공하는 쿠버네티스 클러스터를 이용할 경우 각 클라우드 플랫폼에서 제공하는 로드밸런서의 IP 및 DNS를 확인할 수 있습니다.

로드밸런서 서비스 끝점으로 연결하기 위해 로드밸런서 IP와 서비스 포트(port)로 접근합니다.

```
# <로드밸런서IP>:<Service Port>로 호출합니다.
curl 10.0.1.1:8080
```

k3s에서는 가상 LB를 사용해서 실질적으로는 호스트 IP를 부여받습니다만, 클라우드 플랫폼의 k8s 클러스터를 사용하게 되면 외부에서 직접 접근이 가능한 IP를 부여받게 됩니다.

Pod를 조회하면 svclb-load-balancer-xxx라는 Pod가 생긴 것을 확인할 수 있습니다. 해당 Pod가 바로 쿠버네티스에서 소프트웨어로 구현한 가상 로드밸런서입니다. 쿠버네티스에서 관리해주므로, 로드밸런서 타입 Service 삭제 시 자동으로 svclb Pod도 삭제됩니다.

```
kubectl get pod
# NAME                     READY   STATUS    RESTARTS   AGE
# ...
# svclb-load-bal-5n2z8     1/1     Running   0          4m
# svclb-load-bal-svv8j     1/1     Running   0          4m
```

6.2.4 ExternalName

마지막 ExternalName 타입은 매우 간단합니다. 외부 DNS 주소에 클러스터 내부에서 사용할 새로운 별칭을 만듭니다. 예제에서는 클러스터 내 google-svc라는 별칭을 이용하여 google.com으로 연결할 수 있는 서비스 끝점을 생성합니다.

```
# external.yaml
apiVersion: v1
```

```yaml
kind: Service
metadata:
  name: google-svc  # 별칭
spec:
  type: ExternalName
  externalName: google.com  # 외부 DNS
```

위와 같이 Service를 만들게 되면 Pod에서 google.com뿐만 아니라, google-svc라는 이름으로 google.com 참조가 가능해집니다.

```
kubectl apply -f external.yaml
# service/google-svc created

kubectl run call-google --image curlimages/curl \
              --  curl -s -H "Host: google.com" google-svc
# pod/call-google created

kubectl logs call-google
# <HTML><HEAD><meta http-equiv="content-type" content="text/..">
# <TITLE>301 Moved</TITLE></HEAD><BODY>
# <H1>301 Moved</H1>
# ...
```

ExternalName 타입은 쿠버네티스 클러스터에 편입되지 않는 외부 서비스에 쿠버네티스 네트워킹 기능을 연결하고 싶은 경우 사용합니다.

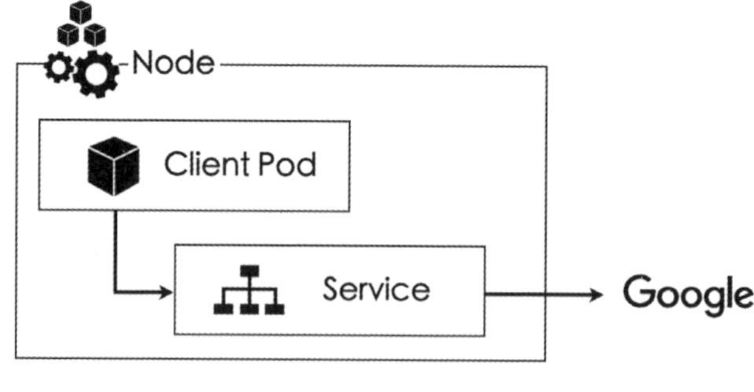

[그림 6-7] ExternalName

6.3 네트워크 모델

쿠버네티스 네트워크 모델의 특징은 다음과 같습니다.

- 각 Node간 NAT 없이 통신이 가능해야 합니다.
- 각 Pod간 NAT 없이 통신이 가능해야 합니다.
- Node와 Pod간 NAT 없이 통신이 가능해야 합니다.
- 각 Pod는 고유의 IP를 부여받습니다.
- 각 Pod IP 네트워크 제공자(network provider)를 통해 할당받습니다.
- Pod IP는 클러스터 내부 어디서든 접근이 가능해야 합니다.

쿠버네티스 네트워크 모델은 한마디로, NAT를 통한 네트워킹을 무척 싫어합니다. 그 이유는 쿠버네티스의 전신인 Borg라는 구글 내부 클러스터 시스템에서는 NAT 통신을 이용하여 컨테이너간의 통신을 구현했는데, 모든 컨테이너들이 동일한 IP를 갖게 되어 Port로 서로 구분해야 했습니다. 이로 인해 서로 다른 애플리케이션이 동일한 Port를 사용하는 경우 포트 충돌이 일어나게 되어 매번 클러스터 관리자가 중재해야 했습니다. 결과적으로 인프라 설정에 애플리케이션이 복잡하게 얽혀져서 결합도가 높아지게 되었습니다. 이러한 문제점을 교훈 삼아 쿠버네티스에서는 컨테이너의 네트워크 환경을 노드 레벨의 네트워크 환경과 분리하여 고립도를 높이려 했고, 결과적으로 Pod라는 독립적인 네트워크 환경(독자적인 IP, Port)을 구성하는 리소스를 만들게 되었습니다.

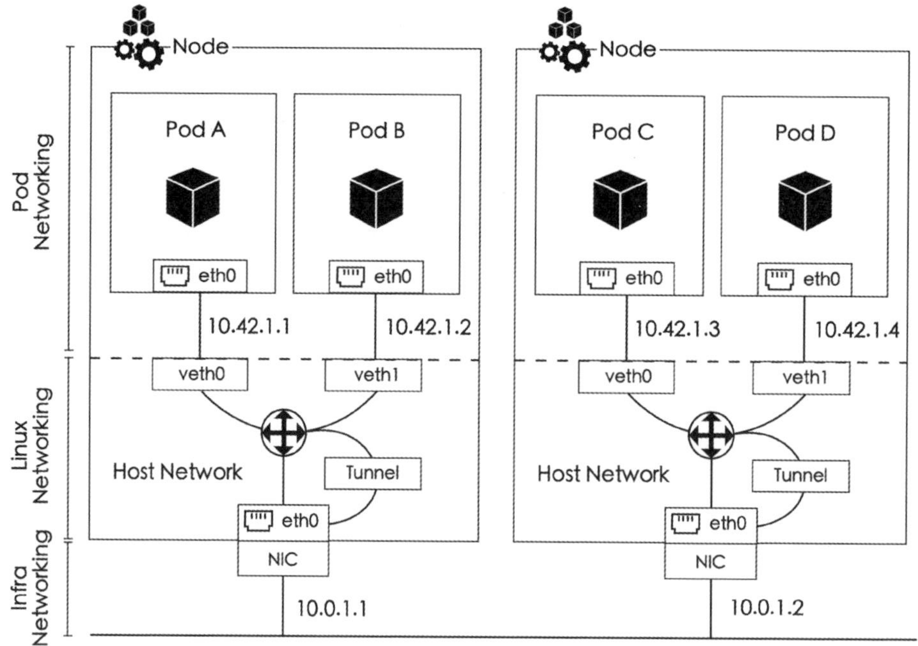

[그림 6-8] 네트워크 모델

쿠버네티스의 네트워크 모델은 다음과 같은 장점을 가집니다.

- 모든 리소스(Node, Pod)가 다른 모든 리소스(Node, Pod, Service)를 고유의 IP로 접근할 수 있습니다.
- NAT 통신으로 인한 부작용에 대해 신경 쓸 필요가 없습니다.
- 새로운 프로토콜을 재정의할 필요 없이 기존의 TCP, UDP, IP 프로토콜을 그대로 이용할 수 있습니다.
- Pod끼리의 네트워킹이 어느 노드에서든지 동일하게 동작합니다(호스트 서버와의 종속성이 없기 때문에 결과적으로 이식성이 높아졌습니다).

그 외 참고할 자료

- 네트워크 구조: https://kubernetes.io/docs/concepts/cluster-administration/networking/#the-kubernetes-network-model
- Borg: https://kubernetes.io/blog/2015/04/borg-predecessor-to-kubernetes
- 쿠버네티스 네트워킹 이해하기: https://coffeewhale.com/k8s/network/2019/04/19/k8s-network-01

6.4 마치며

이번 장에서는 Service 리소스를 통해 쿠버네티스의 네트워킹에 대해 전반적으로 살펴보았습니다. 쿠버네티스 네트워크 기술을 깊이 이해하기 위해서는 kube-proxy, iptables, netfilter 등 다양한 네트워크 기술에 대해서 알아야 하지만, 쿠버네티스를 활용하는 입장에서는 Service 리소스만 잘 이용한다면 충분히 쿠버네티스 네트워킹 기술들을 사용할 수 있습니다. 사용자 레벨에서 쉽게 쿠버네티스 네트워크를 설정할 수 있게 추상화한 것이 바로 Service 리소스이기 때문입니다. 다음 장에서는 쿠버네티스에서 제공하는 기본 컨트롤러에 대해서 살펴보도록 하겠습니다.

Clean up

```
kubectl delete pod --all
kubectl delete svc --all
```

쿠버네티스 컨트롤러

Chapter

쿠버네티스 컨트롤러

쿠버네티스에서는 단순히 컨테이너 1개를 실행하는 리소스를 생성할 수 있지만, 뿐만 아니라 컨테이너의 복제, 배포, 반복 작업 수행과 같이 복잡한 기능을 수행하는 리소스도 생성할 수 있습니다. 이번 장에서는 Pod 리소스를 기초로 더욱 다양한 기능들을 수행하는 쿠버네티스 컨트롤러에 대해서 살펴보도록 하겠습니다.

7.1 컨트롤러란?

쿠버네티스에는 컨트롤러라는 컴포넌트가 있습니다. 컨트롤러는 쿠버네티스의 특정 리소스를 지속적으로 바라보며 리소스의 생명주기에 따라 미리 정해진 작업을 수행하는 주체를 말합니다. 컨트롤러를 이해하기 위해서 쿠버네티스의 현재 상태(current state)와 바라는 상태(desired state)에 대해 살펴보아야 합니다.

컨트롤러는 마치 에어컨 시스템과 비슷합니다. 에어컨을 사용할 때 현재 상태가 존재(현재 온도)하고, 사용자가 바라는 상태(희망 온도)가 있습니다. 컨트롤러(에어컨 시스템)는 현재 상태와 사용자가 원하는 상태가 동일해지도록 정해진 작업(냉각)을 수행합니다. 쿠버네티스의 컨트롤러도 이와 비슷합니다. 쿠버네티스 컨트롤러는 control-loop이라는 루프를 지속적으로 돌면서 특정 리소스에 대해 관찰합니다. 사용자의 요청에 따라 새로운 리소스가 생성되면 바라는 상태가 업데이트됩니다. 컨트롤러는 해당 리소스의 바라는 상태가 변경된 것을 인지하고 현재 상태가 바라는 상태와 동일해지도록 정해진 작업을 수행합니다.

예를 들어 보겠습니다. 쿠버네티스에는 Job이라는 리소스가 존재합니다. 이 리소스는 한 번 실행하고 완료가 되는 배치 작업을 수행합니다. Job 컨트롤러는 새로운 Job 리소스가 생성되는지 control-loop을 돌면서 지속적으로 관찰합니다. 사용자의 명령에 따라 신규 Job 리소스가 생성되면 원하는 상태가 업데이트됩니다. Job 컨트롤러는 원하는 상태가 변경된 것을 인지하고 현재 상태가 원하는 상태와 동일해지도록 정해진 작업, 즉 배치 작업을 수행하는 Pod를 생성합니다. 결과적으로 현재 상태와 원하는 상태가 동일하게 맞춰집니다. 쿠버네티스에는 Job 컨트롤러 이외에 다양한 컨트롤러들이 존재합니다. 그리고 컨트롤러들은 저마다 정해진 작업이 다릅니다.

이번 장에서는 ReplicaSet, Deployment, Job & CronJob, DaemonSet, StatefulSet 등과 같은 컨트롤러에 대해서 살펴보겠습니다. 이러한 컨트롤러들은 쿠버네티스 내장 컨트롤러로 kube-controller-manager 컴포넌트 안에서 동작합니다. 쿠버네티스에는 내장 컨트롤러 외에 사용자가 직접 정의하는 사용자 정의 컨트롤러도 생성할 수 있습니다.

컨트롤러에 대한 더 자세한 내용은 다음 페이지를 참조하십시오.

https://kubernetes.io/docs/concepts/architecture/controller

7.2 ReplicaSet

ReplicaSet 리소스는 이름에서도 알 수 있듯이 Pod를 복제(replicate)합니다. Pod를 복제하면 1개의 Pod에 문제가 생기더라도 다른 Pod를 이용하여 동일한 서비스를 제공할 수 있습니다. ReplicaSet은 이처럼 안정적인 서비스를 운영하기 위해 가용성을 높이는 역할을 담당합니다. ReplicaSet YAML 정의서를 살펴보겠습니다.

```yaml
# myreplicaset.yaml
apiVersion: apps/v1
kind: ReplicaSet
metadata:
  name: myreplicaset
spec:
  replicas: 2
  selector:
    matchLabels:
      run: nginx-rs
  template:
    metadata:
      labels:
        run: nginx-rs
    spec:
      containers:
      - name: nginx
        image: nginx
```

- replicas: 복제할 Pod의 개수를 정의합니다. ReplicaSet에서 복제할 Pod의 개수를 유지시킵니다.
- selector.matchLabels: Service와 마찬가지로 라벨링 시스템을 이용하여 복제 개수를 유지할 Pod를 선택합니다. 예제에서는 run: nginx-rs라는 라벨을 가진 Pod의 개수를 2로 유지합니다.
- template: 복제할 Pod를 정의합니다. 앞에서 살펴본 Pod의 spec과 동일합니다(metadata, spec).

ReplicaSet 리소스를 생성하고 리스트를 조회해보겠습니다.

```
kubectl apply -f myreplicaset.yaml
# replicaset.apps/myreplicaset created

kubectl get replicaset  # 축약시, rs
```

```
# NAME           DESIRED   CURRENT   READY   AGE
# myreplicaset   2         2         2       1m
```

- DESIRED: 사용자가 원하는 Pod의 개수를 의미합니다.
- CURRENT: 현재 Pod의 개수를 의미합니다.
- READY: 생성된 Pod 중 준비가 완료된 Pod 개수를 의미합니다(readiness Probe).

이번에는 Pod 리소스를 조회해보겠습니다.

```
kubectl get pod
# NAME                 READY   STATUS    RESTARTS   AGE
# myreplicaset-jc496   1/1     Running   0          6s
# myreplicaset-xr216   1/1     Running   0          6s
```

myreplicaset-XXXX 라는 Pod가 2개 생성된 것을 확인할 수 있습니다. 이것은 myreplicaset이 만든 Pod입니다. 쿠버네티스에서는 컨트롤러들이 직접 모든 일을 다 수행하지 않고 책임과 역할에 따라서 다른 리소스들을 활용합니다. 예를 들어, ReplicaSet에서는 복제와 유지의 기능만 담당할 뿐, 실제 프로세스 실행은 Pod 리소스를 활용하여 컨테이너를 실행합니다. 뒤에서 살펴볼 Deployment 리소스는 애플리케이션의 배포를 담당하는 리소스입니다. 이 리소스는 내부적으로 ReplicaSet 리소스를 활용합니다. 다시 돌아와서, Pod의 이름 뒤에 임의의 문자열이 추가된 이유는 ReplicaSet에서 Pod를 만들 당시 붙여 준 것이기 때문입니다. 이제, replica 개수의 숫자를 4로 늘려보겠습니다.

```
# 복제본 개수 확장
kubectl scale rs --replicas <NUMBER> <NAME>
```

```
kubectl scale rs --replicas 4 myreplicaset
# replicaset.apps/rs scaled
```

```
kubectl get rs
# NAME            DESIRED   CURRENT   READY   AGE
# myreplicaset    4         4         4       1m

kubectl get pod
# NAME                 READY   STATUS      RESTARTS   AGE
# myreplicaset-jc496   1/1     Running     0          2m
# myreplicaset-xr216   1/1     Running     0          2m
# myreplicaset-dc20x   1/1     Running     0          9s
# myreplicaset-3pq2t   1/1     Running     0          9s
```

복제본의 개수가 4개로 늘어나는 것을 확인할 수 있습니다. 그렇다면, 이번에는 반대로 Pod를 강제로 삭제하면 어떻게 될까요(Pod 이름은 사용자마다 다름)?

```
kubectl delete pod myreplicaset-jc496
# pod "myreplicaset-jc496" deleted

kubectl get pod
# NAME                 READY   STATUS      RESTARTS   AGE
# myreplicaset-xr216   1/1     Running     0          3m
# myreplicaset-dc20x   1/1     Running     0          1m
# myreplicaset-3pq2t   1/1     Running     0          1m
# myreplicaset-0y18b   1/1     Running     0          11s
```

기존 Pod는 삭제되었지만 ReplicaSet에 의해 새로운 Pod가 생성됩니다. ReplicaSet의 역할은 일정 수준의 복제본을 유지시키는 것이기에, control-loop을 돌며 Pod의 현재 개수(현재 상태)와 사용자가 요청한 Pod(바라는 상태)를 비교하여 지속적으로 상태를 맞춥니다. 예제에서 사용자가 요청한 복제본의 개수(4개)와 현재 개수(3개)가 일치하지 않아 ReplicaSet 컨트롤러에서 새로운 Pod를 추가한 것입니다. 서비스의 가용성을 위해 일정 수의 컨테이너를 지속적으로 유지시켜야 하는 경우(웹 서버 등), ReplicaSet 리소스를 이용하면 안정적으로 서비스를 운영할 수 있습니다.

ReplicaSet 리소스를 정리합니다.

```
# ReplicaSet 정리
kubectl delete rs --all
```

7.3 Deployment

Deployment 리소스는 ReplicaSet 리소스와 유사하지만 리소스의 이름처럼 애플리케이션 업데이트 및 배포에 특화된 기능이 있습니다. Deployment 리소스 컨트롤러는 다음과 같은 작업들을 수행합니다.

- 롤링 업데이트를 지원하고 롤링 업데이트되는 Pod의 비율을 조절할 수 있습니다.
- 업데이트 히스토리를 저장하고 다시 롤백할 수 있는 기능을 제공합니다.
- ReplicaSet과 마찬가지로 Pod의 개수를 늘릴 수 있습니다(scale out).
- 배포 상태를 확인할 수 있습니다.

직접 Deployment 리소스를 생성하여 기능들을 하나씩 확인해보겠습니다.

```
# mydeploy.yaml
apiVersion: apps/v1
kind: Deployment
metadata:
  name: mydeploy
spec:
  replicas: 10
  selector:
    matchLabels:
      run: nginx
```

```
strategy:
  type: RollingUpdate
  rollingUpdate:
    maxUnavailable: 25%
    maxSurge: 25%
template:
  metadata:
    labels:
      run: nginx
  spec:
    containers:
    - name: nginx
      image: nginx:1.7.9
```

- replicas: ReplicaSet과 마찬가지로 유지할 Pod의 개수를 정의합니다.
- selector.matchLabels: ReplicaSet과 마찬가지로 라벨링 시스템을 이용하여 배포를 수행할 Pod를 선택합니다.
- strategy.type: 배포전략 종류를 선택합니다. RollingUpdate와 Recreate이 있습니다. RollingUpdate 타입 선택 시, 점진적으로 업데이트가 일어납니다. 서비스가 중단되면 안되는 웹 페이지 등에서 활용할 수 있습니다. 이때 다음 설정값(strategy.rollingUpdate)에 따라 얼마나 점진적으로 업데이트가 일어날지 설정할 수 있습니다. Recreate 타입을 선택 시, 일시적으로 전체 Pod가 삭제되고 새로운 Pod가 전체 생성됩니다. 개발 중인 Deployment를 제외하고는 대부분의 경우 RollingUpdate를 사용합니다.
- strategy.rollingUpdate.maxUnavailable: 최대 중단 Pod 허용 개수(또는 비율)를 지정합니다. 예를 들어, 총 10개 replica에 maxUnavailable의 비율이 25%면 약 2개(소수점 내림)의 예전 Pod가 RollingUpdate 중에 일시 중단될 수 있다는 것을 의미합니다.
- strategy.rollingUpdate.maxSurge: 최대 초과 Pod 허용 개수(또는 비율)를 지정합니다. 예를 들어, 총 10개 replica에 maxSurge의 비율이 25%면 약 3개(소

수정 올림)의 새로운 Pod가 초과하여 최대 13개까지 생성될 수 있다는 것을 의미합니다.

- template: 복제할 Pod를 정의합니다. 앞에서 살펴본 Pod의 spec과 동일합니다(metadata, spec).

maxUnavailable과 maxSurge는 strategy.type이 rollingUpdate일 경우에만 사용할 수 있습니다. 예시의 설정으로 RollingUpdate를 하면 최소 8개에서 최대 13개까지의 Pod가 점진적으로 업데이트가 됩니다.

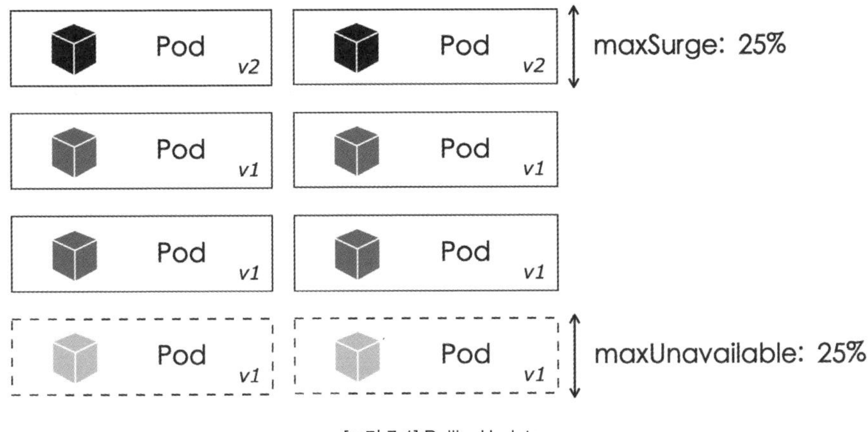

[그림 7-1] RollingUpdate

Deployment 리소스를 생성합니다. 전체 Pod 생성이 완료될 때까지 시간이 조금 걸릴 수도 있습니다. --record 옵션은 뒤에서 배포 히스토리를 확인할 때 살펴보겠습니다.

```
kubectl apply --record -f mydeploy.yaml
# deployment.apps/mydeploy created

kubectl get deployment  # 축약시, deploy
# NAME       READY   UP-TO-DATE   AVAILABLE   AGE
# mydeploy   10/10   10           10          10m
```

```
kubectl get rs
# NAME              DESIRED   CURRENT   READY   AGE
# mydeploy-649xxx   10        10        10       1m

kubectl get pod
# NAME                   READY   STATUS     RESTARTS   AGE
# mydeploy-649xxx-bbxx   1/1     Running    0          9s
# mydeploy-649xxx-dtxx   1/1     Running    0          2m9s
# ...
```

Deployment 리소스를 이용하여 애플리케이션을 생성했습니다. mydeploy라는 Deployment 리소스가 ReplicaSet을 만들었고(mydeploy-649xxx), 해당 ReplicaSet이 Pod 복제본들을 생성했습니다. 다음과 같이 리소스들의 역할을 정리할 수 있습니다.

- Deployment: 배포 담당
- ReplicaSet: 복제 담당
- Pod: 컨테이너 실행 담당

새로운 버전의 컨테이너로 업데이트 시 롤링 업데이트가 되는지 확인해보겠습니다. kubectl set image라는 명령을 이용하여 nginx의 버전을 기존 1.7.9에서 1.9.1로 업그레이드합니다.

```
# 이미지 주소 변경
kubectl set image deployment <NAME> <CONTAINER_NAME>=<IMAGE>
```

```
# 기존 nginx 버전 1.7.9에서 1.9.1로 업데이트
kubectl set image deployment mydeploy nginx=nginx:1.9.1 --record
# deployment.apps/mydeploy image updated

# 업데이트 진행 상황 확인합니다.
```

```
kubectl get pod
# NAME                    READY   STATUS             RESTARTS   AGE
# mydeploy-649xxx-bbxx    1/1     ContainerCreating  0          9s
# mydeploy-649xxx-dtxx    1/1     Running            0          2m9s
# ...

# 배포 상태 확인
kubectl rollout status deployment mydeploy
# Waiting for deployment "mydeploy" rollout to finish:
# 7 out of 10 new replicas have been updated...
# Waiting for deployment "mydeploy" rollout to finish:
# 7 out of 10 new replicas have been updated...
# Waiting for deployment "mydeploy" rollout to finish:
# 7 out of 10 new replicas have been updated...
# Waiting for deployment "mydeploy" rollout to finish:
# 8 out of 10 new replicas have been updated...
# ...
# deployment "mydeploy" successfully rolled out

# 특정 Pod의 이미지 tag 정보를 확인합니다.
kubectl get pod mydeploy-xxx-xxx -o yaml | grep "image: nginx"
#    - image: nginx:1.9.1
```

한번에 모든 Pod가 업데이트되는 것이 아니라, rollingUpdate 설정값에 따라 점진적으로 새로운 Pod가 생성되는 것을 확인할 수 있습니다. 이렇게 Deployment 리소스의 롤링 업데이트 기능과 Service 리소스의 안정된 서비스 끝점(Stable Service Endpoint)을 통해 중단 없이 어플리케이션을 배포할 수 있습니다.

이번에는 Deployment 리소스의 롤백 기능에 대해서 살펴보겠습니다. 새로운 애플리케이션을 배포할 때 의도치 않게 문제가 발생할 수 있습니다. Deployment 리소스는 이러한 상황을 염두하고 만들어졌습니다. 배포 과정에 문제 상황을 만들어 보겠습니다. 의도적으로 존재하지 않는 nginx 버전으로 이미지를 수정하고 배포 상태를 확인해보겠습니다.

```
# 1.9.1 버전에서 (존재하지 않는) 1.9.21 버전으로 업데이트(에러 발생)
kubectl set image deployment mydeploy nginx=nginx:1.9.21 --record
# deployment.apps/mydeploy image updated

kubectl get pod
# NAME                   READY   STATUS            RESTARTS   AGE
# mydeploy-6498-bbk9v    1/1     Running           0          9m38s
# mydeploy-6498-dt5d7    1/1     Running           0          9m28s
# mydeploy-6498-wrpgt    1/1     Running           0          9m38s
# mydeploy-6498-sbkzz    1/1     Running           0          9m27s
# mydeploy-6498-hclwx    1/1     Running           0          9m26s
# mydeploy-6498-98hd5    1/1     Running           0          9m25s
# mydeploy-6498-5gjrg    1/1     Running           0          9m24s
# mydeploy-6498-4lz4p    1/1     Running           0          9m38s
# mydeploy-6fbf-7kzpf    0/1     ErrImagePull      0          48s
# mydeploy-6fbf-rfgbd    0/1     ErrImagePull      0          48s
# mydeploy-6fbf-v5ms5    0/1     ErrImagePull      0          48s
# mydeploy-6fbf-rccw4    0/1     ErrImagePull      0          48s
# mydeploy-6fbf-ncqd2    0/1     ImagePullBackOff  0          48s
```

잘못된 버전 설정으로 신규 Pod가 정상적으로 생성되지 않는 것을 확인할 수 있습니다. maxUnavailable 값으로 인해 최소 8개의 Running 중인 Pod를 유지하고 있고 새로 생성된 Pod가 정상적으로 동작하지 않기 때문에 더 이상 기존 Pod를 삭제하지 않고 있습니다. 반면, maxSurge 설정값으로 최대 Pod 개수가 13개를 넘지 않습니다. 잘못된 배포임을 확인하고 배포 설정을 이전으로 롤백합니다.

```
# 지금까지의 배포 히스토리를 확인합니다.
kubectl rollout history deployment mydeploy
# deployment.apps/mydeploy
# REVISION  CHANGE-CAUSE
# 1         kubectl apply --record=true --filename=mydeploy.yaml
# 2         kubectl set image deployment mydeploy nginx=nginx:1.9.1
#                   --record=true
# 3         kubectl set image deployment mydeploy nginx=nginx:1.9.21
#                   --record=true
```

```
# 잘못 설정된 1.9.21에서 --> 1.9.1로 롤백
kubectl rollout undo deployment mydeploy
# deployment.apps/mydeploy rolled back

kubectl rollout history deployment mydeploy
# deployment.apps/mydeploy
# REVISION  CHANGE-CAUSE
# 1         kubectl apply --record=true --filename=mydeploy.yaml
# 3         kubectl set image deployment mydeploy nginx=nginx:1.9.21
#                     --record=true
# 4         kubectl set image deployment mydeploy nginx=nginx:1.9.1
#                     --record=true

kubectl get deployment mydeploy -oyaml | grep image
# image: nginx:1.9.1
```

- 지금까지 --record라는 옵션을 붙인 이유는 바로 rollout history에서 실제 사용한 명령을 기록하기 위해서였습니다. --record 옵션을 사용하지 않으면 사용한 명령이 <NONE>으로 표시됩니다.
- rollout undo 명령을 통해 이전 배포 상태로 롤백할 수 있었습니다.
- 다시 rollout history 명령을 수행하면 직전 배포 버전인 2가 최종 배포 버전인 4로 옮겨진 것을 확인할 수 있습니다.

직접 배포 버전(revision)을 명시하여 곧바로 해당 버전으로 롤백할 수도 있습니다.

```
# 1.9.1 --> 1.7.9 (revision 1)로 롤백 (처음으로 롤백)
kubectl rollout undo deployment mydeploy --to-revision=1
# deployment.apps/mydeploy rolled back
```

이번에는 배포된 Pod의 개수를 줄여보겠습니다. Deployment 리소스도 ReplicaSet과 마찬가지로 scale 명령으로 Pod 개수를 조절할 수 있습니다.

```
# 복제본 개수 조절
kubectl scale deployment --replicas <NUMBER> <NAME>
```

```
kubectl scale deployment mydeploy --replicas=5
# deployment.apps/mydeploy scaled

# 10개에서 5개로 줄어가는 것을 확인할 수 있습니다.
kubectl get pod
# NAME                  READY   STATUS        RESTARTS  AGE
# mydeploy-6498-bbk9v   1/1     Running       0         9m38s
# mydeploy-6498-dt5d7   1/1     Running       0         9m28s
# mydeploy-6498-wrpgt   1/1     Running       0         9m38s
# mydeploy-6498-sbkzz   1/1     Running       0         9m27s
# mydeploy-6498-98hd5   1/1     Running       0         9m27s
# mydeploy-6498-3srxd   0/1     Terminating   0         9m25s
# mydeploy-6498-5gjrg   0/1     Terminating   0         9m24s
# mydeploy-6498-4lz4p   0/1     Terminating   0         9m38s
# mydeploy-6fbf-7kzpf   0/1     Terminating   0         9m38s
# mydeploy-6fbf-d245c   0/1     Terminating   0         9m38s

# 다시 Pod의 개수를 10개로 되돌립니다.
kubectl scale deployment mydeploy --replicas=10
# deployment.apps/mydeploy scaled

# 5개가 새롭게 추가되어 다시 10개가 됩니다.
kubectl get pod
# NAME                  READY   STATUS             RESTARTS  AGE
# mydeploy-6498-bbk9v   1/1     Running            0         9m38s
# mydeploy-6498-dt5d7   1/1     Running            0         9m28s
# mydeploy-6498-wrpgt   1/1     Running            0         9m38s
# mydeploy-6498-sbkzz   1/1     Running            0         9m27s
# mydeploy-6498-98hd5   1/1     Running            0         9m25s
# mydeploy-6498-30cs2   0/1     ContainerCreating  0         5s
# mydeploy-6fbf-sdjc8   0/1     ContainerCreating  0         5s
# mydeploy-6498-w8fkx   0/1     ContainerCreating  0         5s
# mydeploy-6498-qw89f   0/1     ContainerCreating  0         5s
# mydeploy-6fbf-19glc   0/1     ContainerCreating  0         5s
```

마지막으로, Deployment 리소스도 edit 명령으로 직접 YAML 파일을 수정할 수 있습니다.

```
kubectl edit deploy mydeploy
# apiVersion: apps/v1
# kind: Deployment
# metadata:
# ...
# spec:
#   progressDeadlineSeconds: 600
#   replicas: 10 # --> 3으로 수정
#   revisionHistoryLimit: 10
#   selector:
#     matchLabels:
#       run: nginx
#
# <ESC> + :wq
```

replicas 개수를 3으로 수정하고 vim 에디터를 저장 및 종료를 합니다. Pod 개수가 줄어 든 것을 확인할 수 있습니다.

```
kubectl get pod
# NAME                    READY   STATUS    RESTARTS   AGE
# mydeploy-6498-bbk9v     1/1     Running   0          12m8s
# mydeploy-6498-dt5d7     1/1     Running   0          12m8s
# mydeploy-6498-wrpgt     1/1     Running   0          12m8s
```

이번 절에서는 애플리케이션 배포를 책임지는 Deployment 리소스에 대해 살펴보았습니다. 쿠버네티스에서 많은 경우 이 Deployment 리소스를 이용하여 서비스를 운영합니다.

Deployment 리소스를 정리합니다.

```
# deployment 정리
kubectl delete deploy --all
```

7.3.1 쿠버네티스 리소스 컨셉

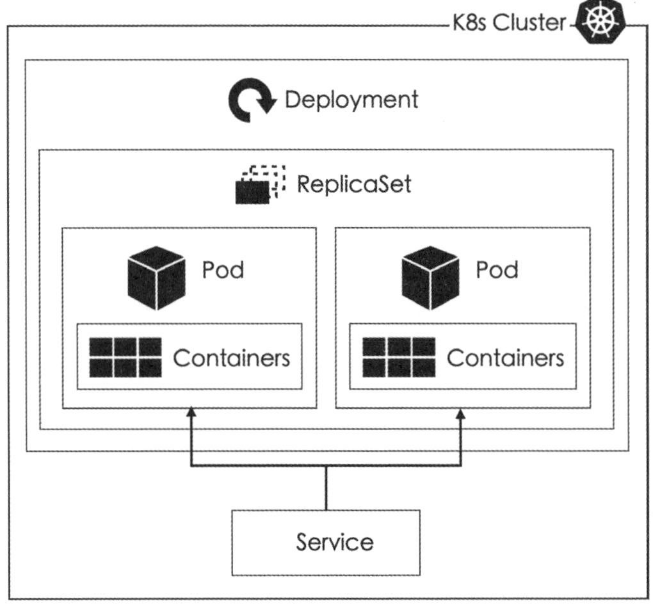

[그림 7-2] 쿠버네티스 컨셉

지금까지 Pod, Service, ReplicaSet, Deployment와 같은 리소스에 대해서 살펴 봤습니다. [그림 7-2]에서 볼 수 있듯이 쿠버네티스는 작은 기능을 수행하는 다양한 리소스들을 조합할 수 있습니다. 컨테이너를 실행하는 Pod부터 네트워킹을 책임지는 Service, 복제를 담당하는 ReplicaSet과 배포를 관리하는 Deployment까지 각각의 기능을 수행하는 리소스들을 조합하여 큰 애플리케이션을 구축합니다.

사실 Deployment 리소스까지만 알아도 앞으로 살펴볼 대부분의 내용들을 이해하는 데 큰 문제가 없습니다. 하지만 쿠버네티스의 풍부한 기능들을 더 살펴보기 위해 몇 가지 리소스들을 더 소개합니다.

7.4 StatefulSet

StatefulSet은 Stateful한 Pod를 생성해야 하는 경우 사용합니다. Deployment나 ReplicaSet과는 다르게 복제된 Pod가 완벽히 동일(identical)하지 않고 순서에 따라 고유의 역할을 가집니다. 동일한 이미지를 이용하여 Pod를 생성하지만 실행 시, 각기 다른 역할을 가지며 서로의 역할을 교체하지 못할 때 StatefulSet을 사용합니다. 프로세스간 서로 치환될 수 없는 클러스터를 구축할 때 많이 사용합니다. 예를 들어, 동일한 프로세스가 실행 순서에 따라 마스터와 워커가 결정되는 경우를 생각할 수 있습니다.

StatefulSet은 상태정보를 저장하는 애플리케이션에서 사용하는 리소스입니다. Deployment와 유사하게 여러 Pod의 배포와 replica 개수를 관리하지만 다른 점은 Deployment에서 모든 Pod는 완벽히 동일하고, Pod끼리 순서가 없습니다. 반면, StatefulSet에서는 각 Pod의 순서와 고유성을 보장합니다. 이는 Deployment에서는 1개의 Pod가 삭제되어도 다른 Pod로 쉽게 대체할 수 있지만, StatefulSet에서는 그것이 불가능함을 의미합니다. Pod마다 고유한 식별자가 존재하며 고유한 데이터를 보관합니다. 따라서 StatefulSet은 고유의 데이터를 보관해야 하는 애플리케이션에서 많이 사용합니다. StatefulSet은 다음과 같은 상황에서 사용할 수 있습니다.

- 고유의 Pod 식별자가 필요한 경우
- 명시적으로 Pod마다 저장소가 지정되어야 하는 경우(예를 들어, 1번 디스크는 pod1로, 2번 디스크는 pod2로)

- Pod끼리의 순서에 민감한 애플리케이션(예를 들어, 1천 번째 생성되는 것이 master Pod, 나머지 slave Pod 등으로 구분하는 경우)
- 애플리케이션이 순서대로 업데이트되어야 하는 경우

Deployment에서는 상태를 전혀 저장할 수 없나요?

Deployment 리소스에서도 DB를 연결하거나 외부 스토리지를 사용하는 경우 상태를 저장할 수 있습니다. Pod 내부적으로 상태를 유지해야 하는 경우 StatefulSet을 사용합니다(Pod로 DB를 구축하는 경우).

StatefulSet은 Deployment와 마찬가지로 애플리케이션 배포에 관여하지만 Deployment와의 가장 큰 차이점은 Pod끼리 명시적으로 순서와 식별자를 부여받는다는 점입니다. 직접 StatefulSet을 생성해보겠습니다.

```
# mysts.yaml
apiVersion: apps/v1
kind: StatefulSet
metadata:
  name: mysts
spec:
  serviceName: mysts
  replicas: 3
  selector:
    matchLabels:
      run: nginx
  template:
    metadata:
      labels:
        run: nginx
    spec:
      containers:
      - name: nginx
        image: nginx
```

```yaml
        volumeMounts:
        - name: nginx-vol
          mountPath: /usr/share/nginx/html
  volumeClaimTemplates:
  - metadata:
      name: nginx-vol
    spec:
      accessModes: [ "ReadWriteOnce" ]
      resources:
        requests:
          storage: 1Gi
---
apiVersion: v1
kind: Service
metadata:
  name: mysts
spec:
  clusterIP: None
  ports:
  - port: 8080
    protocol: TCP
    targetPort: 80
  selector:
    run: nginx
```

- serviceName: StatefulSet과 연결할 Service 이름을 지정합니다.
- selector.matchLabels: StatefulSet도 라벨링 시스템을 이용하여 Pod를 선택합니다.
- template: 복제할 Pod를 정의합니다. 앞에서 살펴본 Pod의 spec과 동일합니다(metadata, spec).
- volumeClaimTemplates: 동적으로 볼륨을 생성하는 property입니다. 이는 Chapter 10 스토리지에서 자세하게 다루겠습니다. 여기서는 쿠버네티스에서 제공하는 볼륨 타입 중 하나라고 이해하면 됩니다.

```
kubectl apply -f mysts.yaml
# statefulset.apps/mysts created

kubectl get statefulset   # 축약시, sts
# NAME    READY   AGE
# mysts   2/3     20s

kubectl get pod
# NAME      READY   STATUS    RESTARTS   AGE
# mysts-0   1/1     Running   0          29s
# mysts-1   1/1     Running   0          20s
# mysts-2   0/1     Pending   0          10s
```

StatefulSet을 생성하고 Pod 리소스를 조회합니다. Deployment 리소스와는 다르게 mysts-0과 같이 명시적으로 Pod 순서가 적힌 식별자가 Pod 이름으로 생성되었습니다. 또한, Pod 생성 순서가 식별자 순서에 따라 순차적으로 생성됩니다. 이번에는 각 Pod의 호스트 이름을 출력하여 호스트 이름으로도 구분이 되는지 확인해보겠습니다.

```
kubectl exec mysts-0 -- hostname
# mysts-0

kubectl exec mysts-1 -- hostname
# mysts-1
```

호스트명도 각 Pod의 이름과 마찬가지로 순서가 적힌 식별자로 구분됩니다. 이번에는 nginx의 html 디렉터리에 각각의 호스트 이름을 저장하고 호출해보겠습니다.

```
kubectl exec mysts-0 -- sh -c \
  'echo "$(hostname)" > /usr/share/nginx/html/index.html'
kubectl exec mysts-1 -- sh -c \
  'echo "$(hostname)" > /usr/share/nginx/html/index.html'

kubectl exec mysts-0 -- curl -s http://localhost
# mysts-0
```

```
kubectl exec mysts-1 -- curl -s http://localhost
# mysts-1
```

실행한 결과로부터 알 수 있듯이 StatefulSet의 Pod들이 동일한 저장소를 바라보는 것이 아니라 각자의 볼륨을 사용하는 것을 알 수 있습니다. 뒤에서 다루겠지만, PersistentVolumeClaim 리소스를 살펴보면 볼륨 또한 명시적으로 순서가 적힌 식별자로 각각 생성된 것을 확인할 수 있습니다.

```
kubectl get persistentvolumeclaim
# NAME           STATUS   VOLUME        CAP   MODE   STORAGECLASS   AGE
# vol-mysts-0    Bound    pvc-09d-xxx   1Gi   RWO    local-path     118s
# vol-mysts-1    Bound    pvc-421-xxx   1Gi   RWO    local-path     109s
# vol-mysts-2    Bound    pvc-x42-xxx   1Gi   RWO    local-path     60s
```

마지막으로, StatefulSet의 replica 개수를 줄여보겠습니다.

```
kubectl scale sts mysts --replicas=0
# statefulset.apps/mysts scaled

kubectl get pod
# NAME      READY   STATUS        RESTARTS   AGE
# mysts-0   1/1     Running       0          29s
# mysts-1   0/1     Terminating   0          20s
```

생성될 때와 반대로 식별자의 역순으로 Pod가 삭제되는 것을 확인할 수 있습니다. 이처럼 StatefulSet 리소스는 각 Pod끼리 완전히 다른 컨테이너를 사용하는 것은 아니지만(이미지는 동일합니다) 완벽히 일치하는 동작을 수행하는 것이 아니라, Pod의 순서에 따라 다른 역할을 맡거나 Pod 생성 순서를 보장받아야 할 때 사용하는 리소스입니다. StatefulSet의 대표적인 예로, 클러스터 시스템을 만들 때 사용할 수 있습니다. 클러스터 시스템 구성 시, 리더 선출이나 primary vs relica를 지정하기 위해서 명시적인 순서를 지정해야 하는 경우 StatefulSet을 활용할 수 있습니다.

StatefulSet 리소스의 좋은 사용 예시로 MySQL DB 클러스터를 구축하는 예제가 쿠버네티스 공식 사이트에 존재하지만 내용이 비교적 장황하여 본래 리소스의 특징을 파악하기 어려워 간단한 NGINX 예제로 대체했습니다. 다음 페이지에서 직접 MySQL 클러스터 구축 예제를 확인하십시오.

https://kubernetes.io/docs/tasks/run-application/run-replicated-stateful-application

```
kubectl delete sts mysts
kubectl delete svc mysts
kubectl delete pvc --all
```

7.5 DaemonSet

DaemonSet 리소스는 모든 노드에 동일한 Pod를 실행시키고자 할 때 사용하는 리소스입니다. 리소스 모니터링, 로그 수집기 등과 같이 모든 노드에 동일한 Pod가 위치하면서 노드에 관한 정보를 추출할 때 많이 사용합니다. 다음은 모든 노드의 로그 정보를 추출하는 fluentd DaemonSet 예시입니다.

```
# fluentd.yaml
apiVersion: apps/v1
kind: DaemonSet
metadata:
  name: fluentd
spec:
  selector:
    matchLabels:
      name: fluentd
  template:
```

```yaml
    metadata:
      labels:
        name: fluentd
    spec:
      containers:
      - name: fluentd
        image: quay.io/fluentd_elasticsearch/fluentd:v2.5.2
        volumeMounts:
        - name: varlibdockercontainers
          mountPath: /var/lib/docker/containers
          readOnly: true
      volumes:
      - name: varlibdockercontainers
        hostPath:
          path: /var/lib/docker/containers
```

DaemonSet의 YAML 정의서는 간단합니다. ReplicaSet에서 살펴본 것과 같이 selector와 template이 있습니다. template에 원하는 Pod 스펙을 정의하면 해당 Pod가 모든 노드에 일괄적으로 실행됩니다.

- selector.matchLabels: 라벨링 시스템을 이용하여 노드에서 노드 실행될 Pod를 선택합니다.
- template: 모든 노드에서 생성될 Pod를 정의합니다.

```
kubectl apply -f fluentd.yaml
# daemonset.apps/fluentd created

kubectl get daemonset    # 축약시, ds
# NAME      DESIRED   CURRENT   READY   UP-TO-DATE   AVAILABLE   NODE ..
# fluentd   2         2         2       2            2               ..

kubectl get pod
# NAME            READY  STATUS    RESTARTS  AGE   IP          NODE    ..
# fluentd-q9vcc   1/1    Running   0         92s   10.42.0.8   master  ..
# fluentd-f3gt3   1/1    Running   0         92s   10.42.0.10  worker  ..
```

```
kubectl logs fluentd-q9vcc
# 2020-07-05 04:12:05 +0000 [info]: parsing config file is succeeded ..
# 2020-07-05 04:12:05 +0000 [info]: using configuration file: <ROOT>
#   <match fluent.**>
#     @type null
#   </match>
# </ROOT>
# 2020-07-05 04:12:05 +0000 [info]: starting fluentd-1.4.2 pid=1 ..
# 2020-07-05 04:12:05 +0000 [info]: spawn command to main: cmdline=..
# ...
```

Pod가 서버마다 하나씩(예제에서는 마스터, 워커 총 2개) 자동으로 생성됩니다. DaemonSet 리소스는 모든 노드에 항상 동일한 작업을 수행해야 하는 경우 사용하는 리소스입니다. DaemonSet의 장점으로 클러스터에 노드를 새롭게 추가 시, 따로 작업을 수행하지 않더라도 신규로 편입된 노드에 자동으로 필요한 Pod들이 생성됩니다. 그래서 로그 수집, 리소스 모니터링 등 모든 노드가 동일하게 수행하는 작업에 대해서는 DaemonSet을 사용하는 것이 편리합니다.

DaemonSet을 정리합니다.

```
kubectl delete ds --all
```

7.6 Job & CronJob

7.6.1 Job

Job 리소스는 일반 Pod처럼 항상 실행되고 있는 서비스 프로세스가 아닌 한번 실행하고 완료가 되는 일괄처리 프로세스용으로 만들어졌습니다. 가장 대표적인 것이 머신러

닝 학습을 생각할 수 있습니다. 간단한 기계학습 모델을 Job으로 실행해보겠습니다.

- train.py: 간단한 기계학습 스크립트
- Dockerfile: 기계학습 스크립트를 도커 이미지로 변환
- job.yaml: Job 실행을 위한 리소스 정의서

train.py 상단 parameters 부분에 파라미터를 받는 것을 확인하십시오. Job 리소스에서 매개변수로 넘겨 줄 예정입니다.

```
# train.py
import os, sys, json
import keras
from keras.datasets import mnist
from keras.models import Sequential
from keras.layers import Dense, Dropout
from keras.optimizers import RMSprop

#####################
# parameters
#####################
epochs = int(sys.argv[1])
activate = sys.argv[2]
dropout = float(sys.argv[3])
print(sys.argv)
#####################

batch_size, num_classes, hidden = (128, 10, 512)
loss_func = "categorical_crossentropy"
opt = RMSprop()

# preprocess
(x_train, y_train), (x_test, y_test) = mnist.load_data()
x_train = x_train.reshape(60000, 784)
x_test = x_test.reshape(10000, 784)
x_train = x_train.astype('float32') / 255
```

```
x_test = x_test.astype('float32') / 255

# convert class vectors to binary class matrices
y_train = keras.utils.to_categorical(y_train, num_classes)
y_test = keras.utils.to_categorical(y_test, num_classes)

# build model
model = Sequential()
model.add(Dense(hidden, activation='relu', input_shape=(784,)))
model.add(Dropout(dropout))
model.add(Dense(num_classes, activation=activate))
model.summary()

model.compile(loss=loss_func, optimizer=opt, metrics=['accuracy'])

# train
history = model.fit(x_train, y_train, batch_size=batch_size,
        epochs=epochs, validation_data=(x_test, y_test))

score = model.evaluate(x_test, y_test, verbose=0)
print('Test loss:', score[0])
print('Test accuracy:', score[1])
```

Job 리소스에서 사용할 이미지를 생성합니다.

```
# Dockerfile
FROM python:3.6.8-stretch

RUN pip install tensorflow==1.5 keras==2.0.8 h5py==2.7.1

COPY train.py .

ENTRYPOINT ["python", "train.py"]
```

이미지를 빌드하고 Chapter 1에서 사용한 도커 원격 이미지 저장소에 이미지를 업로드합니다.

```
# 도커 이미지 빌드
docker build . -t $USERNAME/train
# Sending build context to Docker daemon  3.249MB
# Step 1/4 : FROM python:3.6.8-stretch
# 3.6.8-stretch: Pulling from library/python
# 6f2f362378c5: Pull complete
# ...

# 도커 이미지 업로드를 위해 도커허브에 로그인합니다.
docker login
# Login with your Docker ID to push and pull images from Docker Hub. ..
# Username: $USERNAME
# Password:
# WARNING! Your password will be stored unencrypted in /home/..
# Configure a credential helper to remove this warning. See
# https://docs.docker.com/engine/reference/commandline/..
#
# Login Succeeded

# 도커 이미지 업로드
docker push $USERNAME/train
# The push refers to repository [docker.io/$USERNAME/train]
```

마지막으로 Job 리소스를 작성합니다.

```yaml
# job.yaml
apiVersion: batch/v1
kind: Job
metadata:
  name: myjob
spec:
  template:
    spec:
      containers:
      - name: ml
        image: $USERNAME/train
```

```
      args: ['3', 'softmax', '0.5']
    restartPolicy: Never
backoffLimit: 2
```

- template: Pod 리소스의 spec과 동일합니다. Job도 결국은 내부적으로 Pod를 통해 실행되기 때문입니다.
- backoffLimit: 재시도 횟수를 지정합니다. 예시에서는 총 2번의 재시도 후 최종적으로 실패로 기록됩니다.

주의

정상적으로 동작하기 위해서 반드시 사용자별 원격 저장소에 알맞게 이미지를 업로드한 후 Job 리소스의 이미지 주소($USERNAME/train)를 수정해서 사용하십시오.

```
kubectl apply -f job.yaml
# job.batch/myjob created

kubectl get job
# NAME    COMPLETIONS   DURATION   AGE
# myjob   0/1           9s         9s

kubectl get pod
# NAME          READY   STATUS      RESTARTS   AGE
# myjob-l5thh   1/1     Running     0          9s

# 로그 확인
kubectl logs -f myjob-l5thh
# ...
# Layer (type)                 Output Shape              Param #
# =================================================================
# dense_1 (Dense)              (None, 512)               401920
# ...

# Pod 완료 확인
kubectl get pod
```

```
# NAME          READY   STATUS      RESTARTS   AGE
# myjob-l5thh   0/1     Completed   0          3m27s

# Job 완료 확인
kubectl get job
# NAME    COMPLETIONS   DURATION   AGE
# myjob   1/1           51s         1m
```

Pod 리소스를 확인하면 알 수 있듯이 Job 리소스도 결국 Pod를 이용하여 프로세스를 실행합니다. Pod를 이용하여 로그를 확인하고 완료 여부를 확인할 수 있습니다. 다만, 기존과는 다르게 Pod가 계속 Running 상태가 아니라 완료된 이후에 Completed로 남습니다.

이번에는 의도적으로 장애 상황을 만들어 재시도 작업을 수행하는지 살펴보겠습니다. 예시에서는 backoffLimit을 2로 설정했기 때문에 총 3번(첫 시도 + 2번 재시도) 실행됩니다.

```
# job-bug.yaml
apiVersion: batch/v1
kind: Job
metadata:
  name: job-bug
spec:
  template:
    spec:
      containers:
      - name: ml
        image: $USERNAME/train
        # int 타입이 아닌 string 타입 전달
        args: ['bug-string', 'softmax', '0.5']
      restartPolicy: Never
  backoffLimit: 2
```

```
kubectl apply -f job-bug.yaml

# 2번 재시도 후(총 3번 실행) failed
kubectl get pod
# NAME                READY   STATUS              RESTARTS   AGE
# job-bug-8f867       0/1     Error               0          6s
# job-bug-s23xs       0/1     Error               0          4s
# job-bug-jz2ss       0/1     ContainerCreating   0          1s

kubectl get job job-bug -oyaml | grep type
# type: Failed

# 에러 원인 확인
kubectl logs -f job-bug-jz2ss
# /usr/local/lib/python3.6/site-packages/tensorflow/python/framework/
#   dtypes.py:502: FutureWarning: Passing (type, 1) or '1type'
#   as a synonym of type is deprecated; in a future version of numpy,
#   it will be understood as (type, (1,)) / '(1,)type'.
#   np_resource = np.dtype([("resource", np.ubyte, 1)])
# Traceback (most recent call last):
#   File "train.py", line 11, in <module>
#     epochs = int(sys.argv[1])
# ValueError: invalid literal for int() with base 10: 'bug-string'
```

재시도 횟수를 1개 이상 설정할 경우, Job의 연산이 idempotent한지를 확인해보십시오. 그렇지 않은 경우, 중복된 작업으로 인한 문제가 발생할 수 있습니다.

Job 리소스를 정리합니다.

```
kubectl delete job --all
```

7.6.2 CronJob

CronJob은 Job 리소스와 유사하지만 주기적으로 Job을 실행할 수 있도록 확장된 리소스입니다. crontab과 마찬가지로 cron 형식을 이용하여 주기를 설정합니다.

```
# cronjob.yaml
apiVersion: batch/v1beta1
kind: CronJob
metadata:
  name: hello
spec:
  schedule: "*/1 * * * *"
  jobTemplate:
    spec:
      template:
        spec:
          containers:
          - name: hello
            image: busybox
            args:
            - /bin/sh
            - -c
            - date; echo Hello from the Kubernetes cluster
          restartPolicy: OnFailure
```

- schedule: Job 리소스를 실행할 주기를 설정합니다.
- jobTemplate: Job 리소스에서 사용하는 스펙을 동일하게 사용합니다.

CronJob 리소스를 생성하면 schedule에 등록된 주기(1분)마다 Job이 실행되는 것을 확인할 수 있습니다.

```
kubectl apply -f cronjob.yaml
# cronjob.batch/hello created
```

```
kubectl get cronjob
# NAME    SCHEDULE      SUSPEND   ACTIVE   LAST SCHEDULE   AGE
# hello   */1 * * * *   False     0        <none>          4s

kubectl get job
# NAME               COMPLETIONS   DURATION   AGE
# hello-1584873060   0/1           3s         3s
# hello-1584873060   0/1           3s         62s
```

CronJob은 동일한 Job을 특정 주기마다 반복해서 실행하고자 할 때 활용할 수 있는 리소스입니다.

CronJob 리소스를 정리합니다.

```
kubectl delete cronjob --all
```

7.7 마치며

지금까지 살펴본 리소스를 전체적인 관점에서 보면 다음과 같습니다.

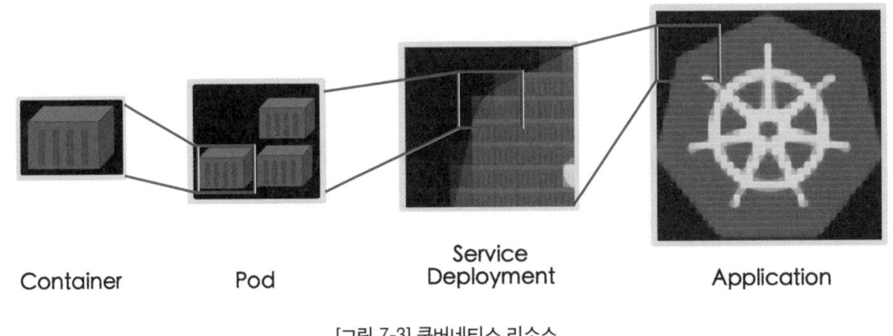

[그림 7-3] 쿠버네티스 리소스

쿠버네티스는 모든 것을 리소스로 표현합니다. 그리고 마치, 빌딩블럭처럼 작은 단위의 리소스를 조합하여 점점 더 큰 리소스로 만듭니다. 사용자는 작은 컨테이너를 모아 Pod를 만들고 이것을 Deployment와 Service로 엮어서 작은 컴포넌트를 만들고 이것을 조합하여 하나의 거대한 애플리케이션을 만들 수 있습니다. 앞으로 계속해서 더 다양한 리소스들을 살펴보며 애플리케이션을 더욱 풍부하게 만들 수 있는 방법들을 알아보겠습니다.

이번 장에서 모든 리소스 및 컨트롤러에 대해 살펴보지는 않았지만, 쿠버네티스를 이해하기 위해서 필요한 가장 기본적인 리소스에 대해 알아보았습니다. 다음 장에서는 쿠버네티스 패키지 매니저인 helm에 대해서 살펴보겠습니다.

helm 패키지 매니저

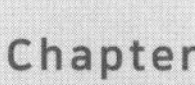

helm 패키지 매니저

쿠버네티스 위에서 동작하는 애플리케이션은 Deployment, Service, ConfigMap과 같은 다양한 리소스의 조합으로 구성됩니다. 애플리케이션 배포 시 이런 리소스들을 개별적으로 생성하는 것이 아니라 하나의 패키지로 묶어서 배포합니다. 패키지로 묶어서 관리하면 여러 리소스들을 동시에 추가 및 업그레이드하기가 편리해 집니다. 이번 장에서는 쿠버네티스의 패키지 매니저인 helm에 대해서 살펴 봅니다.

8.1 helm이란?

helm은 쿠버네티스 패키지 매니저입니다. 쉽게 표현하자면, apt, yum, pip 툴과 비슷하게 플랫폼의 패키지를 관리합니다. helm을 이용하여 원하는 소프트웨어(패키지)를 쿠버네티스에 손쉽게 설치할 수 있습니다. helm 패키지 또한 YAML 형식으로 구성되어 있으며, 이것을 chart라고 합니다.

helm chart의 구조는 크게 values.yaml과 templates/ 디렉터리로 구성됩니다.

- values.yaml: 사용자가 원하는 값들을 설정하는 파일입니다.
- templates/: 설치할 리소스 파일들이 존재하는 디렉터리입니다. 해당 디렉터리 안에는 Deployment, Service 등과 같은 쿠버네티스 리소스가 YAML 파일 형태로 들어 있습니다. 각 파일들의 설정값은 비워져 있고(placeholder) values.yaml의 설정값들로 채워집니다.

패키지가 설치될 시점에 values.yaml 파일의 설정값들을 이용하여 templates 디렉터리에 들어있는 YAML 파일의 구멍난 부분(placeholder)을 채웁니다. values.yaml 파일에는 자주 바뀌거나 사용자마다 달라지는 설정값들을 입력하는 용도로 사용하고 templates 디렉터리는 패키지의 뼈대를 이룹니다.

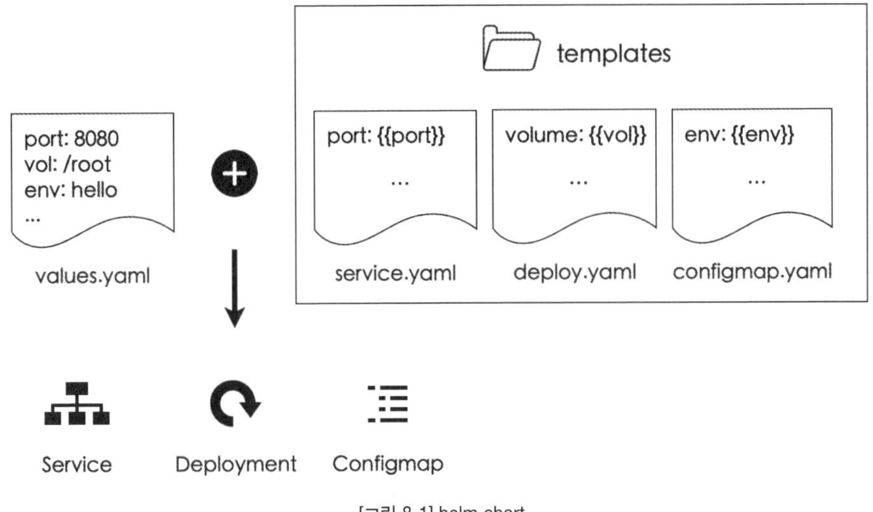

[그림 8-1] helm chart

helm을 잘 활용하면 다른 사람이 만든 애플리케이션도 손쉽게 나의 쿠버네티스 클러스터로 가져올 수 있게 됩니다. 도커가 단순히 프로세스 레벨에서 외부의 것을 가져다 쓸 수 있게 해준 것이라면, 쿠버네티스에서는 helm을 이용하여 프로세스(Pod)와 네트워크(Service), 저장소(뒤에서 살펴볼 PersistentVolume) 등 애플리케이션에서 필요한 모든 자원들을 외부에서 가져올 수 있게 합니다.

8.1.1 helm 설치

helm을 설치하는 방법은 무척 간단합니다. 다음 명령을 수행하면 helm이 설치됩니다.

```
curl https://raw.githubusercontent.com/helm/helm/master/scripts/get-helm-3 |
bash -s -- --version v3.2.2
```

이제, 직접 helm chart를 만들어보겠습니다.

8.1.2 chart 생성

```
helm create <CHART_NAME>
```

나의 첫 helm chart를 만들어보도록 하겠습니다. 앞서 설명한 바와 같이, chart는 리소스들을 편리하게 배포하거나 다른 사람들과 쉽게 공유할 수 있게 패키징한 설치파일 묶음입니다. 이 설치파일 묶음을 직접 만들어 보겠습니다. mychart라는 이름을 가진 chart를 생성하고, 그 속에 어떤 파일들이 있는지 확인해보겠습니다.

```
helm create mychart
# Creating mychart

ls mychart
# Chart.yaml  charts  templates  values.yaml
```

- Chart.yaml: chart 이름, 버전 정보 등 chart의 전반적인 정보를 담고 있습니다.
- charts: chart 속에 또 다른 여러 chart들을 넣을 수 있습니다. 기본적으로는 비어있습니다.
- templates/: chart의 뼈대가 되는 쿠버네티스 리소스가 들어있는 폴더입니다.
- values.yaml: 사용자가 정의하는 설정값을 가진 YAML 파일입니다.

```
ls mychart/templates
# NOTES.txt
```

```
# _helpers.tpl
# deployment.yaml
# ingress.yaml
# service.yaml
# serviceaccount.yaml
# tests/
```

templates 폴더 아래의 service.yaml을 살펴보면 placeholder({{ key }})가 있는 것을 확인해 볼 수 있습니다. 여기서, {{ .Values.service.type }}과 {{ .Values.service.port }}를 기억하십시오.

```
# mychart/templates/service.yaml
apiVersion: v1
kind: Service
metadata:
  name: {{ include "mychart.fullname" . }}
  labels:
    {{- include "mychart.labels" . | nindent 4 }}
spec:
  type: {{ .Values.service.type }}              # 서비스 타입 지정
  ports:
    - port: {{ .Values.service.port }}          # 서비스 포트 지정
      targetPort: http
      protocol: TCP
      name: http
  selector:
    {{- include "mychart.selectorLabels" . | nindent 4 }}
```

이번에는 values.yaml 파일을 살펴보겠습니다. YAML 형식에 따라 설정값들이 적혀 있습니다. 앞서 눈여겨 본 service.type과 service.port도 보입니다. service.type과 service.port를 각각 로드밸런서와 8888로 수정합니다.

```
# values.yaml
replicaCount: 1
```

```
image:
  repository: nginx
  pullPolicy: IfNotPresent

imagePullSecrets: []
nameOverride: ""
fullnameOverride: ""

...

service:
  type: LoadBalancer  # 기존 ClusterIP
  port: 8888          # 기존 80
...
```

values.yaml 수정이 완료되면 helm chart를 설치합니다.

8.1.3 chart 설치

```
helm install <CHART_NAME> <CHART_PATH>
```

```
helm install foo ./mychart
# NAME: foo
# LAST DEPLOYED: Tue Mar 10 14:26:02 2020
# NAMESPACE: default
# STATUS: deployed
# REVISION: 1
# NOTES:
#     ....
```

첫 helm chart 생성에 성공했습니다. foo라는 이름으로 mychart 패키지를 설치 완료했습니다. 생각보다 굉장히 간단합니다. 다른 패키지 매니저와는 다르게 모든 라이브러리 종속성이 컨테이너 안에서 해결되기 때문에 helm에서는 실제 사용할 프로세스만 생성됩니다.

Service 리소스를 조회해 보면 values.yaml 파일에서 정의한 것과 같이 Service는 로드밸런서 타입에 8888 포트를 사용하는 것을 확인할 수 있습니다.

```
# service 리소스를 조회합니다.
kubectl get svc
# NAME          TYPE           CLUSTER-IP      EXTERNAL-IP   PORT(S)
# kubernetes    ClusterIP      10.43.0.1       <none>        443/TCP
# foo-mychart   LoadBalancer   10.43.142.107   10.0.1.1      8888:32597/TCP
```

앞에서 살펴 본 templates/service.yaml 파일의 {{ .Values.service.type }}과 {{ .Values.service.port }} 부분을 기억하시나요? values.yaml 파일과 합쳐져 최종 Service 리소스가 생성된 것입니다. 이제 생성된 chart를 가지고 helm 명령들을 하나씩 살펴보겠습니다.

8.1.4 chart 리스트 조회

설치된 helm chart들을 조회합니다. -n(--namespace) 옵션을 이용하여 네임스페이스별 다른 리스트를 조회할 수 있습니다.

```
helm list
```

default와 kube-system 네임스페이스를 각각 조회해보겠습니다.

```
# 설치된 chart 리스트 확인하기
helm list
# NAME    NAMESPACE   REVISION   UPDATED    STATUS     CHART           APP VER
# foo     default     1          2020-3-1   deployed   mychart-0.1.0   1.16.0
```

```
# 다른 네임스페이스에는 설치된 chart가 없습니다.
helm list -n kube-system
# NAME    NAMESPACE   REVISION    UPDATED STATUS  CHART   APP   VERSION
```

네임스페이스에 따라 chart 리스트가 다르게 보입니다.

8.1.5 chart 랜더링

```
helm template <CHART_PATH>
```

실제 설치까지 수행되는 것이 아니라 values.yaml 파일과 templates 안의 템플릿 파일들의 합쳐진 YAML 정의서 결과를 확인하고 싶다면 template 명령을 사용할 수 있습니다. helm에서는 이것을 rendering한다고 표현합니다. kubectl 명령툴의 --dry-run 옵션과 유사하다고 볼 수 있습니다.

```
helm template foo ./mychart > foo-output.yaml

cat foo-output.yaml
# 전체 YAML 정의서 출력
```

template 명령을 통해서 얻은 결과를 foo-output.yaml 로 저장하여 최종 결과물을 확인해보겠습니다. 이 foo-output.yaml 파일을 출력해보면 지금까지 살펴본 리소스 YAML 정의서와 크게 다르지 않다는 것을 확인할 수 있습니다. 이를 통해, helm install 명령은 다음과 같다고 볼 수 있습니다.

```
helm install <NAME> <CHART_PATH> == helm template <NAME> <CHART_PATH> > \
      output.yaml && kubectl apply -f output.yaml
```

YAML 파일이 어떤 형태로 만들어져 설치가 되는지 디버깅하는 용도로 종종 사용합니다.

8.1.6 chart 업그레이드

```
helm upgrade <CHART_NAME> <CHART_PATH>
```

이미 설치한 chart에 대해 values.yaml 값을 수정하고 업데이트할 수 있습니다. Service 타입을 NodePort로 수정하고 다시 배포해보겠습니다.

```
# values.yaml
...

service:
  type: NodePort     # 기존 LoadBalancer
  port: 8888
...
```

```
helm upgrade foo ./mychart
# Release "mychart" has been upgraded. Happy Helming!
# NAME: foo
# LAST DEPLOYED: Mon Jul  6 19:26:35 2020
# NAMESPACE: default
# STATUS: deployed
# REVISION: 2

kubectl get svc
# NAME         TYPE        CLUSTER-IP     EXTERNAL-IP   PORT(S)
# kubernetes   ClusterIP   10.43.0.1      <none>        443/TCP
# foo-mychart  NodePort    10.43.155.85   <none>        8888:32160/TCP

helm list
```

```
# NAME   NAMESPACE  REVISION   UPDATED    STATUS     CHART
# foo    default    2          2020-3-2   deployed   mychart-0.1.0
```

Service 타입이 기존 로드밸런서에서 NodePort로 변경된 것을 확인할 수 있습니다. chart를 조회하면, REVISION 숫자가 2로 올라갔습니다. 업데이트마다 REVISION값이 올라갑니다.

8.1.7 chart 배포상태 확인

```
helm status <CHART_NAME>
```

배포된 chart의 상태를 확인하기 위해서 다음과 같은 명령을 사용합니다.

```
helm status foo
# Release "foo" has been upgraded. Happy Helming!
# NAME: foo
# LAST DEPLOYED: Mon Jul  6 19:26:35 2020
# NAMESPACE: default
# STATUS: deployed
# REVISION: 2
# ...
```

8.1.8 chart 삭제

```
helm delete <CHART_NAME>
```

생성한 helm chart를 더는 사용하지 않아서 삭제하고 싶다면 delete 명령을 사용합니다.

```
helm delete foo
# release "foo" uninstalled

helm list
# NAME    NAMESPACE    REVISION    UPDATED STATUS  CHART    APP    VERSION
```

8.2 원격 리파지토리(repository)

helm을 사용할 때의 가장 큰 장점은 외부에 잘 구축된 애플리케이션을 손쉽게 가져올 수 있게 해준다는 점입니다. helm만 잘 사용해도 쿠버네티스 생태계에서 지원하는 다양하고 강력한 애플리케이션들을 활용할 수 있습니다.

helm에는 chart 원격 저장소인 리파지토리가 있습니다. 리파지토리는 여러 chart를 한 곳에 묶어서 보관해놓은 저장소입니다. 사용자가 온라인상에 제공되는 리파지토리를 추가하여 원격 저장소로부터 chart를 로컬 클러스터에 설치할 수 있습니다.

8.2.1 리파지토리 추가

stable이라는 리파지토리를 추가해보겠습니다.

```
# stable repo 추가
helm repo add stable https://kubernetes-charts.storage.googleapis.com
```

8.2.2 리파지토리 업데이트

추가한 리파지토리의 인덱스 정보를 최신으로 업데이트합니다. helm은 리파지토리

정보를 기본적으로 캐싱해서, 신규 chart를 설치하기 위해서 업데이트를 수행하겠습니다.

```
# repo update
helm repo update
# ...Successfully got an update from the "stable" chart repository
# Update Complete. * Happy Helming!*
```

8.2.3 리파지토리 조회

현재 등록된 리파지토리 리스트를 확인합니다. 현재 stable 리파지토리만 등록했으므로, 1개만 보입니다. 앞으로 몇 가지 리파지토리를 더 추가할 예정입니다.

```
# 현재 등록된 repo 리스트
helm repo list
# NAME    URL
# stable  https://kubernetes-charts.storage.googleapis.com
```

8.2.4 리파지토리내 chart 조회

stable 리파지토리에 저장된 chart 리스트를 확인합니다.

```
# stable 레포 안의 chart 리스트
helm search repo stable
# NAME                    CHART VERSION  APP VERSION    DESCRIPTION
# stable/aerospike        0.3.2          v4.5.0.5       A Helm chart ..
# stable/airflow          7.1.4          1.10.10        Airflow is a ..
# stable/ambassador       5.3.2          0.86.1         DEPRECATED ...
# stable/anchore-engine   1.6.8          0.7.2          Anchore container
# stable/apm-server       2.1.5          7.0.0          The server ...
```

```
# ...

helm search repo stable/airflow
# NAME             CHART VERSION   APP VERSION     DESCRIPTION
# stable/airflow  7.2.0           1.10.10         Airflow is a plat...
```

다음 주소에서 stable 리파지토리 외에 다양한 원격 저장소를 조회해볼 수 있습니다.

helm 허브: https://hub.helm.sh/charts

8.3 외부 chart 설치(WordPress)

8.3.1 chart install

stable 리파지토리에 있는 WordPress chart를 설치해보겠습니다. 로컬 디렉터리에 chart가 존재하지 않더라도 원격 리파지토리에 있는 chart를 바로 설치할 수 있습니다. 이때 몇 가지 옵션을 지정할 수 있습니다.

- --version: chart의 버전을 지정합니다. Chart.yaml안에 version 정보를 참조합니다.
- --set: 해당 옵션으로 values.yaml 값을 동적으로 설정할 수 있습니다.
- --namespace: chart가 설치될 네임스페이스를 지정합니다.

```
helm install wp stable/wordpress \
    --version 9.0.3 \
    --set service.port=8080 \
    --namespace default
# WARNING: This chart is deprecated
# NAME: wp
# LAST DEPLOYED: Mon Jul  6 20:44:55 2020
```

```
# NAMESPACE: default
# STATUS: deployed
# REVISION: 1
# NOTES:
# ...

kubectl get pod
# NAME              READY   STATUS              RESTARTS   AGE
# svclb-wp-xv6b6    2/2     Running             0          6s
# wp-mariadb-0      0/1     ContainerCreating   0          6s
# wp-6d78b5c456     0/1     Running             0          6s

kubectl get svc
# NAME          TYPE           CLUSTER-IP      EXTERNAL-IP    PORT(S)
# kubernetes    ClusterIP      10.43.0.1       <none>         443/TCP
# wp-mariadb    ClusterIP      10.43.90.229    <none>         3306/TCP
# wp            LoadBalancer   10.43.167.4     172.1.3.7      80:30887/TCP,...
```

wordpress의 values.yaml이 다음과 같을 때 --set 명령을 이용하여 서비스 포트를 80에서 8080으로 변경한 것입니다.

```
# values.yaml
...
service:
  port: 80  -->  8080
...
```

워드프레스 Pod와 Service가 정상적으로 설치되었습니다.

```
# curl로 접근해 봅니다.
curl localhost:8080
```

공인 IP가 있는 경우, 웹 브라우저에서 공인 IP:80으로 접속합니다.

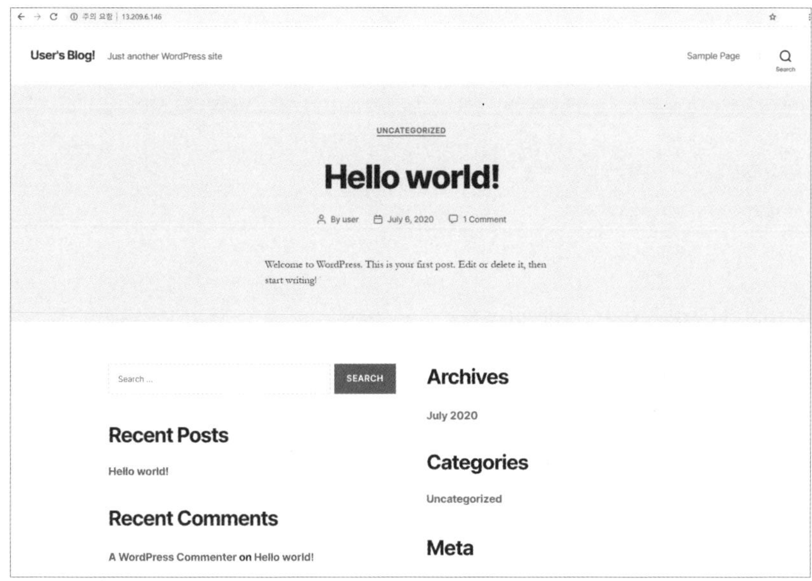

[그림 8-2] WordPress

이렇듯 나의 클러스터 위에 워드프레스 관련된 소프트웨어 하나 없어도 리파지토리를 추가하고 helm install 명령 하나로 이렇게 멋진 워드프레스 사이트를 순식간에 만들 수 있었습니다. helm의 강력함을 느낄 수 있었나요?

8.3.2 chart fetch

리파지토리의 chart를 원격에서 바로 설치할 수도 있지만 로컬 디렉터리로 다운로드해서 설치할 수도 있습니다. 사용자가 세부적으로 설정값들을 수정한 후에 애플리케이션을 설치하고 싶을 때 fetch를 사용합니다. 먼저 fetch 명령을 이용해서 chart를 다운로드합니다. chart는 기본적으로 tar로 묶인 상태로 저장됩니다. --untar 옵션을 이용하여 폴더로 풀어진 상태를 저장할 수 있습니다.

```
helm fetch --untar stable/wordpress --version 9.0.3
```

```
ls wordpress/
# Chart.yaml  README.md  charts  requirements.lock
# requirements.yaml  templates  values.schema.json  values.yaml

# 사용자 입맛에 따라 세부 설정값 변경
vim wordpress/values.yaml
# ...

helm install wp-fetch ./wordpress
# WARNING: This chart is deprecated
# NAME: wp-fetch
# LAST DEPLOYED: Mon Jul  6 20:44:55 2020
# NAMESPACE: default
# STATUS: deployed
# REVISION: 1
# NOTES:
# ...
```

8.4 마치며

helm 패키지 매니저는 쿠버네티스를 사용하는 데 있어서 강력함을 더해주는 툴입니다. 쿠버네티스의 기능을 풍성하게 만들어주고 복잡한 애플리케이션도 손쉽게 구축할 수 있게 도와줍니다. 앞으로 살펴볼 장에서도 자주 helm을 이용하여 새로운 애플리케이션을 추가해보겠습니다. 다음 장에서는 쿠버네티스 애플리케이션 계층 네트워크 설정을 담당하는 Ingress 리소스에 대해 살펴보겠습니다.

Clean up

```
helm delete wp
helm delete wp-fetch
kubectl delete pvc data-wp-mariadb-0 data-wp-fetch-mariadb-0
```

Ingress 리소스

Ingress 리소스

이번 장에서는 네트워크 Layer 7(애플리케이션 계층)에서 외부의 트래픽을 처리하는 Ingress 리소스에 살펴보겠습니다. 많은 웹 서비스들은 애플리케이션 계층에서 네트워크 통신을 수행합니다. 주로 HTTP, HTTPS를 사용하여 서비스를 제공하죠. 쿠버네티스에서는 애플리케이션 계층에서 클러스터로 들어오는 트래픽을 관장할 수 있는 메커니즘을 제공합니다.

9.1 Ingress란?

Ingress는 HTTP, HTTPS 등 네트워크 Layer 7에 대한 설정을 담당하는 리소스입니다. Ingress의 가장 기본적인 역할은 외부 HTTP 호출에 대한 트래픽을 처리합니다. 이를테면, 부하 분산, TLS 종료, 도메인 기반 라우팅 기능 등을 제공합니다. Ingress는 쿠버네티스 클러스터 내부 서비스에 외부 접근 가능한 URL을 부여함으로써 일반 사용자들이 쉽게 접근할 수 있는 통로를 제공합니다. Ingress에는 그에 맞는 Ingress Controller가 존재합니다. Ingress Controller는 Ingress에 정의된 트래픽 라우팅 규칙을 보고 라우팅을 수행합니다.

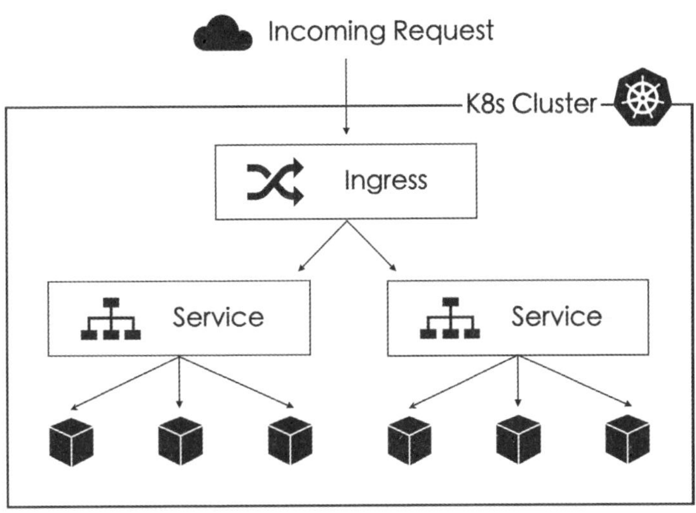

[그림 9-1] Ingress 소개

9.1.1 Ingress Controller란?

Ingress 리소스 자체로는 어떠한 프로그램이 작동하는 코드가 아니라 트래픽 처리에 대한 정보를 담고 있는 정의(또는 규칙)에 가깝습니다. 실제로 Ingress의 규칙을 읽고 외부의 트래픽을 Service로 전달하는 주체는 Ingress Controller입니다. 앞서 쿠버네티스 컨트롤러에 대해서 살펴봤듯이, 쿠버네티스 리소스는 해당 리소스에 대응하는 리소스 컨트롤러가 존재합니다. Ingress 리소스도 마찬가지로 Ingress 리소스 정의에 따라 특정 작업을 수행하는 컨트롤러인 Ingress Controller가 존재합니다. Ingress Controller는 쿠버네티스 내장 컨트롤러와는 다르게 명시적으로 컨트롤러를 설치해야 합니다. 또한, 여러 종류의 Ingress Controller 구현체가 있으며 사용자의 목적과 용도에 맞게 Ingress Controller를 선택할 수 있습니다.

Ingress Controller 종류는 다음과 같습니다.

- NGINX Ingress Controller(https://kubernetes.github.io/ingress-nginx)
- HAProxy(https://haproxy-ingress.github.io)
- AWS ALB Ingress Controller(https://github.com/kubernetes-sigs/aws-alb-ingress-controller)
- Ambassador(https://www.getambassador.io)
- Kong(https://konghq.com)
- traefik(https://github.com/containous/traefik)

이 밖에도 더 많은 종류들이 있습니다.

9.1.2 NGINX Ingress Controller

예제에서는 NGINX Ingress Controller를 사용합니다. NGINX Ingress Controller는 가장 많이 사용되는 제품 중 하나입니다.

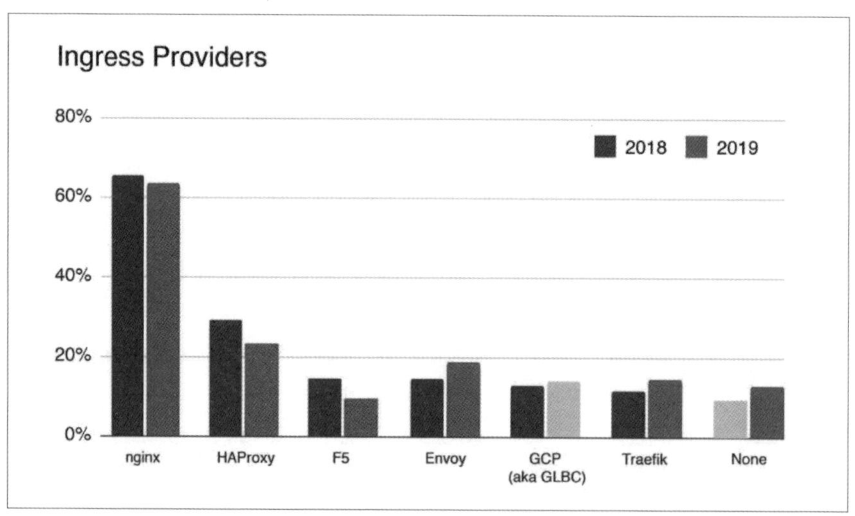

[그림 9-2] Ingress 종류
(출처: https://www.cncf.io/wp-content/uploads/2020/03/CNCF_Survey_Report.pdf)

9.1.3 NGINX Ingress Controller 설치

helm을 이용하여 손쉽게 NGINX Ingress Controller를 설치할 수 있습니다.

```
# NGINX Ingress Controller를 위한 네임스페이스를 생성합니다.
kubectl create ns ctrl
# namespace/ctrl created

helm install nginx-ingress stable/nginx-ingress --version 1.40.3 -n ctrl
# NAME: nginx-ingress
# LAST DEPLOYED: Wed Mar 11 13:31:14 2020
# NAMESPACE: ctrl
# STATUS: deployed
# REVISION: 1
# TEST SUITE: None
# NOTES:
#     ...
```

NGINX Ingress Controller 관련된 Pod와 Service가 생성된 것을 확인할 수 있습니다.

```
kubectl get pod -n ctrl
# NAME                                   READY   STATUS    RESTARTS   AGE
# nginx-ingress-controller-7444984       1/1     Running   0          6s
# svclb-nginx-ingress-controller-dcph4   2/2     Running   0          6s
# nginx-ingress-default-backend-659bd6   1/1     Running   0          6s

kubectl get svc -n ctrl
# NAME                            TYPE           CLUSTER-IP      ...
# nginx-ingress-default-backend   ClusterIP      10.43.236.222   ...
# nginx-ingress-controller        LoadBalancer   10.43.209.166   ...
```

로드밸런서 타입의 Service(ingress-controller)에 80포트(HTTP)와 443포트(HTTPS)가 열린 것을 확인할 수 있습니다. 앞으로 Ingress로 들어오는 모든 트래픽은 ingress-controller Service(예제에서는 10.0.1.1)로 들어오게 됩니다.

이제, 본격적으로 Ingress 리소스에 대해 살펴보도록 하겠습니다.

9.2 Ingress 기본 사용법

9.2.1 도메인 주소 테스트

Ingress는 Layer 7 통신이기 때문에 도메인 주소를 가지고 있어야 제대로 된 Ingress 테스트를 할 수 있습니다. https://sslip.io라는 서비스를 이용하면 따로 도메인을 신청하지 않아도 도메인 주소를 얻을 수 있습니다. https://sslip.io 사이트의 DNS 규칙은 다음과 같습니다. https://sslip.io의 서브 도메인에 IP를 입력하면 해당하는 IP를 DNS lookup 결과로 반환합니다.

```
IP == IP.sslip.io
```

예를 들어, DNS lookup 결과로 IP 10.0.1.1를 얻고 싶다면 sslip.io를 이용한 도메인 주소는 10.0.1.1.sslip.io가 됩니다.

```
nslookup 10.0.1.1.sslip.io
# Address: 10.0.1.1
```

Ingress의 기능 중 하나인 Domain-based routing을 위해 2차 서브 도메인 주소도 테스트해보겠습니다.

```
nslookup subdomain.10.0.1.1.sslip.io
# Address: 10.0.1.1
```

2차 서브 도메인을 붙여도 마찬가지로 10.0.1.1가 반환됩니다. 이를 통해 네트워크 Layer 4에서는 동일한 IP를 가지지만 Layer 7에서는 서로 다른 도메인 이름으로 라우팅 규칙을 정할 수 있습니다.

sslip.io 서비스를 이용하여 Ingress 예제를 진행하겠습니다. 예제에서는 Ingress Controller IP를 10.0.1.1이라고 가정하고 진행합니다. 독자별로 10.0.1.1 부분을 각자 Ingress Controller IP로 수정하여 진행하시기 바랍니다.

Ingress Controller IP 확인 방법

다음 명령을 통해 Ingress Controller IP를 확인할 수 있습니다. 호스트 서버(마스터, 워커) 중 하나의 내부 IP가 반환될 것입니다.

```
INGRESS_IP=$(kubectl get svc -nctrl nginx-ingress-
controller -ojsonpath="{.status.loadBalancer.ingress[0].ip}")
echo $INGRESS_IP
# 10.0.1.1
```

사용자마다 INGRESS_IP가 다르니 꼭 수정하십시오. 외부 네트워크에서 접근하려는 경우는 호스트 서버(마스터, 워커) 중 하나의 공인 IP로 설정해야 합니다.

9.2.2 첫 Ingress 생성

Ingress와 연결할 nginx 서비스부터 생성합니다.

```
kubectl run mynginx --image nginx --expose --port 80
# service/mynginx created
# pod/mynginx created

# comma로 여러 리소스를 한번에 조회할 수 있습니다.
```

```
kubectl get pod,svc mynginx
# NAME          READY   STATUS    RESTARTS   AGE
# pod/mynginx   1/1     Running   0          8m38s

# NAME              TYPE        CLUSTER-IP      EXTERNAL-IP   PORT(S)   AGE
# service/mynginx   ClusterIP   10.43.123.193   <none>        80/TCP    8m38s
```

Ingress 리소스를 정의합니다.

```
# mynginx-ingress.yaml
apiVersion: extensions/v1beta1
kind: Ingress
metadata:
  annotations:
    kubernetes.io/ingress.class: nginx
  name: mynginx
spec:
  rules:
  - host: 10.0.1.1.sslip.io
    http:
      paths:
      - path: /
        backend:
          serviceName: mynginx
          servicePort: 80
```

- annotations: annotations은 메타정보를 저장하기 위한 property입니다. label과 비슷하지만 annotations으로는 리소스를 필터하지는 못하고 단지 메타 데이터를 저장하는 용도로 사용합니다. Ingress에서는 Ingress Controller에게 메타정보를 전달할 목적으로 사용됩니다. 예를 들어, kubernetes.io/ingress.class: nginx의 의미는 해당 Ingress가 NGINX Ingress Controller에 의해 처리될 것을 명시한 것입니다.
- rules: 외부 트래픽을 어떻게 처리할지 정의합니다.

- rules[0].host: 특정 도메인으로 들어오는 트래픽에 대해 라우팅을 정의합니다. 생략 시 모든 호스트 트래픽(*)을 처리합니다.
- rules[0].http.paths[0].path: Ingress path를 정의합니다(path based routing).
- rules[0].http.paths[0].backend: Ingress의 트래픽을 받을 Service와 포트를 정의합니다.

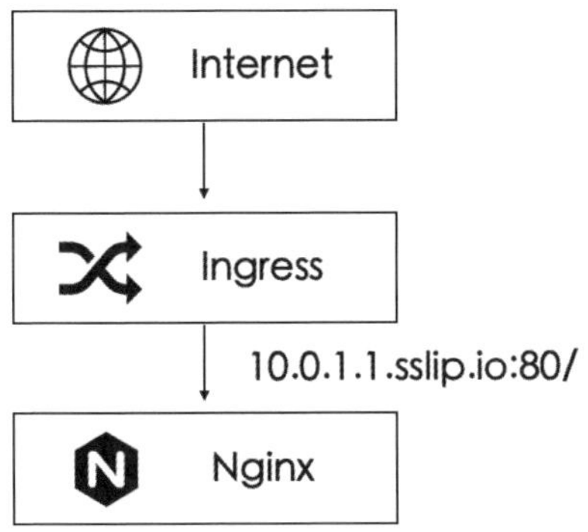

[그림 9-3] Ingress 기본 라우팅

```
kubectl apply -f mynginx-ingress.yaml
# ingress.extensions/mynginx created

kubectl get ingress
# NAME      CLASS    HOSTS               ADDRESS     PORTS     AGE
# mynginx   <none>   10.0.1.1.sslip.io   10.0.1.1   80        10m

# mynginx 서비스로 연결
curl 10.0.1.1.sslip.io
# <!DOCTYPE html>
# <html>
# <head>
# <title>Welcome to nginx!</title>
# ...
```

첫 Ingress를 생성하였습니다. 해당 Ingress는 10.0.1.1.sslip.io:80/ 트래픽을 mynginx 서비스의 80포트로 전달합니다.

9.2.3 도메인 기반 라우팅

이번에는 서브 도메인 주소를 이용하여 도메인 기반 라우팅 규칙을 정의해보겠습니다. 서브 도메인별 연결될 서비스를 2개 생성합니다.

```
# apache web server
kubectl run apache --image httpd --expose --port 80
# pod/apache created
# service/apache created

# nginx web server
kubectl run nginx --image nginx --expose --port 80
# pod/nginx created
# service/nginx created
```

```
# domain-based-ingress.yaml
apiVersion: extensions/v1beta1
kind: Ingress
metadata:
  annotations:
    kubernetes.io/ingress.class: nginx
  name: apache-domain
spec:
  rules:
  # apache 서브 도메인
  - host: apache.10.0.1.1.sslip.io
    http:
      paths:
      - backend:
          serviceName: apache
```

```
          servicePort: 80
        path: /
---
apiVersion: extensions/v1beta1
kind: Ingress
metadata:
  annotations:
    kubernetes.io/ingress.class: nginx
  name: nginx-domain
spec:
  rules:
  # nginx 서브 도메인
  - host: nginx.10.0.1.1.sslip.io
    http:
      paths:
      - backend:
          serviceName: nginx
          servicePort: 80
        path: /
```

각각의 서브 도메인이 다음과 같이 라우팅됩니다.

- apache.10.0.0.1.sslip.io -> apache:80/
- nginx.10.0.0.1.sslip.io -> nginx:80/

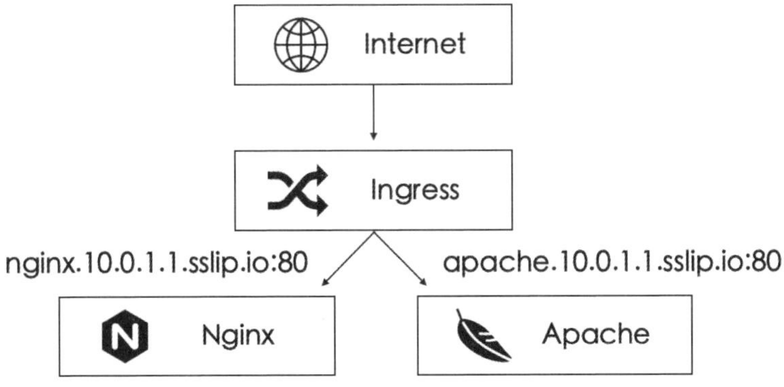

[그림 9-4] 도메인 기반 라우팅

```
kubectl apply -f domain-based-ingress.yaml
# ingress.extensions/apache-domain created
# ingress.extensions/nginx-domain created

curl apache.10.0.1.1.sslip.io
# <html><body><h1>It works!</h1></body></html>

curl nginx.10.0.1.1.sslip.io
# <!DOCTYPE html>
# <html>
# <head>
# <title>Welcome to nginx!</title>
# ...
```

IP 주소는 동일해도 도메인 주소를 기준으로 서로 다른 서비스로 HTTP 트래픽을 라우팅할 수 있었습니다.

9.2.4 Path 기반 라우팅

Ingress는 URL path를 기반으로 라우팅할 수도 있습니다. 이미 생성한 nginx, apache Service에 대해서 path를 기반으로 Ingress를 구성합니다.

```
# path-based-ingress.yaml
apiVersion: extensions/v1beta1
kind: Ingress
metadata:
  annotations:
    kubernetes.io/ingress.class: nginx
    nginx.ingress.kubernetes.io/rewrite-target: /
  name: apache-path
spec:
  rules:
  - host: 10.0.1.1.sslip.io
```

```
    http:
      paths:
      - backend:
          serviceName: apache
          servicePort: 80
        path: /apache
---
apiVersion: extensions/v1beta1
kind: Ingress
metadata:
  annotations:
    kubernetes.io/ingress.class: nginx
    nginx.ingress.kubernetes.io/rewrite-target: /
  name: nginx-path
spec:
  rules:
  - host: 10.0.1.1.sslip.io
    http:
      paths:
      - backend:
          serviceName: nginx
          servicePort: 80
        path: /nginx
```

annotation에 다음과 같은 설정값이 추가되었습니다. nginx의 rewrite 지시자와 동일하게 프록시되는 서버에 path를 /로 재정의합니다. 그렇지 않으면 Ingress로 들어오는 URL path가 그대로 서비스로 전달되어 정상적으로 동작하지 않습니다. 예를 들어, nginx 서버로 /nginx path가 요청되어 결과적으로 404 에러가 발생할 것입니다.

- nginx.ingress.kubernetes.io/rewrite-target: path 재정의 지시자

```
kubectl apply -f path-based-ingress.yaml
# ingress.extensions/apache-path created
# ingress.extensions/nginx-path created
```

```
curl 10.0.1.1.sslip.io/apache
# <html><body><h1>It works!</h1></body></html>

curl 10.0.1.1.sslip.io/nginx
# <!DOCTYPE html>
# <html>
# <head>
# <title>Welcome to nginx!</title>
# ...
```

URI path로 각각의 서버로 접근하였을 때 정상적으로 응답하는 것을 확인할 수 있었습니다.

지금까지 Ingress 리소스를 이용하여 간단히 Layer 7 요청에 대한 트래픽 처리 방법에 대하여 알아보았습니다. Ingress 리소스를 통해서 외부 트래픽을 처리해야 할 때, 매번 로드밸런서를 생성하지 않고도 애플리케이션 레이어에서 path 및 도메인을 기반으로 트래픽을 라우팅할 수 있습니다.

9.3 Basic Auth 설정

Ingress의 몇 가지 부가적인 기능에 대해서 알아보겠습니다. Ingress 리소스에 간단한 HTTP Authentication 기능을 추가할 수 있습니다. NGINX Ingress Controller도 결국 NGINX 서버를 기반으로 동작하므로, NGINX 서버에서 제공하는 대부분의 기능들을 동일하게 사용할 수 있습니다. HTTP Authentication 종류 중 하나인 Basic Auth를 이용하여 외부 사용자 접근에 대한 최소한의 보안 절차를 설정해보겠습니다.

9.3.1 Basic Authentication

HTTP 프로토콜에는 자체적으로 인증을 위한 메커니즘이 설계되어 있습니다. 그 중에서 Basic Authentication은 간단한 유저 ID, 비밀번호를 HTTP 헤더로 전달하여 인증합니다. 헤더에 다음과 같이 user와 password를 콜론으로 묶은 다음 base64로 인코딩하여 전달합니다.

```
Authorization: Basic $base64(user:password)
```

예를 들어, https://httpbin.org/basic-auth/foo/bar 라는 사이트는 user를 foo, 비밀번호를 bar로 Basic Auth 인증하는 페이지라고 한다면 다음과 같이 접속할 수 있습니다.

```
# 헤더 없이 접속 시도
curl -v https://httpbin.org/basic-auth/foo/bar
# HTTP/2 401
# ...
# www-authenticate: Basic realm="Fake Realm"

# basic auth 헤더 전송
curl -v -H "Authorization: Basic $(echo -n foo:bar | base64)" https://
httpbin.org/basic-auth/foo/bar
# HTTP/2 200
# ..
# {
#   "authenticated": true,
#   "user": "foo"
# }
```

Authorization 헤더 없이 접속 시도 시, 401 Unauthorized 코드를 응답받고 적절한 인증 정보를 헤더에 첨부하여 전달하면 정상적으로 200 코드를 반환받습니다. HTTP Authentication은 curl 명령뿐만 아니라 웹 브라우저를 통해서도 인증할 수 있습니다.

다음과 같이 웹 브라우저 자체적으로 Basic Auth 인증 방식을 내장하고 있습니다.

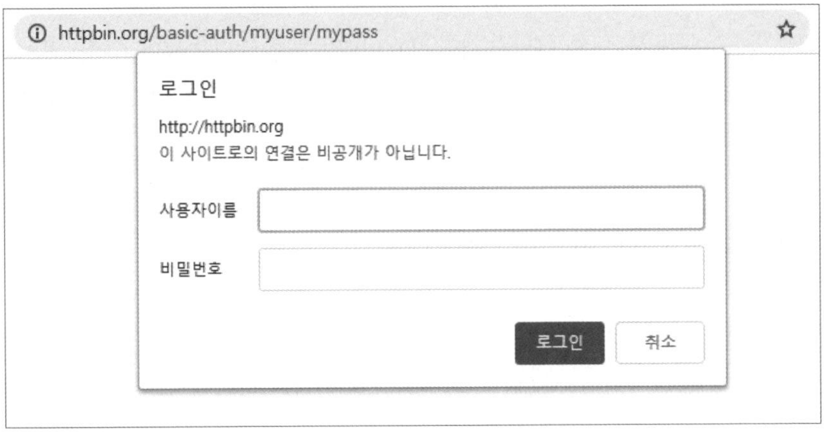

[그림 9-5] 브라우저 basic auth 인증

9.3.2 Basic Auth 설정

Ingress에 Basic Auth 설정을 하기 위해 사용자 정보를 담고 있는 basic authentication 파일을 생성합니다. 이 파일을 생성하기 위해서 htpasswd라는 툴을 설치합니다.

```
# htpasswd binary 설치
sudo apt install -y apache2-utils

# 아이디는 foo, 비밀번호는 bar인 auth 파일 생성
htpasswd -cb auth foo bar

# 생성한 auth 파일을 Secret으로 생성합니다.
kubectl create secret generic basic-auth --from-file=auth

# Secret 리소스 생성 확인
kubectl get secret basic-auth -oyaml
# apiVersion: v1
```

```
# data:
#   auth: Zm9vOiRhcHIxJE1UTy9MMUN0JEdNek8xOVZtMXdKYWt6R0tjLjhQTS8K
# kind: Secret
# metadata:
#   name: basic-auth
#   namespace: default
#   resourceVersion: "3648288"
#   selfLink: /api/v1/namespaces/default/secrets/basic-auth
#   uid: b9966176-5259-4e3f-8476-c7e308ae21a1
# type: Opaque
```

방금 생성한 basic-auth Secret 리소스를 Ingress에 설정해야 합니다. Basic Auth도 annotation을 이용하여 설정할 수 있습니다. 다음과 같이 Ingress 리소스를 설정해보겠습니다.

```
# apache-auth.yaml
apiVersion: extensions/v1beta1
kind: Ingress
metadata:
  annotations:
    kubernetes.io/ingress.class: nginx
    nginx.ingress.kubernetes.io/auth-type: basic
    nginx.ingress.kubernetes.io/auth-secret: basic-auth
    nginx.ingress.kubernetes.io/auth-realm: 'Authentication Required - foo'
  name: apache-auth
spec:
  rules:
  - host: apache-auth.10.0.1.1.sslip.io
    http:
      paths:
      - backend:
          serviceName: apache
          servicePort: 80
        path: /
```

- nginx.ingress.kubernetes.io/auth-type: basic auth 인증 방식을 설정합니다.
- nginx.ingress.kubernetes.io/auth-secret: 사용자 auth 파일이 저장된 secret 이름을 지정합니다.
- nginx.ingress.kubernetes.io/auth-realm: relm을 설정합니다(보안 메시지 및 인증 영역 설정).

이와 같이 Ingress를 설정하게 되면 단순 HTTP 요청만으로는 접근할 수가 없고 적절한 사용자 정보를 HTTP 헤더로 추가해줘야 정상적으로 응답받을 수 있습니다.

```
kubectl apply -f apache-auth.yaml
# ingress.extensions/apache-auth created

curl -I apache-auth.10.0.1.1.sslip.io
# HTTP/1.1 401 Unauthorized
# Server: nginx/1.17.10
# Date: Tue, 07 Jul 2020 12:30:43 GMT
# Content-Type: text/html
# Content-Length: 180
# Connection: keep-alive
# WWW-Authenticate: Basic realm="Authentication Required - foo"

curl -I -H "Authorization: Basic $(echo -n foo:bar | base64)" apache-
auth.10.0.1.1.sslip.io
# HTTP/1.1 200 OK
# Server: nginx/1.17.10
# Date: Tue, 07 Jul 2020 12:31:14 GMT
# Content-Type: text/html
# Content-Length: 45
# Connection: keep-alive
# Last-Modified: Mon, 11 Jun 2007 18:53:14 GMT
# ETag: "2d-432a5e4a73a80"
# Accept-Ranges: bytes
```

9.4 TLS 설정

이제는 단순 HTTP 프로토콜만으로는 제대로 된 서비스를 운영할 수 없게 되었습니다. 대부분의 웹 브라우저에 TLS가 적용된 HTTPS 서비스를 요구합니다. Ingress 리소스는 TLS를 손쉽게 적용할 수 있는 방법을 제공합니다. Ingress 리소스의 annotations에 Self-signed 인증서나 정식 CA를 통해 서명된 인증서에 대한 정보를 등록하면 바로 HTTPS 서비스를 제공할 수 있습니다.

9.4.1 Self-signed 인증서 설정

Self-signed 인증서는 인증서 발급기관(Certificate Authority)으로부터 정식으로 인증서를 발급받지 않은, 직접 서명한 인증서를 뜻합니다. 공인 발급기관으로부터 인증받은 인증서가 아니기 때문에 웹 브러우저에 경고가 뜨지만, 간편하게 인증서 설정을 테스트해 볼 수 있다는 점에서 유용합니다.

Self-signed 인증서 생성하기

다음과 같이 openssl을 이용하여 self-signed 인증서를 생성합니다. -subj "/CN="의 도메인 주소를 사용자별로 알맞게 수정하십시오.

```
openssl req -x509 -nodes -days 365 -newkey rsa:2048 -keyout tls.key -out
tls.crt -subj "/CN=apache-tls.10.0.1.1.sslip.io"
# Generating a RSA private key
# ....................................................+++++
# .....+++++
# writing new private key to 'tls.key'
# -----
tls.crt  # 인증서
tls.key  # 개인키
```

Basic Auth 사용자 파일과 마찬가지로 self-signed 인증서를 Secret 리소스 형태로 저장합니다.

```
cat << EOF | kubectl apply -f -
apiVersion: v1
kind: Secret
metadata:
  name: my-tls-certs
  namespace: default
data:
  tls.crt: $(cat tls.crt | base64 | tr -d '\n')
  tls.key: $(cat tls.key | base64 | tr -d '\n')
type: kubernetes.io/tls
EOF
```

- type: 기본적인 Opaque이 아닌 인증서를 보관할 kubernetes.io/tls 타입을 사용합니다.

Ingress TLS 설정하기

마지막 TLS가 적용된 HTTPS Ingress를 생성합니다.

```
# apache-tls.yaml
apiVersion: networking.k8s.io/v1beta1
kind: Ingress
metadata:
  name: apache-tls
spec:
  tls:
  - hosts:
      - apache-tls.10.0.1.1.sslip.io
    secretName: my-tls-certs
  rules:
  - host: apache-tls.10.0.1.1.sslip.io
```

```
    http:
      paths:
      - path: /
        backend:
          serviceName: apache
          servicePort: 80
```

- tls[0].hosts: tls를 적용할 도메인을 입력합니다. 앞에서 생성한 인증서의 CN 정보를 넣습니다.
- tls[0].secretName: 인증서와 개인키가 저장된 Secret 리소스의 이름을 입력합니다.

```
kubectl apply -f apache-tls.yaml
# ingress.networking.k8s.io/apache-tls created
```

웹 브라우저에서 https://apache-tls.10.0.1.1.sslip.io를 입력하면 TLS가 적용된 도메인을 사용할 수 있습니다. 물론 유효하지 않는 인증서로 주의 메시지가 뜨지만 기본적인 tls 기능을 만족합니다.

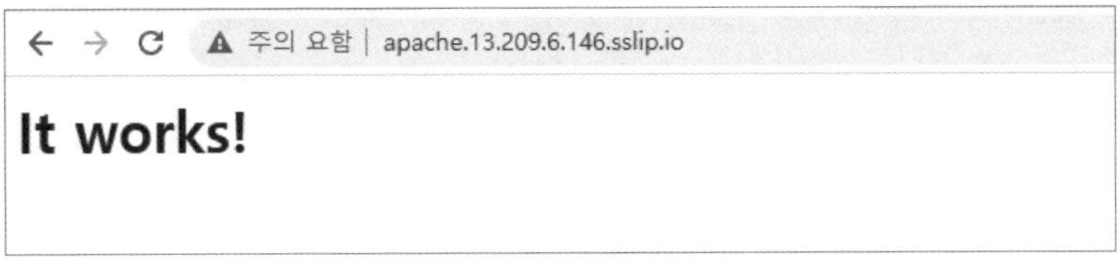

← → C ▲ 주의 요함 | apache.13.209.6.146.sslip.io

It works!

[그림 9-6] https 서비스

9.4.2 cert-manager를 이용한 인증서 발급 자동화

앞서 자체 서명한 인증서를 직접 생성하여 HTTPS 서버를 구축했는데, 이것을 자동화하고 정식 CA(인증서 발급기관)를 통하여 인증서를 발급받을 수 있는 방법은 없을까요? 이를 해결할 cert-manager(https://cert-manager.io)를 소개합니다.

cert-manager는 쿠버네티스 X509 인증서 관리 컴포넌트입니다. 공인된 인증서 발급을 도와주고 인증서가 지속적으로 유효하도록 자동으로 인증서를 갱신합니다. Ingress 인증서의 생성, 갱신, 관리 등을 책임지는 역할을 담당합니다.

cert-manager 설치

cert-manager 또한 helm을 이용하여 설치합니다. 새로운 helm 원격 리파지토리를 추가하고 해당 리파지토리에서 cert-manager를 설치합니다.

```
# cert-manager라는 네임스페이스 생성
kubectl create namespace cert-manager
# namespace/cert-manager created

# cert-manager 관련 사용자 정의 리소스 생성
kubectl apply --validate=false -f https://github.com/jetstack/cert-manager/
releases/download/v0.15.1/cert-manager.crds.yaml
# customresourcedefinition.apiextensions.k8s.io/issuers.cert-manager.io
created
# customresourcedefinition.apiextensions.k8s.io/orders.acme.cert-manage...
# ...

# jetstack 리파지토리 추가
helm repo add jetstack https://charts.jetstack.io
#"jetstack" has been added to your repositories

# 리파지토리 index 업데이트
helm repo update
# Hang tight while we grab the latest from your chart repositories...
# ...Successfully got an update from the "jetstack" chart repository

# cert-manager 설치
helm install \
```

```
cert-manager jetstack/cert-manager \
--namespace cert-manager \
--version v0.15.1
```

Issuer 생성

이제 인증서 발급을 도와줄 Issuer 리소스를 생성해보겠습니다. Issuer 리소스는 쿠버네티스 내장 리소스가 아닌 cert-manager에서 생성한 사용자 정의 리소스입니다.

쿠버네티스는 기본적인 리소스 이외에 사용자가 직접 리소스를 정의할 수 있는 메커니즘을 제공합니다. 사용자 정의 리소스는 Chapter 16 사용자 정의 리소스에서 상세히 다룰 예정입니다. 그때까지는 간단하게 사용자가 새롭게 정의한 리소스이고 이를 통해 특별한 기능을 수행한다고 이해하시길 바랍니다.

사용자가 정의한 Issuer의 특별한 기능으로 Ingress의 설정값을 참조하여 Let's encrypt(https://letsencrypt.org) 라는 사이트에 정식 인증서를 요청하고 응답받은 인증서를 Ingress에 연결하는 일련의 작업을 자동화 해주는 리소스입니다. Let's encrypt라는 사이트는 무료로 사용자들에게 정식 인증서를 발급해주는 인증서 발급 기관입니다.

Issuer는 크게 2가지 ClusterIssuer와 Issuer 종류가 있습니다. 이름에서 알 수 있듯이 네임스페이스와 상관없이 클러스터 레벨에서 동작하는 발급자를 ClusterIssuer, 특정 네임스페이스 안의 Ingress만을 관리하는 발급자를 Issuer라고 합니다. 예제에서는 전체 클러스터를 담당하는 ClusterIssuer를 생성합니다.

```
# http-issuer.yaml
apiVersion: cert-manager.io/v1alpha2
kind: ClusterIssuer
```

```
metadata:
  name: http-issuer
spec:
  acme:
    email: user@example.com
    server: https://acme-v02.api.letsencrypt.org/directory
    privateKeySecretRef:
      name: issuer-key
    solvers:
    - http01:
       ingress:
         class: nginx
```

- apiVersion: cert-manager에서 정의한 apiVersion을 명시합니다.
- Kind: cluster 레벨의 발급자를 지정합니다.
- acme: acme(Automated Certificate Management Environment) 자동으로 인증서의 생성 및 연장을 관리해 주는 타입입니다. CA, Vault 등 다른 타입도 있지만 예제에서는 acme 타입에 대해서만 설명합니다.
- email: 사용자 이메일을 입력합니다. 해당 이메일로 만료 예정 인증서 및 이슈 내용을 전달합니다. 반드시 유효한 이메일 주소를 입력합니다.
- server: 어떤 acme 서버(인증서 발급 CA)를 사용할지 지정합니다. 예제에서는 let's encrypt의 CA를 사용합니다.
- privateKeySecretRef: 사용자의 개인키를 저장할 Secret 리소스 이름을 지정합니다.
- solvers: 도메인 주소에 대한 소유권을 증명하기 위한 방법을 선택합니다. 크게 http 요청(http01)과 DNS lookup(dns01) 방법이 있습니다.
- http01: 예제에서는 http 요청을 통한 도메인 주소 소유권 증명 방법을 사용합니다.
- ingress: 그때 사용하는 Ingress 컨트롤러로 NGINX를 사용합니다.

주의

http01 solver를 이용한 도메인 인증을 성공하기 위해서는 반드시 공인 IP를 사용해야 합니다. Let's encrypt 서버에서 도메인 소유권을 인증할 방법으로 서버에게 특정 토큰 값을 건네주고 요청 서버가 미리 지정된 URL에 전달받은 토큰을 제시할 수 있는지를 근거로 도메인 주소에 대한 소유권을 확인하기 때문입니다. 그래서 Let's encrypt 서버에서 접근 가능한 공인 IP를 사용해야 합니다. 외부에서 접근할 수 없는 내부망에서 인증서를 발급받고자 하는 경우 Let's encrpyt에서 제공하는 DNS TXT record를 DNS 서버에 설정함으로써 도메인 소유권을 증명할 수 있습니다. DNS를 통한 소유권 확인 방법은 다음 페이지를 참고하십시오.

https://cert-manager.io/docs/configuration/acme/dns01

ClusterIssuer 리소스를 생성합니다.

```
kubectl apply -f http-issuer.yaml
# clusterissuer.cert-manager.io/http-issuer created

kubectl get clusterissuer
# NAME          READY   AGE
# http-issuer   True    2m
```

READY 상태가 True로 나오면 정상적으로 생성이 완료된 것입니다. 발급자까지 생성 완료하였다면, cert-manager 기본 설정은 완료되었습니다.

cert-manager가 관리하는 Ingress 생성

이제, cert-manager를 이용하여 TLS가 적용된 Ingress를 생성해보겠습니다.

```
# apache-tls-issuer.yaml
apiVersion: extensions/v1beta1
kind: Ingress
metadata:
  annotations:
```

```
    kubernetes.io/ingress.class: nginx
    # 앞서 생성한 발급자 지정
    cert-manager.io/cluster-issuer: http-issuer
  name: apache-tls-issuer
spec:
  rules:
  - host: apache-tls-issuer.10.0.1.1.sslip.io
    http:
      paths:
      - backend:
          serviceName: apache
          servicePort: 80
        path: /
  tls:
  - hosts:
    - apache-tls-issuer.10.0.1.1.sslip.io
    secretName: apache-tls
```

- cert-manager.io/cluster-issuer: cert-manager에서 제공하는 발급자 이름을 지정합니다(http-issuer).
- tls[0].hosts: TLS를 적용할 도메인 이름을 입력합니다.
- tls[0].secretName: self-signed 인증서와는 다르게 사용자가 직접 인증서와 개인키가 포함된 Secret 리소스를 생성하지 않아도 cert-manager에서 자동으로 인증서를 발급받아서 Secret을 생성합니다. 사용자는 생성될 Secret의 이름만 지정하면 됩니다.

```
kubectl apply -f apache-tls-issuer.yaml
# ingress.networking.k8s.io/apache-tls-issuer created

watch kubectl get certificate
# NAME         READY   SECRET       AGE
# apache-tls   False   apache-tls   38s

kubectl get certificate
```

```
# NAME         READY   SECRET       AGE
# apache-tls   True    apache-tls   75s
```

kubectl get certificate 명령을 통해 인증서의 상태가 READY True가 될때까지 잠시 기다립니다. 상태가 정상적으로 변경된다면 웹 브라우저에서 https://apache-tls-issuer.10.0.1.1.sslip.io를 입력합니다. 앞서 살펴 본 TLS 연결과는 다르게 정식으로 서명한 온전한 인증서가 발급된 것을 확인할 수 있습니다. 인증서 정보를 웹 브라우저에서 확인하면 Let's Encrypt에서 인증서를 서명해 준 것을 확인할 수 있습니다.

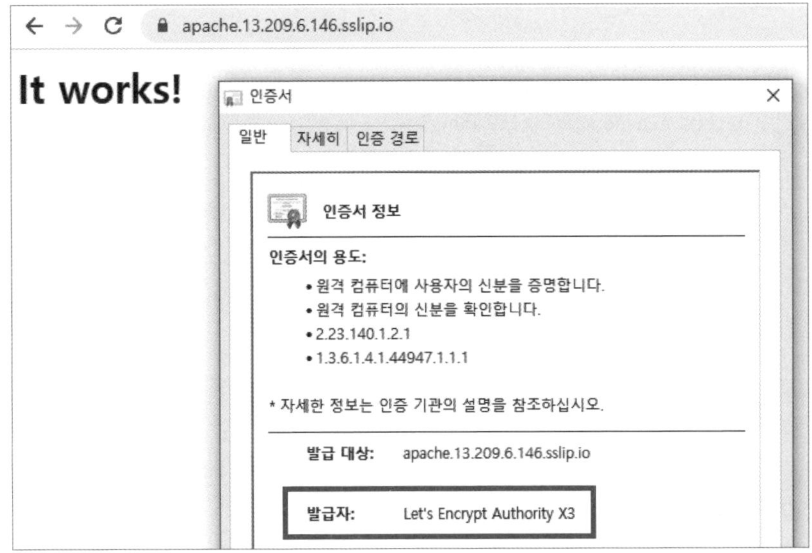

[그림 9-7] Let's Encrypt 인증서

9.5 마치며

이번 장에서는 Layer 7 레벨의 트래픽을 관리하는 Ingress 리소스에 대해서 살펴보았습니다. 쿠버네티스 생태계에 이미 많은 Ingress Controller가 나와있지만 예제에서는

NGINX Ingress Controller를 집중적으로 살펴보았습니다. 다른 Ingress Controller를 사용하게 되는 경우, 설정하는 방법이 조금 다를 수 있으나 큰 그림에서는 이와 유사한 방법으로 트래픽을 컨트롤합니다. 많은 웹 서비스들이 Layer 7 프로토콜인 HTTP 통신을 이용하기 때문에 Ingress가 자주 사용됩니다. 앞으로 알아볼 내용에서도 Ingress를 종종 사용할 예정이니 충분히 이해하시기 바랍니다. 다음 장에서는 쿠버네티스의 저장소에 대해서 살펴보도록 하겠습니다.

Clean up

```
kubectl delete ingress --all
kubectl delete pod apache nginx mynginx
kubectl delete svc apache nginx mynginx
```

스토리지

Chapter 10

스토리지

이번 장에서는 쿠버네티스의 데이터 영속성(persistent)을 위한 데이터 저장소에 대해서 살펴보도록 하겠습니다. 앞서 Chapter 5에서 Pod 호스트 서버의 볼륨을 연결하는 방법을 살펴보았습니다. 쿠버네티스에서는 단순히 호스트 서버의 볼륨을 연결하는 것 외에 다양한 형태로 데이터를 저장 및 참조하는 방법들을 제공합니다. 쿠버네티스에서 제공하는 볼륨을 이해하기 위해서 다음과 같은 리소스를 살펴볼 예정입니다.

- PersistentVolume
- PersistentVolumeClaim
- StorageClass

데이터를 저장하기 위해서는 누군가 데이터를 저장할 공간(저장소)이 제공해야 하며 누군가가 그 공간을 사용하여 데이터를 넣습니다. 쿠버네티스에서는 데이터를 저장하기 위한 절차를 크게 두 부분으로 나누었습니다. 데이터 저장소를 제공(provisioning)하는 부분과 마련한 저장소를 사용하는 부분으로 구분 지었습니다. PersistentVolume은 클러스터 관리자가 데이터를 어떻게 제공할 것인지에 관련한 리소스이고, PersistentVolumeClaim은 일반 사용자가 데이터 저장소를 어떻게 활용할 것인지 정의하는 리소스입니다. 마지막, StorageClass는 클러스터 관리자가 사용자들에게 제공하는 저장소 종류를 나타냅니다. StorageClass를 통해 동적으로 저장소를 제공합니다.

10.1 PersistentVolume

PersistentVolume(PV)은 데이터 저장소를 추상화시킨 리소스입니다. 쿠버네티스 클러스터 관리자가 데이터 저장소를 사용하기 위해 미리 마련한 저장 자원을 나타냅니다. PV에는 구체적인 저장소 정보가 담겨져 있습니다. 예를 들어 AWS 플랫폼 위에서는 EBS(Elastic Block Storage) 정보가, GCP 플랫폼 위에서는 PersistentDisk 정보가 담깁니다. 또는 로컬 호스트의 저장소를 사용하는 경우 로컬 호스트의 볼륨 path 정보가 있습니다. 이처럼 다양한 환경에서 다양한 저장소 타입을 제공하기 위해 쿠버네티스에서는 PersistentVolume이라는 추상화된 리소스를 사용하고 각 환경에 따라 그에 맞는 타입을 선택합니다.

10.1.1 hostPath PV

Chapter 5에서 살펴 본, 호스트 서버의 볼륨을 연결하는 예제를 PersistentVolume으로 표현하면 다음과 같습니다.

```
# hostpath-pv.yaml
apiVersion: v1
kind: PersistentVolume
metadata:
  name: my-volume
spec:
  storageClassName: manual
  capacity:
    storage: 1Gi
  accessModes:
    - ReadWriteOnce
  hostPath:
    path: /tmp
```

```
kubectl apply -f hostpath-pv.yaml
# persistentvolume/my-volume created

kubectl get pv
# NAME        CAPACITY   ACCESS MODES   RECLAIM POLICY
# my-volume   1Gi        RWO            Retain
#
#                  STATUS      CLAIM    STORAGECLASS   REASON   AGE
#                  Available            manual                  12s
```

- storageClassName: 저장소 타입의 이름을 정의합니다. PersistentVolumeClaim에서 특정 저장소 타입을 지정하기 위해 사용합니다.
- capacity: 데이터 저장소의 크기를 지정합니다. 호스트 서버의 디스크 1Gi를 이용합니다.
- accessModes: 접근 모드를 설정합니다. ReadWriteOnce은 동시에 1개의 Pod만 해당 볼륨에 접근할 수 있다는 것을 의미합니다. NFS volume 같은 경우 ReadWriteMany로 여러 Pod에서 동시에 접근이 가능합니다.
- hostPath: 호스트 서버에서 연결될 path를 나타냅니다(/home).

PV 리소스는 네임스페이스에 국한되지 않은 클러스터 레벨의 리소스입니다. kubectl을 통해 PV의 STATUS가 Available 상태인 것을 확인할 수 있습니다. 이것은 현재 볼륨만 생성되었을 뿐 아직 아무도 데이터 저장소를 사용하고 있지 않다는 것을 의미합니다. 뒤에서 볼 PersistentVolumeClaim을 통해서 저장소를 요청하여 사용하는 방법에 대해 살펴보겠습니다.

10.1.2 NFS PV

```
apiVersion: v1
kind: PersistentVolume
```

```yaml
metadata:
  name: my-nfs
spec:
  storageClassName: nfs
  capacity:
    storage: 5Gi
  accessModes:
    - ReadWriteMany
  mountOptions:
    - hard
    - nfsvers=4.1
  nfs:
    path: /tmp
    server: <NFS_SERVER_IP>
```

로컬 호스트 볼륨 뿐만 아니라 NFS 볼륨도 사용할 수 있습니다.

- storageClassName: nfs라는 이름의 클래스 이름을 정의합니다.
- capacity: 데이터 저장소의 크기를 지정합니다. NFS 서버의 디스크 5Gi를 이용합니다.
- accessModes: NFS volume 같은 경우 ReadWriteMany로 설정할 수 있습니다.
- mountOptions: NFS 서버와 마운트하기 위한 옵션들을 설정할 수 있습니다.
- nfs: 마운트할 NFS 서버 정보를 입력합니다.

현재 NFS 서버가 없기 때문에 NFS PV를 생성하지 못합니다. 뒤에서 살펴볼 Storage Class에서 NFS 서버를 구축하고 설정해보겠습니다.

10.1.3 awsElasticBlockStore PV

다음은 AWS EBS를 요청하는 PV 예제입니다.

주의

다음 예제는 AWS 플랫폼 위에서 적절한 권한이 부여된 환경에서만 동작합니다. 볼륨을 생성하여 <volume-id>를 입력하십시오(예제에서는 vol-1234567890abcdef0).

```
aws ec2 create-volume --availability-zone=eu-east-1a \
  --size=80 --volume-type=gp2
# {
#     "AvailabilityZone": "us-east-1a",
#     "Tags": [],
#     "Encrypted": false,
#     "VolumeType": "gp2",
#     "VolumeId": "vol-1234567890abcdef0",
#     "State": "creating",
#     "Iops": 240,
#     "SnapshotId": "",
#     "CreateTime": "YYYY-MM-DDTHH:MM:SS.000Z",
#     "Size": 80
# }
```

```yaml
# aws-ebs.yaml
apiVersion: v1
kind: PersistentVolume
metadata:
  name: aws-ebs
spec:
  capacity:
    storage: 1Gi
  accessModes:
    - ReadWriteOnce
  awsElasticBlockStore:
    volumeID: <volume-id>
    fsType: ext4
```

- capacity: 데이터 저장소의 크기를 지정합니다.

- accessModes: 접근 모드를 설정합니다.
- awsElasticBlockStore: AWS EBS 자원 정보를 입력합니다. 해당 EBS에 PV가 연동됩니다.

10.1.4 그외 다른 PersistentVolume

- azureDisk: Azure에서 제공하는 저장소를 사용할때 사용합니다.
- emptyDir: Pod와 생명 주기를 같이하는 임시 저장소입니다. 주로 같은 Pod 내 컨테이너들끼리 filesystem을 통한 정보를 주고받을 때 많이 사용합니다.
- downward API: 일반적인 볼륨과는 다르게 쿠버네티스 리소스 메타 정보를 마운트하여 마치 파일처럼 읽을 수 있게 제공합니다.
- configMap: Chapter 5에서 살펴봤듯이, ConfigMap 리소스를 마치 PV리소스처럼 마운트하여 사용할 수 있습니다.

더 다양한 종류들을 확인하고 싶다면 다음 페이지를 참고하십시오.

https://kubernetes.io/docs/concepts/storage/volumes

10.2 PersistentVolumeClaim

PersistentVolumeClaim(PVC)은 저장소 사용자가 PV를 요청하는 리소스입니다. 클러스터 관리자가 PersistentVolume를 통해 데이터 저장소를 준비하면 쿠버네티스 사용자(또는 개발자)가 PVC 요청을 통해 해당 리소스를 선점합니다. 이름에서 알 수 있듯이 PersistentVolume의 사용을 요청(claim)하는 역할을 담당합니다.

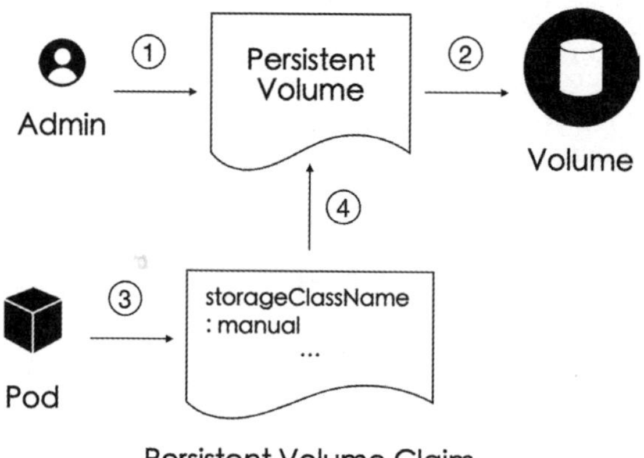

[그림 10-1] PVC vs PV

① 클러스터 관리자가 PV를 생성합니다.

② PV의 정의에 따라 구체적인 볼륨이 생성됩니다(host 볼륨, 클라우드 볼륨 등).

③ 일반 사용자가 PV를 선점하기 위해 요청합니다(PVC 생성).

④ PV와 연결되어 볼륨을 사용합니다.

```
# my-pvc.yaml
apiVersion: v1
kind: PersistentVolumeClaim
metadata:
  name: my-pvc
spec:
  storageClassName: manual
  accessModes:
    - ReadWriteOnce
  resources:
    requests:
      storage: 1Gi
```

- storageClassName: 선점할 PV의 저장소 클래스를 지정합니다.
- accessModes: 선점할 PV의 접근모드를 설정합니다.

- resources: 요청할 저장소 크기를 지정합니다.

PVC 리소스를 생성하면 요청한 저장소 타입클래스 이름(storageClassName)에 맞는 PV를 연결해 줍니다. 앞서 생성한 my-volume PV의 storageClassName과 매칭되어 해당 볼륨을 선점합니다(manual).

```
kubectl apply -f my-pvc.yaml
# persistentvolumeclaim/my-pvc created

# 앞에서 생성한 my-volume을 선점하였습니다.
kubectl get pvc
# NAME          STATUS   VOLUME      CAPACITY  ACCESS MODES     ...
# my-pvc        Bound    my-volume   1Gi       RWO              ...

kubectl get pv
# NAME        CAPACITY  ACCESS MODES   RECLAIM POLICY   STATUS
# my-volume   1Gi       RWO            Retain           Bound
#
#                 CLAIM               STORAGECLASS     REASON   AGE
#                 default/my-pvc      manual                    11s
```

my-pvc라는 PVC 리소스를 생성한 이후에 PV를 조회해보면 STATUS가 Available에서 Bound로 바뀌었고, CLAIM에 my-pvc가 입력된 것을 확인할 수 있습니다. 이제, 이 PVC를 이용하여 Pod에서 직접 사용해보겠습니다. Pod를 실행하고 /test-volume 위치에 파일을 하나 생성해보겠습니다.

```
# use-pvc.yaml
apiVersion: v1
kind: Pod
metadata:
  name: use-pvc
spec:
  containers:
  - name: nginx
```

```
    image: nginx
    volumeMounts:
    - mountPath: /test-volume
      name: vol
  volumes:
  - name: vol
    persistentVolumeClaim:
      claimName: my-pvc
```

- volumes: 연결할 볼륨을 설정합니다.
- persistentVolumeClaim: PVC 볼륨 사용을 선언합니다.
- claimName: 사용할 PVC의 이름을 지정합니다.

```
kubectl apply -f use-pvc.yaml
# pod/use-pvc created

kubectl exec use-pvc -- sh -c 'echo "hello" > /test-volume/hello.txt'
```

요청한 PVC에 데이터를 저장합니다(/test-volume/hello.txt). 그리고 use-pvc Pod를 삭제 후, 똑같은 Pod를 다시 생성하여 해당 디렉터리에 기존의 데이터가 남아 있는지 확인해보겠습니다.

```
kubectl delete pod use-pvc
# pod/use-pvc deleted

kubectl apply -f use-pvc.yaml
# pod/use-pvc created

kubectl exec use-pvc -- cat /test-volume/hello.txt
# hello
```

Pod 재생성을 통해 확인할 수 있듯이, PVC는 사용자가 명시적으로 삭제하기 전까지 데이터 저장소가 유지됩니다.

지금까지 데이터 저장소를 제공하는 PV와 이를 활용하는 PVC에 대해서 살펴봤는데요, 굳이 이렇게 구분지어 나누는 이유는 무엇일까요? 먼저 Node와 Pod의 관계를 생각해 봅시다. Node와 Pod는 생명주기가 다릅니다. Pod는 한번 실행되었다가 종료될 수 있지만 Node는 Pod의 생명주기와 상관없이 지속적으로 유지됩니다. 그리고 Node는 인프라적인 성격이 강합니다. Pod는 누구나 쉽게 생성하고 삭제할 수 있지만 Node는 클러스터 관리자가 직접 추가해야 하고 비용이 발생합니다(Cluster AutoScaler를 통해 자동으로 Node를 추가/삭제할 수 있지만 이것도 클러스터 관리자가 설정해줘야 합니다). 클러스터 관리자가 Node를 제공하면 Pod는 Node의 자원(CPU, 메모리 등)을 소비(컨테이너 실행)합니다.

PV와 PVC의 관계도 이와 유사합니다. 데이터를 저장하는 PV와 이를 활용하는 PVC의 생명주기는 다릅니다. PVC는 사용자들의 요청에 의해 생성되고 삭제될 수 있지만 PV는 PVC의 생명주기와 상관없이 지속적으로 데이터를 유지해야 합니다. PV도 Node와 마찬가지로 인프라적인 성격이 강합니다. 데이터 저장소를 준비하기 위해서는 물리적으로 스토리지를 붙이거나 (클라우드 서비스인 경우)스토리지 비용을 지불해야 합니다. PVC는 클러스터 관리자가 마련한 PV를 소비(데이터 저장)합니다. 마지막으로 PV도 Node와 마찬가지로 네임스페이스 안에 포함되지 않고 (클러스터 레벨) PVC는 Pod와 같이 특정 네임스페이스 안에 존재(네임스페이스 레벨)합니다. 이러한 이유로 쿠버네티스에서는 스토리지 자원을 책임과 역할에 따라 구분하여 제공하는 것입니다.

Clean up

```
kubectl delete pod use-pvc
kubectl delete pvc my-pvc
kubectl delete pv my-volume
```

10.3 StorageClass

10.3.1 StorageClass 소개

StorageClass 리소스는 클러스터 관리자에 의해 사용자들이 선택할 수 있는 스토리지 종류를 열거한 것입니다. 사용자는 클러스터 관리자가 제공하는 StorageClass를 이용하여 동적으로 볼륨을 제공 받을 수 있습니다. 원래 데이터 저장소를 사용하려면 먼저 쿠버네티스 관리자가 데이터 저장소를 미리 준비해야 합니다. 만약 가용한 볼륨이 존재하지 않는다면, Pod가 생성되지 않고 Pending 상태로 대기하게 됩니다. 하지만 StorageClass를 이용하면 볼륨을 생성하기를 기다릴 필요 없이 동적으로 데이터 저장소를 제공받을 수 있습니다.

k3s를 통해 쿠버네티스를 설치했다면 이미 local-path라는 StorageClass가 설치되어 있습니다. local-path는 노드의 로컬 저장소를 활용할 수 있게 제공하는 StorageClass입니다. 명시적으로 로컬 호스트의 path를 지정할 필요 없이 local-path provisioner가 볼륨을 관리해줍니다.

local-path provisioner: https://github.com/rancher/local-path-provisioner

```
# local-path라는 이름의 StorageClass
kubectl get sc
# NAME                  PROVISIONER            RECLAIMPOLICY
# local-path (default)  rancher.io/local-path  Delete
#
#               VOLUMEBINDINGMODE      ALLOWVOLUMEEXPANSION  AGE
#               WaitForFirstConsumer   false                 20d

kubectl get sc local-path -oyaml
# apiVersion: storage.k8s.io/v1
# kind: StorageClass
# metadata:
#   annotations:
```

```
#     objectset.rio.cattle.io/id: ""
#     objectset.rio.cattle.io/owner-gvk: k3s.cattle.io/v1, Kind=Addon
#     objectset.rio.cattle.io/owner-name: local-storage
#     objectset.rio.cattle.io/owner-namespace: kube-system
#     storageclass.kubernetes.io/is-default-class: "true"
#   creationTimestamp: "2020-03-07T10:22:22Z"
#   labels:
#     objectset.rio.cattle.io/hash: 183f35c65ffbc30646
#   name: local-path
#   resourceVersion: "172"
#   selfLink: /apis/storage.k8s.io/v1/storageclasses/local-path
#   uid: 3aede349-0b94-40c8-b10a-784d38f7c120
# provisioner: rancher.io/local-path
# reclaimPolicy: Delete
# volumeBindingMode: WaitForFirstConsumer
```

StorageClass 리소스는 클러스터 레벨의 리소스로써 조회 시, 네임스페이스 지정을 할 필요가 없습니다. 앞서 생성한 PVC와 거의 비슷하지만, StorageClassName만 local-path로 바꿔서 생성해보겠습니다. 이미 생성한 PVC와 구분하기 위해 리소스 이름을 mv-pvc-sc로 변경합니다.

```
# my-pvc-sc.yaml
apiVersion: v1
kind: PersistentVolumeClaim
metadata:
  name: my-pvc-sc
spec:
  storageClassName: local-path
  accessModes:
    - ReadWriteOnce
  resources:
    requests:
      storage: 1Gi
```

- storageClassName: 사용자가 직접 정의한 manual StorageClass가 아닌 클러스터 관리자가 제공한 StorageClass인 local-path를 지정합니다.

```
kubectl apply -f my-pvc-sc.yaml
# persistentvolumeclaim/my-pvc-sc created

kubectl get pvc
# NAME         STATUS    VOLUME     CAPACITY   ACCESS MODES
# my-pvc-sc    Pending
#
#                                            STORAGECLASS   AGE
#                                            local-path     11s
```

현재는 PVC가 Pending 상태로 남아있지만 Pod가 PVC를 사용하는 경우 동적으로 볼륨이 생성됩니다.

```
# use-pvc-sc.yaml
apiVersion: v1
kind: Pod
metadata:
  name: use-pvc-sc
spec:
  volumes:
  - name: vol
    persistentVolumeClaim:
      claimName: my-pvc-sc
  containers:
  - name: nginx
    image: nginx
    volumeMounts:
    - mountPath: "/usr/share/nginx/html"
      name: vol
```

```
# pod 생성
kubectl apply -f use-pvc-sc.yaml
```

```
# pod/use-pvc-sc created

# STATUS가 Bound로 변경
kubectl get pvc
# NAME         STATUS   VOLUME             CAPACITY
# my-pvc-sc    Bound    pvc-479cff32-xx    1Gi
#
#                                    ACCESS MODES   STORAGECLASS   AGE
#                                    RWO            local-path     92s

# local-path에 의해 신규 volume이 생성된 것을 확인
kubectl get pv
# NAME              CAPACITY  ACCESS MODES   RECLAIM POLICY   STATUS
# pvc-479cff32-xx   1Gi       RWO            Delete           Bound
#
#                     CLAIM                STORAGECLASS   REASON   AGE
#                     default/my-pvc-sc    local-path              3m

# pv 상세정보 확인(hostPath 등)
kubectl get pv pvc-479cff32-xx -oyaml
# apiVersion: v1
# kind: PersistentVolume
# metadata:
#     ...
#   name: pvc-b1727544-f4be-4cd6-acb7-29eb8f68e84a
#   ...
# spec:
#   ...
#   hostPath:
#     path: /var/lib/rancher/k3s/storage/pvc-b1727544-f4be-4cd6-acb7-
29eb8f68e84a
#     type: DirectoryOrCreate
#   nodeAffinity:
#     required:
#       nodeSelectorTerms:
#       - matchExpressions:
#         - key: kubernetes.io/hostname
#           operator: In
```

```
#           values:
#           - worker
#     ...
```

local-path StorageClass도 결국 앞서 살펴 본 로컬 호스트 볼륨(hostPath PV)과 같이 로컬에 위치한 특정 디렉터리를 컨테이너 볼륨으로 연결합니다. StorageClass를 사용하면 단지 PV를 StorageClass가 대신 만들어 준다는 것 외엔 특별히 달라지는 것이 없어 보입니다. 그렇다면 StorageClass를 이용하는 이유는 무엇일까요? 첫 번째는 PV를 StorageClass가 대신 특정 디렉터리 위치 아래(/var/lib/rancher/k3s/storage)로만 만들어주기 때문에 일반 사용자가 로컬 호스트 서버의 아무 위치나 디렉터리를 사용하지 못하게 막을 수 있다는 점이 있습니다. 두 번째, local-path와 같이 간단하게 PV를 설정하는 경우는 별 차이가 없겠지만 다음에 살펴볼 NFS StorageClass와 같이 NFS 서버 정보, 마운트 옵션, 마운트 디렉터리 등 PV를 생성하기 위해 복잡한 인프라 정보를 알아야 하는 경우, 사용자가 StorageClass에게 요청만 하면 나머지는 StorageClass가 알아서 PV를 만들어 주어 PVC에 연결해 준다는 점입니다. 즉, 사용자는 상세 인프라 정보를 알지 못하더라도 인프라적 성격이 강한 스토리지 자원을 쉽게 사용할 수 있다는 큰 장점이 있습니다. 다음은 NFS StorageClass에 대해 살펴 보도록 하겠습니다.

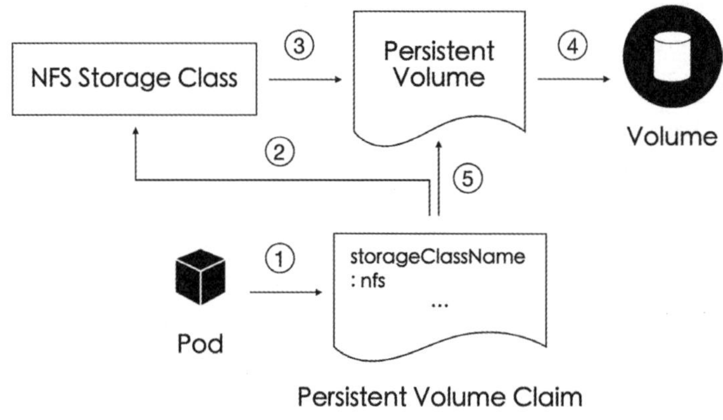

[그림 10-2] Storage Class

① 일반 사용자가 StorageClass를 이용하여 PVC를 생성합니다.

② StroageClass provisioner가 사용자의 요청을 인지합니다.

③ 사용자의 요청에 따라 PV를 생성합니다.

④ 볼륨이 생성됩니다.

⑤ PV와 연결되어 볼륨을 사용합니다.

10.3.2 NFS StorageClass 설정

이번에는 네트워크로 연결된 저장소인 NFS 볼륨을 동적으로 생성하는 StorageClass를 만들어보겠습니다. NFS StorageClass를 사용하기 위해서는 먼저 NFS 서버가 필요합니다. helm chart 중에 NFS 서버를 생성하고, NFS StorageClass를 제공하는 nfs-server-provisioner라는 chart가 있습니다. 해당 chart를 설치하면 NFS 서버가 생성되고 NFS StorageClass를 사용할 수 있습니다.

```
helm install nfs stable/nfs-server-provisioner \
    --set persistence.enabled=true \
    --set persistence.size=10Gi \
    --version 1.1.1 \
    --namespace ctrl
# NAME: nfs
# LAST DEPLOYED: Wed Jul  8 13:19:46 2020
# NAMESPACE: ctrl
# STATUS: deployed
# REVISION: 1
# TEST SUITE: None
# NOTES:
# ...

# nfs-server-provisioner라는 Pod가 생성되어 있습니다.
kubectl get pod -n ctrl
# NAME                                 READY   STATUS      RESTARTS   AGE
```

```
# nfs-nfs-server-provisioner-0   1/1     Running      0          4m

# nfs-server-provisioner는 StatefulSet로 구성되어 있습니다.
kubectl get statefulset  -n ctrl
# NAME                          READY   AGE
# nfs-nfs-server-provisioner    1/1     57s

# nfs-server-provisioner Service도 있습니다.
kubectl get svc  -n ctrl
# NAME                                 TYPE           CLUSTER-IP      ..
# kubernetes                           ClusterIP      10.43.0.1       ..
# nginx-nginx-ingress-default-backend  ClusterIP      10.43.79.133    ..
# nginx-nginx-ingress-controller       LoadBalancer   10.43.182.174   ..
# nfs-nfs-server-provisioner           ClusterIP      10.43.248.122   ..

# 새로운 nfs StorageClass 생성
kubectl get sc
# NAME                   PROVISIONER
# local-path (default)   rancher.io/local-path
# nfs                    cluster.local/nfs-nfs-server-provisioner
#
#       RECLAIMPOLICY   VOLUMEBINDINGMODE      ALLOWVOLUMEEXPANSION   AGE
#       Delete          WaitForFirstConsumer   false                  20d
#       Delete          Immediate              true                   10s
```

nfs-server-provisioner는 크게 StatefulSet과 Service로 이루어져 있습니다. 그리고 nfs라는 StorageClass가 생성된 것을 확인할 수 있습니다. 이를 이용하여 NFS 볼륨을 생성해보겠습니다.

```
# nfs-sc.yaml
apiVersion: v1
kind: PersistentVolumeClaim
metadata:
  name: nfs-sc
spec:
  # 기존 local-path에서 nfs로 변경
```

```
  storageClassName: nfs
  # accessModes를 ReadWriteMany로 변경
  accessModes:
    - ReadWriteMany
  resources:
    requests:
      storage: 1Gi
```

NFS StorageClass를 사용하는 nfs-sc라는 PVC를 만듭니다.

```
kubectl apply -f nfs-sc.yaml
# persistentvolumeclaim/nfs-sc created

kubectl get pvc
# NAME          STATUS   VOLUME              CAPACITY   ACCESS MODES  ...
# nfs-sc        Bound    pvc-49fea9cf-xxx    1Gi        RWO           ...

# pv 리소스 확인
kubectl get pv pvc-49fea9cf-xxx
# NAME                CAPACITY    ACCESS MODES    RECLAIM  POLICY
# pvc-49fea9cf-xxx    1Gi         RWX             Delete
#
#                   STATUS    CLAIM             STORAGECLASS    REASON  AGE
#                   Bound     default/nfs-sc    nfs                     5m

# pv 상세정보 확인 (nfs 마운트 정보)
kubectl get pv pvc-49fea9cf-xxx -oyaml
# apiVersion: v1
# kind: PersistentVolume
# metadata:
#   ...
# spec:
#   accessModes:
#   - ReadWriteMany
#   capacity:
#     storage: 1Gi
#   claimRef:
```

```
#     apiVersion: v1
#     kind: PersistentVolumeClaim
#     name: nfs-sc
#     namespace: default
#     resourceVersion: "10084380"
#     uid: 2e95f6c4-2b43-4375-808f-0c93e44a1003
#   mountOptions:
#   - vers=3
#   nfs:
#     path: /export/pvc-2e95f6c4-2b43-4375-808f-0c93e44a1003
#     server: 10.43.248.122
#   persistentVolumeReclaimPolicy: Delete
```

NFS StorageClass을 이용하여 PVC를 생성하면 다음과 같이 자동으로 PV가 생성되고 사용자가 직접 NFS 서버 정보를 몰라도 자동으로 연결이 됩니다. 이제 이 PVC를 사용하는 Pod를 생성해보겠습니다. 동일한 NFS 저장소를 바라보는 nginx Pod를 2개 만듭니다. 이때, nodeSelector를 이용하여 서로 다른 노드에 Pod를 배치합니다.

```yaml
# use-nfs-sc.yaml
apiVersion: v1
kind: Pod
metadata:
  name: use-nfs-sc-master
spec:
  volumes:
  - name: vol
    persistentVolumeClaim:
      claimName: nfs-sc
  containers:
  - name: nginx
    image: nginx
    volumeMounts:
    - mountPath: "/usr/share/nginx/html"
      name: vol
  nodeSelector:
```

```
    kubernetes.io/hostname: master
---
apiVersion: v1
kind: Pod
metadata:
  name: use-nfs-sc-worker
spec:
  volumes:
  - name: vol
    persistentVolumeClaim:
      claimName: nfs-sc
  containers:
  - name: nginx
    image: nginx
    volumeMounts:
    - mountPath: "/usr/share/nginx/html"
      name: vol
  nodeSelector:
    kubernetes.io/hostname: worker
```

kubernetes.io/hostname는 기본적으로 모든 노드에 추가되는 라벨로, 노드의 이름을 나타냅니다. 이 라벨을 이용하여 각각의 노드에 Pod를 배치합니다.

```
kubectl apply -f use-nfs-sc.yaml
# pod/use-nfs-sc-master created
# pod/use-nfs-sc-worker created

kubectl get pod -o wide
# NAME                READY   STATUS    RESTARTS   AGE   IP           NODE
# use-nfs-sc-master   1/1     Running   0          19s   10.42.0.8    master
# use-nfs-sc-worker   1/1     Running   0          19s   10.42.0.52   worker
```

NODE 열에서 볼 수 있듯이 각각 다른 노드에 Pod가 할당되었습니다. 마스터 노드에 위치한 Pod의 저장소에 index.html 파일을 생성하고, worker 노드에서 html 파일을 요청해보겠습니다.

```
# master Pod에 index.html 파일을 생성합니다.
kubectl exec use-nfs-sc-master -- sh -c \
      "echo 'hello world' >> /usr/share/nginx/html/index.html"

# worker Pod에서 호출을 합니다.
kubectl exec use-nfs-sc-worker -- curl -s localhost
# hello world
```

마스터 노드에서 생성한 파일을 워커 노드에 위치한 Pod에서 정상적으로 호출됩니다. 예제에서 살펴본 것처럼, NFS StorageClass를 사용하면 여러 노드에서 동일한 데이터 저장소를 바라볼 수 있게 구성할 수 있습니다. NFS StorageClass를 활용하여 웹 서버 Pod를 여러 개 복제하고 동일한 html 디렉터리를 바라보게 하여 고가용 웹 서비스를 구축할 수 있습니다.

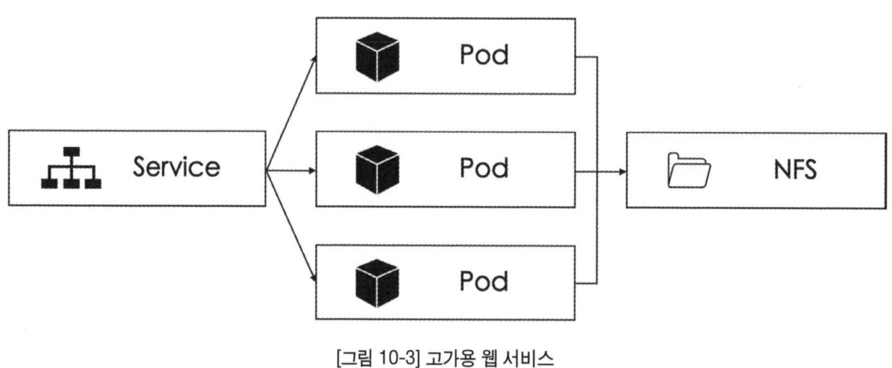

[그림 10-3] 고가용 웹 서비스

Clean up

```
kubectl delete pod --all
kubectl delete pvc nfs-sc my-pvc-sc
```

10.4 쿠버네티스 스토리지 활용

10.4.1 MinIO 스토리지 설치

이번 절에서는 지금까지 알아보았던 PersistentVolume, PersistentVolumeClaim, StorageClass 리소스를 활용하여 S3-compatible Object Storage인 MinIO(https://min.io) 스토리지를 생성해보겠습니다. Object storage는 AWS S3와 같이 파일 객체를 저장할 수 있는 저장소입니다. MinIO는 고성능 분산 오픈소스 Object storage입니다. 주로 쿠버네티스 위에서 동작하며 AWS S3 API와 호환됩니다. 몇 가지 설정값만 추가하면 AWS S3 API를 이용하여 MinIO 저장소를 접근할 수 있습니다. MinIO도 helm 패키지 매니저를 이용하여 설치할 수 있습니다. MinIO가 사용할 데이터 저장소로 NFS StorageClass를 활용해보겠습니다.

```
# stable 리파지토리에 있는 minio chart를 다운로드합니다.
helm fetch --untar stable/minio --version 5.0.30

# vim 편집기를 실행합니다.
vim minio/values.yaml
```

```
...
# 약 65번째 줄에서 accessKey와 secretKey 변경
accessKey: "myaccess"
secretKey: "mysecret"
...
# 약 111번째 줄에서 storageClass를 nfs로 변경
  storageClass: "nfs"
  # ReadWriteMany로 변경
  accessMode: "ReadWriteMany"
  size: 1Gi    # 기존 500Gi에서 1Gi로 변경

# 약 149번째 줄에서 ingress 설정
ingress:
  # false --> true
  enabled: true
```

```
  labels: {}

  # annotation 설정
  annotations:
    kubernetes.io/ingress.class: nginx
  path: /
  # host 설정, 사용자별 도메인 주소를 변경합니다.
  hosts:
    - minio.10.0.1.1.sslip.io
  tls: []

# 약 212번째 줄에서 requests 줄이기
resources:
  requests:
    memory: 1Gi # 기존 4Gi
```

- accessKey: MinIO를 접근하기 위한 AccessKey를 설정합니다.
- secretKey: MinIO를 접근하기 위한 SecretKey를 설정합니다.
- storageClass: 앞서 생성한 nfs StorageClass를 설정합니다.
- accessMode: nfs storage는 여러 노드가 동시에 접근이 가능한 ReadWrite Many 모드를 사용합니다.
- ingress.enabled: 외부 접근을 위한 Ingress 설정을 활성화합니다.
- ingress.annotations: NGINX Ingress를 사용할 수 있게 annotations을 추가합니다.
- ingress.hosts: 외부 접근 가능한 도메인 주소를 입력합니다. 사용자별 주소를 변경합니다.

values.yaml 파일 수정을 완료 후, minio chart를 설치합니다.

```
helm install minio ./minio

kubectl get pod
# NAME                       READY    STATUS                 RESTARTS    AGE
```

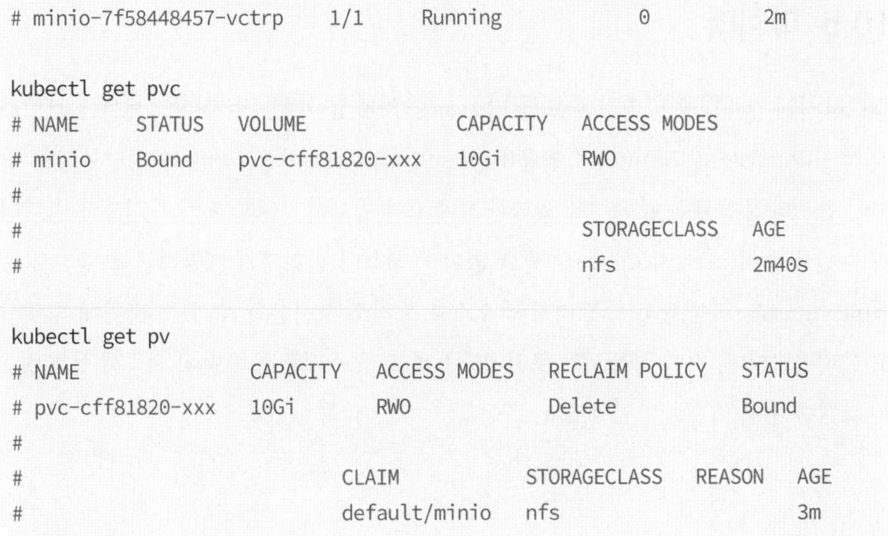

```
# minio-7f58448457-vctrp     1/1     Running          0          2m

kubectl get pvc
# NAME     STATUS   VOLUME              CAPACITY   ACCESS MODES
# minio    Bound    pvc-cff81820-xxx    10Gi       RWO
#
#                                                  STORAGECLASS   AGE
#                                                  nfs            2m40s

kubectl get pv
# NAME               CAPACITY   ACCESS MODES   RECLAIM POLICY   STATUS
# pvc-cff81820-xxx   10Gi       RWO            Delete           Bound
#
#                          CLAIM           STORAGECLASS   REASON   AGE
#                          default/minio   nfs                     3m
```

웹 브라우저에서 지정한 도메인 주소로 접근 시, 다음 이미지와 같이 MinIO 서버를 확인할 수 있습니다.

- AccessKey: myaccess
- SecretKey: mysecret

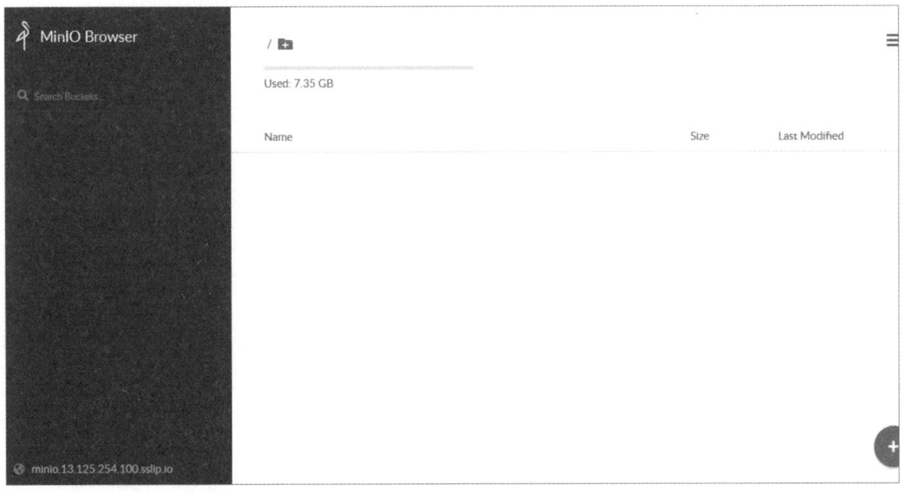

[그림 10-4] MinIO 웹 페이지

10.5 마치며

스토리지는 컴퓨팅에 있어서 중요한 리소스 중 하나입니다. 쿠버네티스에서는 스토리지 생성(PersistentVolume)과 활용(PersistentVolumeClaim)이라는 생명주기를 나누어 관리하여 플랫폼 종속성을 최대한 낮추고자 합니다. 또한, 매번 관리자가 스토리지 자원을 준비(provisioning)할 필요 없이 클러스터 관리자가 제공하는 스토리지 종류(StorageClass)를 통해 스토리지 리소스를 동적으로 사용할 수 있는 방법에 대해서도 살펴봤습니다. 다음 장에서는 쿠버네티스의 고급 스케줄링 방법에 대해서 살펴보도록 하겠습니다.

Clean up

```
helm delete minio
```

고급 스케줄링

Chapter 11

고급 스케줄링

이번 장에서는 쿠버네티스에서 제공하는 다양한 스케줄링 방법에 대해서 알아보겠습니다. 클러스터링 시스템에서 어떤 프로세스(컨테이너)를 어느 노드에 할당할지, 어떤 프로세스끼리 묶어서 할당할지, 프로세스 및 노드의 개수를 어떻게 조절할지 결정하는 것은 중요한 일입니다. 기본적으로는 쿠버네티스가 Pod의 스케줄링을 책임지지만 사용자가 좀 더 상세하게 프로세스를 스케줄링할 수 있는 방법을 제공합니다. 이번 장에서 고가용성 확보를 위한 자동 확장, Pod 상세 스케줄링 방법에 대해서 살펴 보겠습니다.

11.1 고가용성 확보 - Pod 레벨

앞서, ReplicaSet, Deployment 리소스의 replica property를 이용하여 서비스의 가용성을 높이는 방법에 대해서 알아보았습니다. 이러한 방법은 일정 범위 안의 트래픽에 대해서는 서비스 가용성이 유지되지만 처리량 범위를 넘어서는 트래픽에 대해서는 한계를 가집니다. replica 개수가 정적으로 고정되어 있기 때문입니다.

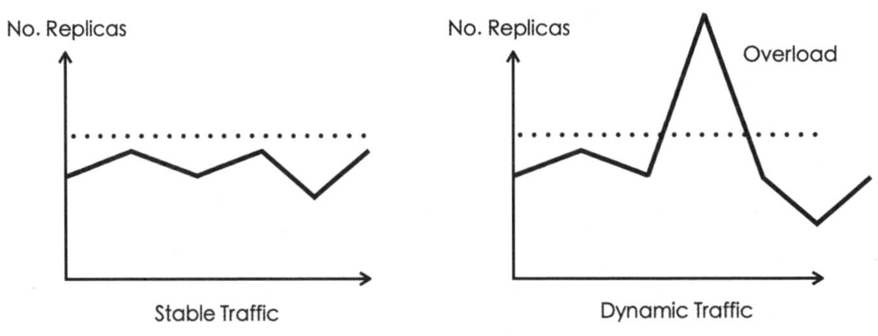

[그림 11-1] 트래픽 고정

이러한 문제를 해결하고자 쿠버네티스에서는 Pod의 리소스 사용량에 따라 자동으로 확장하는 HorizontalPodAutoScaler(hpa)라는 리소스를 제공합니다. hpa 리소스는 이름에서도 짐작할 수 있듯이, Pod의 개수를 수평적으로 자동 확장합니다.

용어정리

- **수평적 확장**: 수평적 확장이란 동일한 프로세스(또는 노드)의 개수를 늘리는 것을 의미합니다. 영어로 scale-out이라고도 부릅니다. 동일한 작업을 수행하는 프로세스를 늘려서 많은 양의 요청을 처리합니다.
- **수직적 확장**: 수직적 확장이란 프로세스(또는 노드)의 성능을 높이는 것을 의미합니다. 영어로 scale-up이라고도 부릅니다. 작업을 수행하는 주체(프로세스, 노드)의 성능을 높혀서 더 빠르게 요청을 처리합니다.

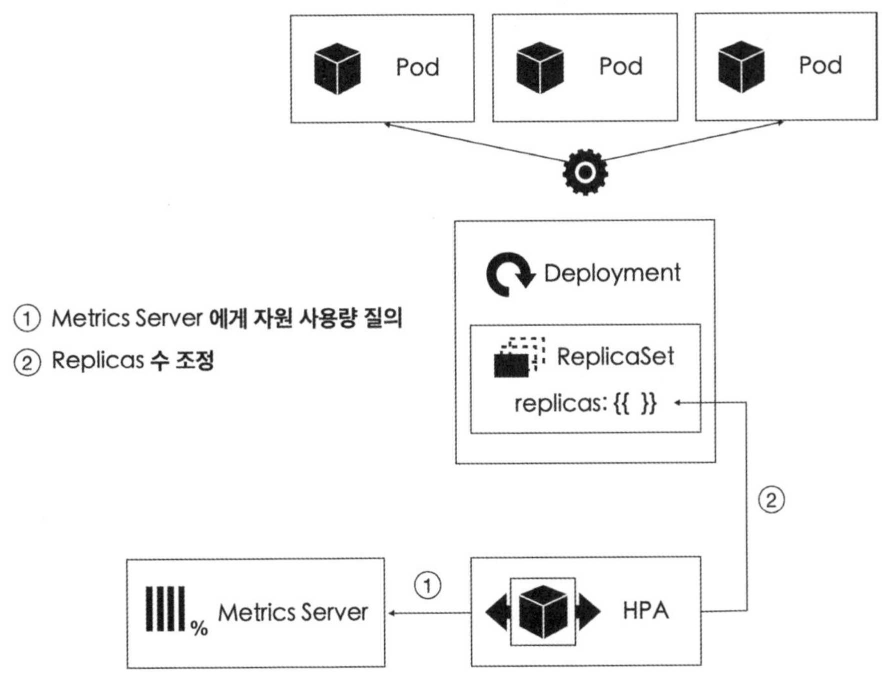

[그림 11-2] metrics-server

hpa는 metrics-server라는 컴포넌트를 사용합니다. metrics-server는 Pod의 리소스 사용량을 수집하는 서버입니다. 이 서버를 통해 Pod의 작업량을 모니터링하다가 사용자가 지정한 일정 수준의 임계값을 넘으면 replica 개수를 동적으로 조절하여 Pod의 개수를 늘립니다. 일정 시간이 지난 이후, Pod의 작업량이 적어지게 되면 다시 Pod 개수를 줄여주는 역할도 수행합니다.

11.1.1 metrics server 설치

hpa 사용을 위한 metrics-server를 먼저 설치해보겠습니다. metrics-server도 마찬가지로 helm 패키지 매니저를 이용하여 설치할 수 있습니다.

```
helm install metrics-server stable/metrics-server \
    --version 2.11.1 \
    --namespace ctrl
# NAME: metrics-server
# LAST DEPLOYED: Wed Jul  8 17:50:32 2020
# NAMESPACE: ctrl
# STATUS: deployed
# REVISION: 1
# NOTES:
# The metric server has been deployed.
#
# In a few minutes you should be able to list metrics using the following
# command:
#
#   kubectl get --raw "/apis/metrics.k8s.io/v1beta1/nodes"

# metrics-server가 정상적으로 올라오기까지 시간이 조금 걸립니다.
kubectl get pod -nctrl
# NAME                              READY   STATUS    RESTARTS   AGE
# metrics-server-8555869558-k7gb6   0/1     Running   0          34s
```

metrics-server가 정상적으로 실행되기까지 시간이 조금 걸립니다. metrics-server 설치가 완료되면 리소스 사용량을 모니터링할 Pod를 하나 생성합니다.

```
# 리소스 사용량을 모니터링할 Pod를 하나 생성합니다.
kubectl run mynginx --image nginx
# pod/mynginx created

# Pod별 리소스 사용량을 확인합니다.
kubectl top pod
# NAME         CPU(cores)    MEMORY(bytes)
# mynginx      0m            2Mi

# Node별 리소스 사용량을 확인합니다.
kubectl top node
# NAME       CPU(cores)    CPU%    MEMORY(bytes)    MEMORY%
# master     57m           2%      1846Mi           46%
# worker     43m           2%       970Mi           24%

kubectl delete pod mynginx
# pod/mynginx deleted
```

metrics-server가 정상적으로 설치되면 top 명령을 이용하여 Pod와 Node의 리소스를 각각 확인할 수 있습니다.

the server is currently unable to handle the request나 또는 Metrics not available for pod라는 에러 메시지가 뜬다면 조금만 더 기다리십시오.

11.1.2 자동 확장할 Pod 생성

이제, 본격적으로 hpa의 동작 방식에 대해 살펴보겠습니다. 먼저, 자동 확장의 대상될 Pod를 생성합니다. 다음과 같이 무거운 계산을 하는 웹 서비스가 있다고 가정해보겠습니다. 로직은 k8s.gcr.io/hpa-example 라는 이미지에 들어있습니다.

```
# image: k8s.gcr.io/hpa-example
<?php
  $x = 0.0001;
  for ($i = 0; $i <= 1000000; $i++) {
    $x += sqrt($x);
  }
  echo "OK!";
?>
```

해당 이미지를 Deployment와 Service를 이용하여 생성합니다.

```
# heavy-cal.yaml
apiVersion: apps/v1
kind: Deployment
metadata:
  name: heavy-cal
spec:
  selector:
    matchLabels:
      run: heavy-cal
  replicas: 1
  template:
    metadata:
      labels:
        run: heavy-cal
    spec:
      containers:
      - name: heavy-cal
        image: k8s.gcr.io/hpa-example
        ports:
        - containerPort: 80
        resources:
          limits:
            cpu: 500m
          requests:
```

```
            cpu: 300m
---
apiVersion: v1
kind: Service
metadata:
  name: heavy-cal
spec:
  ports:
  - port: 80
  selector:
    run: heavy-cal
```

주의

hpa가 정상적으로 동작하기 위해서는 반드시 requests property가 정의되어야 합니다.

```
kubectl apply -f heavy-cal.yaml
# deployment.apps/heavy-cal created
# service/heavy-cal created
```

무거운 계산을 수행할 웹 서버 생성을 완료했습니다. 이제 이 웹서버를 자동 확장시킬 hpa를 생성해보겠습니다.

11.1.3 hpa 생성 - 선언형 명령

다음과 같이 HorizontalPodAutoscaler 리소스를 생성합니다.

```
# hpa.yaml
apiVersion: autoscaling/v1
kind: HorizontalPodAutoscaler
metadata:
  name: heavy-cal
```

```yaml
spec:
  maxReplicas: 50
  minReplicas: 1
  scaleTargetRef:
    apiVersion: apps/v1
    kind: Deployment
    name: heavy-cal
  targetCPUUtilizationPercentage: 50
```

- maxReplicas: replica 최대 개수를 설정합니다.
- minReplicas: replica 최소 개수를 설정합니다.
- scaleTargetRef: 모니터링할 타깃을 지정합니다.
- targetCPUUtilizationPercentage: 리소스의 임계치를 설정합니다.

모니터링 대상의 리소스에 꼭 requests property가 정의되어 있어야 합니다. hpa가 해당 값을 기준으로 CPU 임계치 계산을 하기 때문입니다. heavy-cal hpa는 heavy-cal Deployment를 모니터링하고 있다가 CPU 리소스가 50%가 넘었을 때 최대 50개까지 replica 개수를 증가시키는 역할을 수행합니다.

```
# hpa 리소스 생성
kubectl apply -f hpa.yaml
# horizontalpodautoscaler.autoscaling/heavy-cal autoscaled
```

11.1.4 hpa 생성 - 명령형 명령

다음 명령을 이용하여 앞서 생성한 hpa를 동일하게 생성할 수도 있습니다.

```
kubectl autoscale deployment heavy-cal --cpu-percent=50 --min=1 --max=50
# horizontalpodautoscaler.autoscaling/heavy-cal autoscaled

kubectl get hpa
```

```
# NAME        REFERENCE                     TARGET     MINPODS  MAXPODS
# heavy-cal   Deployment/heavy-cal/scale    0% / 50%   1        10
#
#                                                         REPLICAS   AGE
#                                                         1          18s
```

heavy-cal 서비스에 무한히 부하를 주는 Pod를 생성합니다.

```
# heavy-load.yaml
apiVersion: v1
kind: Pod
metadata:
  name: heavy-load
spec:
  containers:
  - name: busybox
    image: busybox
    command: ["/bin/sh"]
    args: ["-c", "while true; do wget -q -O- http://heavy-cal; done"]
```

```
kubectl apply -f heavy-load.yaml
# pod/heavy-load created

# watch문으로 heavy-cal를 계속 지켜보고 있으면 Pod의 개수가 증가하는 것을 확인할 수 있습니다.
watch kubectl top pod
# NAME                          CPU(cores)   MEMORY(bytes)
# heavy-load                    7m           1Mi
# heavy-cal-548855cf99-9s44l    140m         12Mi
# heavy-cal-548855cf99-lnbvm    122m         13Mi
# heavy-cal-548855cf99-lptbq    128m         13Mi
# heavy-cal-548855cf99-qpdng    89m          12Mi
# heavy-cal-548855cf99-tvgfn    137m         13Mi
# heavy-cal-548855cf99-x64mg    110m         12Mi
```

지속적으로 Pod를 관찰하고 있으면 리소스 사용량에 따라 Pod의 개수가 수평적으로 자동 확장하는 것을 확인할 수 있습니다.

Pod의 개수가 늘어나는 데 시간이 조금 걸릴 수 있습니다. CPU 사용량 추이를 지켜보십시오.

예제에서 hpa의 설정상 Pod가 최대 50개까지 증가할 수 있지만, 현재 각 Pod의 CPU 사용량이 requests.cpu 300m의 50%인 150m을 넘지 않았으니 더는 Pod가 생성되지 않고 약 6개에서 그친 것을 확인할 수 있습니다. 이처럼 hpa를 사용하면 갑자기 증가하는 트래픽에 대해 능동적으로 대응할 수 있는 장점이 있습니다.

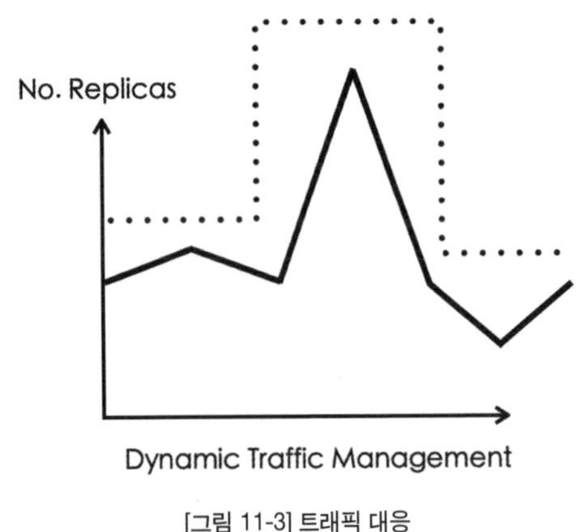

[그림 11-3] 트래픽 대응

CPU 사용량 기반 자동 확장 외에도 메모리와 사용자 정의 메트릭을 사용할 수 있습니다. 더 자세한 내용은 다음의 페이지를 참고하시기 바랍니다.

https://kubernetes.io/docs/tasks/run-application/horizontal-pod-autoscale/#support-for-custom-metrics

부하를 주는 Pod를 삭제합니다.

```
kubectl delete pod heavy-load
```

11.2 고가용성 확보 - Node 레벨

쿠버네티스는 Pod 뿐만 아니라 Cluster 레벨의 Node 또한 자동 수평확장할 수 있는 메커니즘을 제공합니다. Node에 더 이상 새로운 Pod를 자원이 부족한 경우, 자동으로 새로운 Node를 생성함으로써 클러스터 레벨의 고가용성을 확보할 수 있습니다. 다만, Cluster AutoScale의 경우 클라우드 서비스에서 지원을 해야 하기 때문에 k3s 클러스터로는 따라하기가 힘듭니다. 이번 절에서는 AWS EKS와 GCP GKE 기준으로 Cluster AutoScaling하는 방법을 살펴보겠습니다. 클라우드 서비스별 클러스터 구축 방법은 이 책의 깃허브 리파지토리를 참고해주시기 바랍니다(https://github.com/bjpublic/core_kubernetes).

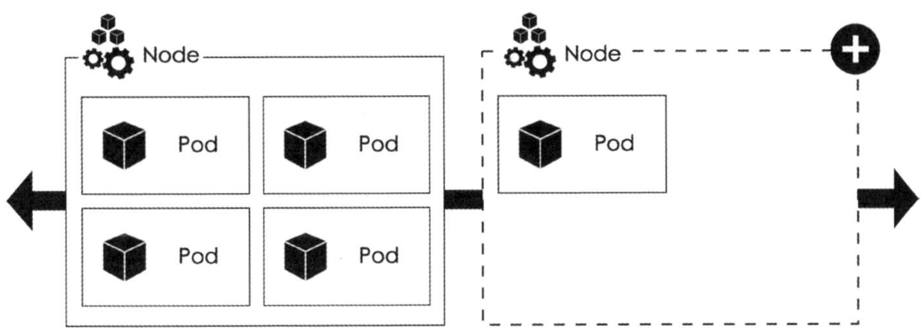

[그림 11-4] Cluster AutoScaler

11.2.1 AWS EKS Cluster AutoScaler 설정

만약 handson-k8s라는 이름으로 eks 클러스터를 생성하였다면, 다음과 같이 cluster-autoscaler chart를 설치합니다.

```
NAME=hanson-k8s
REGION=ap-northeast-2
```

```
helm install autoscaler stable/cluster-autoscaler \
  --namespace kube-system \
  --set autoDiscovery.clusterName=$NAME,awsRegion=$REGION,sslCertPath=/etc/
kubernetes/pki/ca.crt \
  --version 7.3.4
```

11.2.2 GCP GKE Cluster AutoScaler 설정

GCP 경우 따로 cluster-autoscaler를 설치할 필요 없이 클러스터 생성 시점에서 --enable-autoscaling 옵션을 추가하기만 하면 됩니다.

```
CLUSTER_NAME=hanson-k8s
REGION=us-central1-a

gcloud container clusters create $CLUSTER_NAME \
    --enable-autoscaling \
    --min-nodes=1 \
    --num-nodes=2 \
    --max-nodes=4 \
    --node-locations=$REGION \
    --machine-type=n1-highcpu-8
```

EKS는 사용자가 직접 cluster-autoscaler를 설치해야 하고, GKE 경우 클라우드 서비스에서 직접 관리합니다. 각 방식에 따라 서로 장단점이 있습니다. 사용자가 직접 설치해야 한다면 약간의 수고스러움이 있는 대신, 사용자가 자동 확장 정책을 세밀하게 조절할 수 있습니다(delay time, scan interval 등). 반대로, GKE처럼 클라우드 플랫폼에서 관리한다면 쉽게 옵션으로 노드 자동 확장 기능을 활성화할 수는 있지만, 상세한 정책을 설정할 수 없고 클라우드 플랫폼에서 제공하는 디폴트 설정을 따라야 하는 단점이 있습니다.

11.2.3 Cluster AutoScaling 활용

앞서 생성한 heavy-cal의 Pod 개수를 인위적으로 늘려 보겠습니다. replica 개수를 50으로 지정하면 일부 Pod는 생성되지만, 클러스터에 가용한 자원이 더는 없어서 Pending 상태로 남아 있게 됩니다. Cluster Autoscaler는 이러한 상황을 확인하고 자동으로 Node의 개수를 증가시킵니다.

```
# 인위적으로 Pod 증가
kubectl scale deployment heavy-cal --replicas=50
# deployment.apps/heavy-cal scaled

# Pod 리스트
kubectl get pod
# NAME                          READY   STATUS    RESTARTS   AGE
# heavy-cal-548855cf99-x64m     1/1     Running   0          2s
# heavy-cal-548855cf99-dfx2     1/1     Running   0          2s
# heavy-cal-548855cf99-sf3x     1/1     Running   0          2s
# ....
# heavy-cal-548855cf99-a21t     0/1     Pending   0          2s
# heavy-cal-548855cf99-g8ib     0/1     Pending   0          2s
# heavy-cal-548855cf99-b754     0/1     Pending   0          2s
# ...

watch kubectl get node
# NAME          STATUS   ROLES    AGE   VERSION
# ip-172-31     Ready    master   13h   v1.18.3+k3s1
# ....          Ready             1m    v1.18.3+k3s1
# ....          Ready             1m    v1.18.3+k3s1
# ....
```

Cluster Autoscaler가 스케줄링 판단을 하는 기준이 hpa와는 다르게 실제 사용량이 아닌 요청량(requests)이라는 점입니다. 따라서 실제로는 자원을 적게 사용하더라도 reqeusts를 크게 잡으면 자원을 전부 사용하지 않더라도 Cluster Autoscaler가 불필요

한 노드를 추가할 수 있습니다. 그래서 알맞는 requests값을 설정하는 것이 중요합니다.

종류	판단 기준
Horizontal Pod Autoscaler	Pod의 실제 자원 사용량
Cluster Auto Scaler	Pod 자원 요청량

지금까지 살펴본 hpa와 ClusterAutoscaler를 종합하여 살펴보겠습니다.

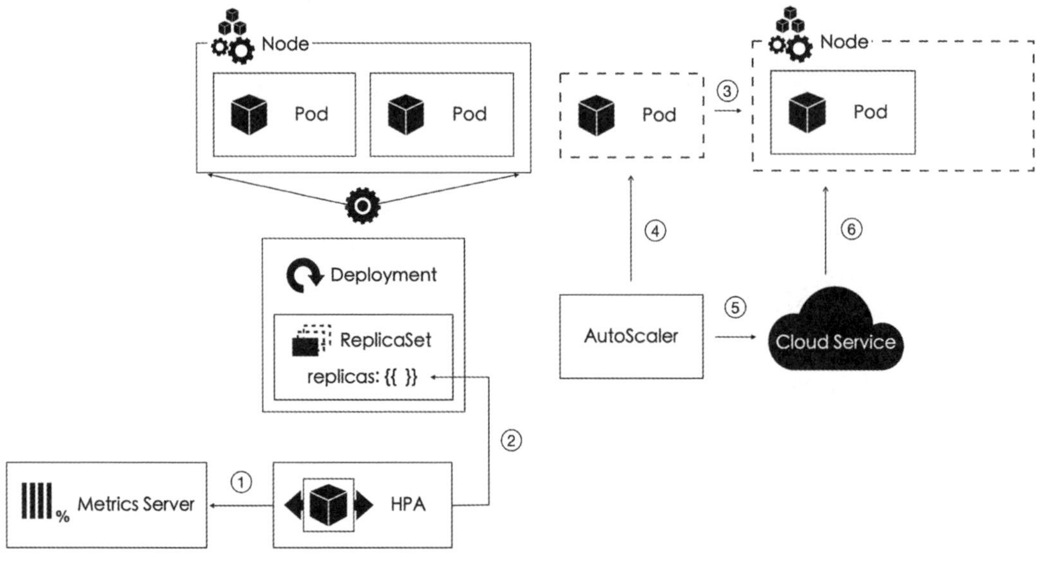

[그림 11-5] AutoScale 흐름

① CPU 사용량을 hpa가 확인하여 Deployment의 replica를 증가시킵니다.

② 노드에 새로운 Pod가 추가됩니다.

③ 일부 Pod는 클러스터 노드 자원이 부족하여 스케줄링되지 못하고, Pending 상태로 머무릅니다.

④ Cluster Autoscaler가 Pending 된 Pod가 생긴 것을 확인합니다.

⑤ 클라우드 플랫폼(AWS, GCP, Azure)에 신규 노드를 요청합니다.

⑥ 새로운 노드를 할당받습니다.

⑦ Pending 되어 있던 Pod들이 신규 노드에 스케줄링됩니다.

지금까지 고가용성을 위해 Pod와 Node 레벨의 자동 수평확장 방법에 대해서 살펴보았습니다. 쿠버네티스의 자동 수평확장 기능을 통해 안정적인 서비스 운영에 있어 큰 도움을 얻을 수 있어 보입니다.

Clean up

```
kubectl delete hpa heavy-cal
kubectl delete deploy heavy-cal
kubectl delete svc heavy-cal
helm delete metrics-server -nctrl
```

11.3 Taint & Toleration

이번 절에서는 Pod와 Node간의 특성에 따라서 또는 Pod끼리의 특성에 따라 스케줄링 전략을 세울 수 있는 방법에 대해서 살펴보겠습니다.

11.3.1 Taint

taint라는 단어의 사전적인 의미는 '오염시키다, 오점을 남기다'입니다. 이는 쿠버네티스 Taint의 사용 용도를 매우 잘 나타낸 용어입니다. Taint는 Node 리소스에 적용하는 설정값입니다. 노드에 Taint(오점)를 남기게 되면 Pod들이 (오염되었기 때문에) 쉽게 다가가지(스케줄링) 못합니다.

```
# taint 방법
kubectl taint nodes $NODE_NAME <KEY>=<VALUE>:<EFFECT>
```

- key: taint의 key 값을 설정합니다. 임의의 문자열을 넣습니다.
- value: taint의 value 값을 설정합니다. 임의의 문자열을 넣습니다.
- effect: NoSchedule, PreferNoSchedule, NoExecute 종류 중에 하나를 선택합니다.

effect 종류에 따른 스케줄링 정책은 다음과 같습니다.

- PreferNoSchedule: taint된 노드에 새로운 Pod를 스케줄링하는 것을 지양합니다. 다른 노드에 먼저 스케줄링을 하고, 더 이상 다른 노드의 가용한 리소스가 없는 경우에 마지막으로 PreferNoSchedule이 설정된 노드에 스케줄링됩니다(가장 약한 정책).
- NoSchedule: taint된 노드에 새로운 Pod를 스케줄링 하지 못하게 막습니다. 기존에 돌고 있던 Pod에 대해서는 영향이 없습니다.
- NoExecute: taint된 노드에 새로운 Pod를 스케줄링 하지 못하게 막을 뿐만 아니라, 기존에 돌고 있던 Pod들도 삭제합니다(가장 강한 정책).

11.3.2 Toleration

toleration의 사전적 의미는 '견디다, 용인하다'입니다. 이는 Pod에 적용하는 설정값입니다. Taint된 노드라 해도 Pod가 참을 수 있으면(tolerate) Taint된 노드에 스케줄링 될 수 있습니다.

종류	적용 대상	의미
Taint	Node	나에게 오점이 있으니 감안하라

종류	적용 대상	의미
Toleration	Pod	오점을 견딜 수 있으니 나를 실행하라

예를 들어, 어떤 노드에 NoSchedule이라는 Taint가 적용되어도 Pod에 NoSchedule에 대한 Toleration이 적용된 경우 해당 노드에 스케줄링할 수 있습니다.

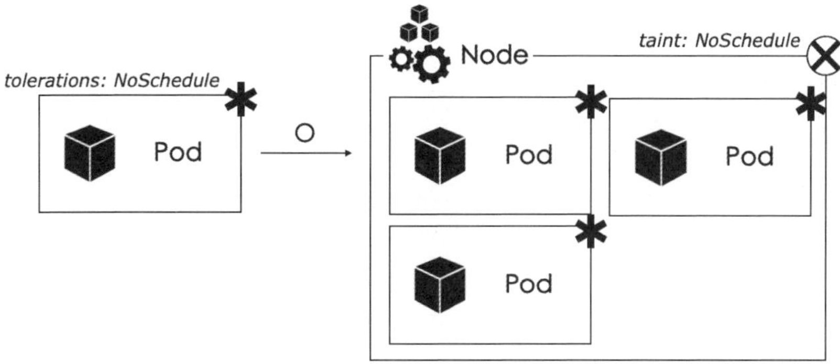

[그림 11-6] tain & toleration

예제를 통해 살펴보겠습니다. 워커 노드에는 프로젝트 A와 관련된 Pod만 스케줄링하려고 합니다. 프로젝트 A 전용 서버라고 하겠습니다.

```
# project=A라는 taint를 설정하며 effect 종류로는 NoSchedule
kubectl taint node worker project=A:NoSchedule
# node/worker tainted

kubectl get node worker -oyaml | grep -A 4 taints
#  taints:
#  - effect: NoSchedule
#    key: project
#    value: A
```

이후, no-tolerate이라는 Pod 하나를 생성하여 스케줄링된 노드를 확인합니다.

```yaml
# no-tolerate.yaml
apiVersion: v1
kind: Pod
metadata:
  name: no-tolerate
spec:
  containers:
  - name: nginx
    image: nginx
```

```
kubectl apply -f no-tolerate.yaml
# pod/no-tolerate created

kubectl get pod -o wide
# NAME          READY   STATUS    RESTARTS  AGE   IP        NODE     ...
# no-tolerate   1/1     Running   0         3s    <none>    master   ...
```

여러 번 Pod를 반복해서 다시 생성해도 모든 Pod가 마스터 노드에 할당되는 것을 확인할 수 있습니다. 이번에는 Pod에 Toleration 설정을 적용해보겠습니다.

```yaml
# tolerate.yaml
apiVersion: v1
kind: Pod
metadata:
  name: tolerate
spec:
  containers:
  - name: nginx
    image: nginx
  tolerations:
  - key: "project"
    value: "A"
    operator: "Equal"
    effect: "NoSchedule"
```

- tolerations: toleration을 설정합니다.
  - key: toleration의 key값을 설정합니다. 임의의 문자열이고 taint된 key값에 대해서 tolerate하겠다는 것을 의미합니다.
  - value: 마찬가지로 taint된 value값에 대해서 tolerate하겠다는 것을 의미합니다.
  - operator: Equal, Exists 중 하나를 선택합니다. Equal인 경우 key, value가 항상 동일해야 하고, Exsits인 경우 key의 값만 동일하면 tolerate합니다.
  - effect: taint에 적용된 effect에 대해서 tolerate 하겠다는 것을 의미합니다.

nginx의 tolerations 설정값의 의미는 key가 project이고, value가 A로 일치하며(Equal), effect가 NoSchedule인 taint에 대해서 tolerate하겠다는 것을 의미합니다. 해당 Pod를 생성하면 워커 노드에도 Pod가 할당되는 것을 확인할 수 있습니다.

항상 worker 노드에 할당되지 않고 간혹 마스터 에도 할당될 수 있습니다. toleration의 의미는 taint를 견딜 수 있다는 것을 의미하며, 무조건 taint가 있는 노드에 할당되지는 않기 때문입니다.

```
kubectl apply -f tolerate.yaml
# pod/tolerate created

kubectl get pod -o wide
# NAME          READY   STATUS    RESTARTS   AGE   IP       NODE
# no-tolerate   1/1     Running   0          1m    <none>   master
# tolerate      1/1     Running   0          15s   <none>   worker
```

taint와 toleration은 1개 이상 적용 가능합니다.

```
# 이번에는 key만 존재하는 taint를 적용해 봅니다.
# worker에 taint를 추가합니다.
kubectl taint node worker badsector=:NoSchedule
# node/worker tainted

kubectl get node worker -oyaml | grep -A 7 taints
#  taints:
#  - effect: NoSchedule
#    key: project
#    value: A
#  - effect: NoSchedule
#    key: badsector
```

다음의 toleration 예시는 project A에 관련되어 있고, 디스크에 badsector가 존재해도(Exists), 참을 수 있다는 것을 의미합니다.

```
# badsector.yaml
apiVersion: v1
kind: Pod
metadata:
  name: badsector
spec:
  containers:
  - name: nginx
    image: nginx
  tolerations:
  - key: "project"
    value: "A"
    operator: "Equal"
    effect: "NoSchedule"
  - key: "badsector"
    operator: "Exists"
```

```
kubectl apply -f badsector.yaml
# pod/badsector created
```

```
kubectl get pod -o wide
# NAME          READY   STATUS    RESTARTS   AGE    IP        NODE
# no-tolerate   1/1     Running   0          5m     <none>    master
# tolerate      1/1     Running   0          2m     <none>    worker
# badsector     1/1     Running   0          16s    <none>    worker
```

워커 노드에 badsector가 존재하더라도, Pod가 참을 수 있으면(toleration), 해당 노드에 스케줄링됩니다.

taint와 toleration을 안정적인 서비스를 운영하는데 활용할 수 있습니다. 특정 노드에 대해 보수 작업을 하거나, 네트워크 이상이 생긴다거나 노드가 특정 상태에 처해있을 때 해당 노드를 taint시켜 쿠버네티스에게 알리면, 노드의 상태를 충분히 인지하고 감안할 수 있는 Pod에 대해서만 스케줄링하기 때문에 사용자 입장에서 세밀한 Pod 스케줄링을 수행할 수 있습니다.

taint한 노드를 되돌리기 위해 다음과 같이 명령을 내립니다.

```
kubectl taint node worker project-
kubectl taint node worker badsector-
kubectl delete pod --all
```

11.4 Affinity & AntiAffinity

Taint와 Toleration은 특정 노드에 Pod 스케줄링을 피하거나 감수하고 실행하는 정책에 집중했다면 Affinity와 AntiAffinity는 특정 Node나 Pod와의 거리를 조절하는데 사용됩니다. 예를 들어 특정 Pod끼리 서로 가까이 스케줄링되고 싶은 경우, Afiinity(친밀함)을 사용하고 반대로 서로 멀리 스케줄링되고 싶은 경우, AntiAffinity(반-친밀함)를 사용합니다.

- Affinity
  - NodeAffinity: 특정 Node와 가까이 할당되기 원할 때 사용합니다.
  - PodAffinity: 특정 Pod끼리 가까이 할당되기 원할 때 사용합니다.
- AntiAffinity
  - PodAntiAffinity: 특정 Pod끼리 멀리 할당되기 원할 때 사용합니다.

11.4.1 NodeAffinity

Pod가 특정 Node에 할당되길 원할 때 사용합니다. 앞서, Chapter 5에서 살펴본 nodeSelector와 유사하지만 조금 더 상세한 설정이 가능합니다.

```
# node-affinity.yaml
apiVersion: v1
kind: Pod
metadata:
  name: node-affinity
spec:
  containers:
  - name: nginx
    image: nginx
  affinity:
    nodeAffinity:
      requiredDuringSchedulingIgnoredDuringExecution:
        nodeSelectorTerms:
        - matchExpressions:
          - key: disktype
            operator: In
            values:
            - ssd
```

- affinity: Affinity 설정을 적용합니다.

- nodeAffinity: affinity 종류를 선택합니다. 예제에서는 nodeAffinity를 선택합니다.
- requiredDuringSchedulingIgnoredDuringExecution: 특정 노드에 스케줄링 되길 강제(required)합니다. 예제에서는 required를 사용합니다.
- preferredDuringSchedulingIgnoredDuringExecution: 특정 노드에 스케줄링 되길 희망(preferred)합니다.
- nodeSelectorTerms: 선택할 노드의 라벨 정보를 나타냅니다.
- matchExpressions: toleration과 마찬가지로 key, value, operator 등을 설정합니다.
- operator: 단순히 라벨 매칭이 아닌 In, NotIn, Exists, DoesNotExist, Gt, Lt과 같이 다양한 매칭 정책을 선택할 수 있습니다.

nodeSelector를 살펴봤을 때와 마찬가지로 disktype=ssd 라벨을 가진 노드(마스터 노드)에 스케줄링 되길 강제할 때 예제의 NodeAffinity를 사용할 수 있습니다.

```
kubectl apply -f node-affinity.yaml
# pod/node-affinity created

kubectl get pods -o wide
# NAME           READY   STATUS    RESTARTS  AGE   IP          NODE   ..
# node-affinity  1/1     Running   0         19s   10.42.0.8   master ..
```

nodeAffinity는 nodeSelector보다 더 복잡한 라벨링 선택 메커니즘을 제공합니다. 예를 들어, 단순히 key, value 매칭 뿐만 아니라 Exisit, DoesNotExist, Gt, Lt와 같이 조금 더 복잡한 매칭 방법들을 제공하고 라벨 선택을 강제(required)할 수 있을 뿐만 아니라 최대한 라벨에 맞는 노드로 할당될 수 있게 희망(prefered)할 수 있는 방법도 제공합니다.

11.4.2 PodAffinity

PodAffinity는 Pod간의 스케줄링에 관여합니다. matchExpressions이 매칭되는 Pod가 동일한 노드(또는 노드그룹)에서 실행될 수 있도록 요청합니다.

```
# pod-affinity.yaml
apiVersion: apps/v1
kind: Deployment
metadata:
  name: pod-affinity
spec:
  selector:
    matchLabels:
      app: affinity
  replicas: 2
  template:
    metadata:
      labels:
        app: affinity
    spec:
      containers:
      - name: nginx
        image: nginx
      affinity:
        podAffinity:
          requiredDuringSchedulingIgnoredDuringExecution:
          - labelSelector:
              matchExpressions:
              - key: app
                operator: In
                values:
                - affinity
            topologyKey: "kubernetes.io/hostname"
```

PodAffinity는 Pod끼리의 스케줄링을 관장하기 때문에 1개의 Pod만 이용해서는 무의미합니다. Deployment 리소스를 이용하여 여러 Pod에 동일한 PodAffinity를 가지도록 생성합니다. podAffinity도 nodeAffinity와 거의 유사한 구조를 가졌습니다. 몇 가지 차이점에 대해서만 설명하겠습니다.

- podAffinity: nodeAffinity가 아닌 podAffinity로 설정합니다.
- labelSelector: 동일한 라벨을 가진 Pod끼리 묶을 때 사용합니다.
- topologyKey: Pod끼리 묶을 기준을 정의합니다. GroupBy Key라고 생각할 수 있습니다.

topologyKey: 노드 라벨 중 하나를 사용합니다(kubectl get node --show-labels). 단순히 노드를 기준으로 묶을 수도 있지만 사용자가 정의한 노드 라벨을 기준(topology)으로 묶을 수도 있습니다. 예시에서는 kubernetes.io/hostname 라벨 (노드)로 각 노드 기준으로 묶지만 노드 그룹을 만들어 묶을 수도 있습니다(disktype이 SSD인 노드 그룹, HDD인 노드그룹 등).

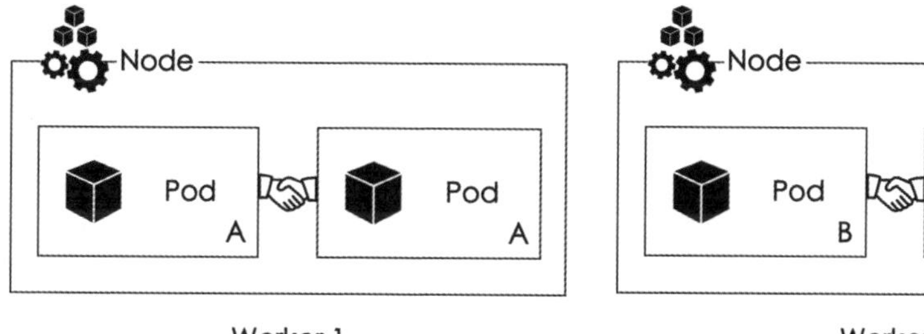

[그림 11-7] PodAffinity

```
kubectl apply -f pod-affinity.yaml
# deployment.apps/pod-affinity created

kubectl get pod -o wide
# NAME               READY  STATUS    RESTARTS  AGE  IP           NODE
# pod-affinity-xxx   1/1    Running   0         11m  10.42.0.165  worker
# pod-affinity-xxx   1/1    Running   0         11m  10.42.0.166  worker
```

Pod가 스케줄링된 노드를 살펴보면 전부 마스터 노드 또는 전부 워커 노드 둘 중 한 노드에 모든 Pod가 생성된 것을 볼 수 있습니다. PodAffinity 기능으로 묶여서 스케줄링 되었기 때문입니다.

11.4.3 PodAntiAffinity

반대로 Pod끼리 서로 다른 노드에 스케줄링하고 싶을 때 PodAntiAffinity를 사용합니다. podAffinity property를 podAntiAffinity로 바꾸면 됩니다.

```
# pod-antiaffinity.yaml
apiVersion: apps/v1
kind: Deployment
metadata:
  name: pod-antiaffinity
spec:
  selector:
    matchLabels:
      app: antiaffinity
  replicas: 2
  template:
    metadata:
      labels:
        app: antiaffinity
    spec:
      containers:
      - name: nginx
        image: nginx
      affinity:
        podAntiAffinity:
          requiredDuringSchedulingIgnoredDuringExecution:
          - labelSelector:
              matchExpressions:
              - key: app
                operator: In
```

```
          values:
          - antiaffinity
        topologyKey: "kubernetes.io/hostname"
```

- podAntiAffinity: Pod끼리 서로 다른 topology에 스케줄링됩니다.
- labelSelector: 서로 다른 곳에 스케줄링될 Pod를 선택합니다.
- topologyKey: Pod끼리 서로 다른 곳에 스케줄링될 기준을 설정합니다.

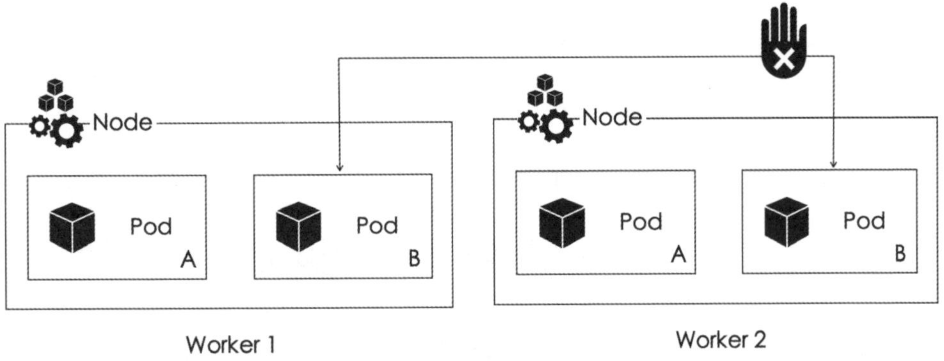

[그림 11-8] PodAntiAffinity

```
kubectl apply -f pod-antiaffinity.yaml
# deployment.apps/pod-antiaffinity created

kubectl get pod -o wide
# NAME                  READY  STATUS    RESTARTS AGE  IP           NODE
# pod-antiaffinity-xxx 1/1    Running   0        10s  10.42.0.168  master
# pod-antiaffinity-xxx 1/1    Running   0        11s  10.42.0.167  worker
```

서로 다른 노드에 Pod가 스케줄링된 것을 확인할 수 있습니다.

11.4.4 PodAffinity와 PodAntiAffinity 활용법

PodAffinity와 PodAntiAffinity를 적절하게 조합하여 사용하면 높은 안정성을 갖는 서비스를 만들 수 있습니다. 예를 들어, 어떤 웹 서비스를 운영하고 있다고 가정해보겠습니다. 웹 서비스의 뒤에는 cache 서버를 두고 필요한 데이터를 cache 서버에서 꺼내서 사용한다고 가정해보겠습니다. 서비스의 가용성을 위해 1개의 노드가 죽더라도 다른 노드에서 서비스를 지속할 수 있도록 web 서버끼리, cache 서버끼리 최대한 서로 다른 노드에 스케줄링되도록 설정하고 싶습니다. 또한, 각각의 web 서버와 cache 서버는 네트워크 레이턴시를 최소화하기 위해 최대한 서로 같은 노드에서 실행되도록 설정하고 싶습니다.

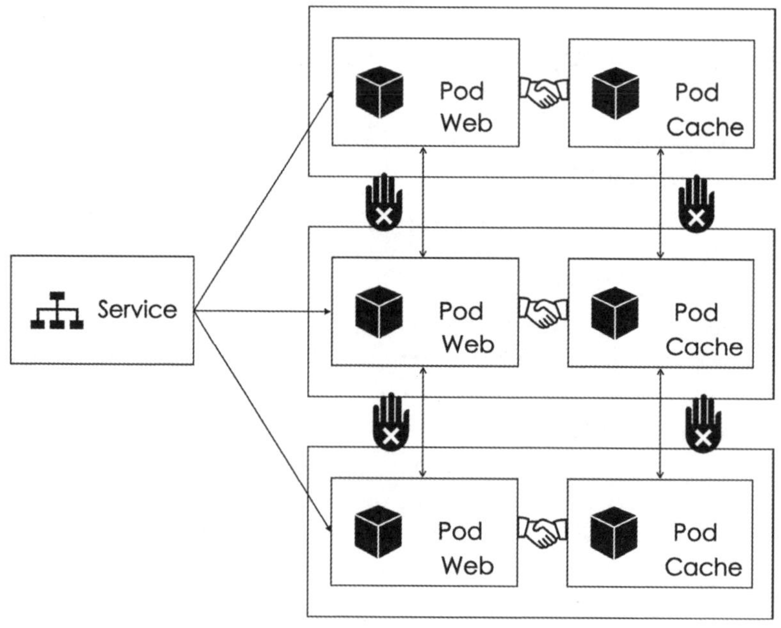

[그림 11-9] Affinity 활용법

- web 서버별: 최대한 멀리 스케줄링(PodAntiAffinity)
- cache 서버별: 최대한 멀리 스케줄링(PodAntiAffinity)

- web-cache 서버: 최대한 가까이 스케줄링(PodAffinity)

이런 경우 다음과 같이 Affinity, AntiAffinity를 설정할 수 있습니다.

cache 서버 설정

```yaml
# redis-cache.yaml
apiVersion: apps/v1
kind: Deployment
metadata:
  name: redis-cache
spec:
  selector:
    matchLabels:
      app: store
  replicas: 2
  template:
    metadata:
      labels:
        app: store
    spec:
      affinity:
        # cache 서버끼리 멀리 스케줄링
        # app=store 라벨을 가진 Pod끼리 멀리 스케줄링
        podAntiAffinity:
          requiredDuringSchedulingIgnoredDuringExecution:
          - labelSelector:
              matchExpressions:
              - key: app
                operator: In
                values:
                - store
            topologyKey: "kubernetes.io/hostname"
      containers:
      - name: redis-server
        image: redis
```

web 서버 설정

```yaml
# web-server.yaml
apiVersion: apps/v1
kind: Deployment
metadata:
  name: web-server
spec:
  selector:
    matchLabels:
      app: web-store
  replicas: 2
  template:
    metadata:
      labels:
        app: web-store
    spec:
      affinity:
        # web 서버끼리 멀리 스케줄링
        # app=web-store 라벨을 가진 Pod끼리 멀리 스케줄링
        podAntiAffinity:
          requiredDuringSchedulingIgnoredDuringExecution:
          - labelSelector:
              matchExpressions:
              - key: app
                operator: In
                values:
                - web-store
            topologyKey: "kubernetes.io/hostname"
        # web-cache 서버끼리 가까이 스케줄링
        # app=store 라벨을 가진 Pod끼리 가까이 스케줄링
        podAffinity:
          requiredDuringSchedulingIgnoredDuringExecution:
          - labelSelector:
              matchExpressions:
              - key: app
                operator: In
                values:
```

```
            - store
          topologyKey: "kubernetes.io/hostname"
      containers:
      - name: web-app
        image: nginx
kubectl apply -f redis-cache.yaml
# deployment.app/redis-cache created

kubectl apply -f web-server.yaml
# deployment.app/web-server created

kubectl get pod -owide
# NAME              READY  STATUS    RESTARTS  AGE     IP            NODE
# redis-cache-xxx   1/1    Running   0         10s     10.42.0.151   master
# redis-cache-xxx   1/1    Running   0         10s     10.42.0.152   worker
# web-server-xxxx   1/1    Running   0         11s     10.42.0.153   master
# web-server-xxxx   1/1    Running   0         11s     10.42.0.154   worker
```

podAffinity와 podAntiAffinity를 이용하여 redis-cache 서버별, web-server 서버별은 서로 다른 노드에 배치하고 redis-cache와 web-server간에는 같은 노드에 배치하여 서비스의 안정성을 높힐 수 있게 되었습니다.

11.5 마치며

이번 장에서 서비스를 안정적으로 운영하기 위한 고급 스케줄링 방법에 대해서 알아보았습니다. 여러 Pod와 Node를 자동으로 확장할 수 있는 방법에 대해서 다루었고, taint와 toleration을 통해 노드의 상태에 따라 Pod를 스케줄링하는 방법에 대해서 알아봤습니다. 또한, Pod 및 Node끼리 서로 가까이 또는 멀리 스케줄링할 수 있는 방법에 대해서 살펴보았습니다. 이러한 기능들은 평상시에는 크게 와닿지 않지만 트래픽이 급격히 늘어나거나 노드나 Pod에 문제가 생기는 등 갑작스런 상황이 발생했을 때

힘을 발휘합니다. 다음 장에서는 클러스터 관리자 입장에서 쿠버네티스를 관리하는 방법에 대해 살펴보도록 하겠습니다.

Clean up

```
kubectl delete deploy --all
kubectl delete pod --all
```

Chapter 12

클러스터 관리

Chapter 12

클러스터 관리

이번 장에서는 쿠버네티스 클러스터를 효율적으로 운영 및 유지보수 하기 위한 방법들에 대해서 살펴보겠습니다. 크게 리소스 관리 방법, 노드 유지보수를 위한 설정 방법에 대해서 알아보도록 하겠습니다.

용어정리

- **리소스 관리**: 이번 장에서 살펴볼 리소스 관리는 쿠버네티스 리소스를 뜻하는 것이 아니라 노드의 CPU, 메모리 리소스에 대한 관리를 의미합니다.

12.1 리소스 관리

서비스 운영에서 리소스 사용량 관리는 중요합니다. 쿠버네티스에서는 가상의 논리 클러스터인 네임스페이스를 이용하여 리소스를 관리할 수 있게 해줍니다. 쿠버네티스의 리소스 관리를 담당하는 LimitRange, ResourceQuota 리소스에 대해 각각 살펴보겠습니다. 앞서, Pod의 resource property를 통해 리소스를 관리하는 방법에 대해서 알아보았습니다. 기존의 방법과 LimitRange, ResourceQuota는 어떤 차이점이 있을까요? 그 차이점을 알기 위해서 먼저 쿠버네티스 사용자를 일반 사용자(developer)와 관리자(admin)로 나누어보겠습니다.

일반 사용자는 자신이 개발한 애플리케이션을 쿠버네티스 플랫폼 위에 실행하는 사용자입니다. 관리자는 쿠버네티스 클러스터 자체를 관리하고 필요한 물리 리소스(노드, 디스크, 네트워크 등)를 제공하는 총 책임자입니다. 이 두 역할을 한 사람이 다 맡을 수도 있지만, 서로 다른 사람이 될 수도 있습니다. 이때, 클러스터 관리자가 일반 사용자에게 리소스 사용량을 제한하기 위해 사용하는 것이 LimitRange와 ResourceQuota 리소스입니다.

12.1.1 LimitRange

LimitRange의 기능은 2가지입니다.

- 일반 사용자가 리소스 사용량 정의를 생략하더라도 자동으로 Pod의 리소스 사용량을 설정합니다.
- 관리자가 설정한 최대 요청량을 일반 사용자가 넘지 못하게 제한합니다.

LimitRange는 일반 사용자의 Pod 리소스 설정을 통제하는 리소스입니다. 예제와 함께 살펴보겠습니다. 일반적으로 리소스 설정 없이 Pod를 생성하면 다음과 같이 리소스 제약 없이 무제한으로 노드의 전체 리소스를 사용할 수 있습니다.

```
kubectl run mynginx --image nginx

kubectl get pod mynginx -oyaml | grep resources
# resources: {}
```

이 경우, 일반 사용자가 생성한 Pod가 노드 전체의 리소스를 고갈시킬 위험이 있습니다. 이를 방지하기 위해 클러스터 관리자가 네임스페이스에 LimitRange를 설정합니다.

```yaml
# limit-range.yaml
apiVersion: v1
kind: LimitRange
metadata:
  name: limit-range
spec:
  limits:
  - default:
      cpu: 400m
      memory: 512Mi
    defaultRequest:
      cpu: 300m
      memory: 256Mi
    max:
      cpu: 600m
      memory: 600Mi
    min:
      memory: 200Mi
    type: Container
```

- default: 생략 시 사용되는 기본 limit 설정값입니다.
- defaultRequest: 생략 시 사용되는 기본 request 설정값입니다.
- max: 일반 사용자가 요청할 수 있는 최대치를 설정합니다.
- min: 일반 사용자가 요청할 수 있는 최소치를 설정합니다.

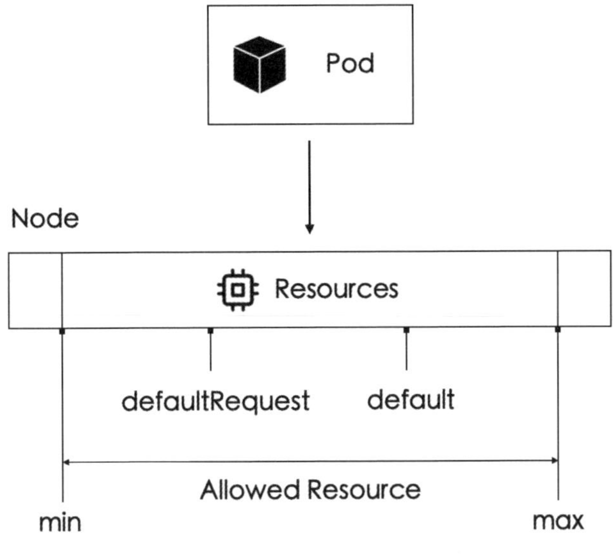

[그림 12-1] LimitRange

default 네임스페이스에 LimitRange를 설정한 다음, 다시 리소스 설정 없이 Pod를 생성합니다.

```
kubectl apply -f limit-range.yaml
# limitrange/limit-range created

kubectl run nginx-lr --image nginx
# pod/nginx-lr created

kubectl get pod nginx-lr -oyaml | grep -A 6 resources
#    resources:
#      limits:
#        cpu: 400m
#        memory: 512Mi
#      requests:
#        cpu: 300m
#        memory: 256Mi
```

일반 사용자가 리소스 제한을 설정하지 않았음에도 불구하고 쿠버네티스 클러스터에서 LimitRange 설정값에 따라 강제로 리소스 제약 설정을 한 것을 확인할 수 있습니다. 이번에는 사용자가 LimitRange에 벗어난 리소스를 설정해보겠습니다.

```
# pod-exceed
apiVersion: v1
kind: Pod
metadata:
  name: pod-exceed
spec:
  containers:
  - image: nginx
    name: nginx
    resources:
      limits:
        cpu: "700m"
        memory: "700Mi"
      requests:
        cpu: "300m"
        memory: "256Mi"
```

```
kubectl apply -f pod-exceed.yaml
# Error from server (Forbidden): error when creating "STDIN": pods
# "pod-exceed" is forbidden: [maximum cpu usage per Container
# is 600m, but limit is 700m, maximum memory usage per Container
# is 600Mi, but limit is 700Mi]
```

일반 사용자가 LimitRange의 max property에서 설정한 CPU 600m, 메모리 600Mi를 벗어난 limits을 설정해서 Pod 생성 에러가 발생합니다. 예제의 LimitRange를 풀어서 설명하자면 다음과 같습니다.

LimitRange가 생성된 네임스페이스(default)에는 다음과 같은 제약사항이 생깁니다.

- CPU 200m ~ 600m / 메모리 200Mi ~ 600Mi 요청 가능

- 생략 시, 다음과 같이 자동 설정
  - requests: CPU 300m / 메모리 256Mi
  - limits: CPU 400m / 메모리 512Mi

이와 같이 클러스터 관리자가 일반 사용자의 리소스 설정을 컨트롤하기 위해 LimitRange 리소스를 사용합니다.

Clean up

```
kubectl delete limitrange limit-range
kubectl delete pod --all
```

12.1.2 ResourceQuota

LimitRange는 개별 Pod 생성에 관여했다면 ResourceQuota는 전체 네임스페이스에 대한 제약을 설정할 수 있습니다. 클러스터 관리자가 특정 네임스페이스의 전체 리소스 사용량을 제약하고 싶을 때 ResourceQuota를 설정합니다. LimitRange만 사용하는 경우, 1개의 Pod를 생성할 때 리소스를 제약할 수 있지만 이 Pod를 여러 개 만들 경우, 마찬가지로 클러스터의 리소스를 전부 소진시킬 위험이 있습니다. 이것을 방지하고자 개별 Pod뿐만 아니라, 네임스페이스 자체에 전체 Quota를 설정합니다. 다음과 같이 ResourceQuota를 default 네임스페이스에 설정한다면 네임스페이스 전체 총합의 명시된 limit과 request의 크기를 넘지 못합니다.

```
# res-quota.yaml
apiVersion: v1
kind: ResourceQuota
metadata:
  name: res-quota
```

```
spec:
  hard:
    limits.cpu: 700m
    limits.memory: 800Mi
    requests.cpu: 500m
    requests.memory: 700Mi
```

- limits.cpu: 네임스페이스의 CPU limit 총합을 제한합니다.
- limits.memory: 네임스페이스의 메모리 limit 총합을 제한합니다.
- requests.cpu: 네임스페이스의 CPU request 총합을 제한합니다.
- requests.memory: 네임스페이스의 메모리 request 총합을 제한합니다.

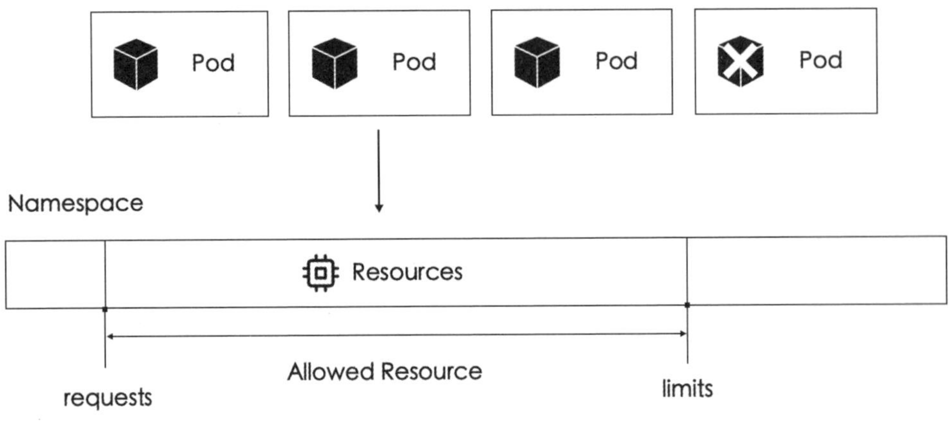

[그림 12-2] ResourceQuota

ResourceQuota를 풀어보자면, default 네임스페이스의 Pod 전체 총합이 limit은 CPU의 경우, 700m을 넘어서는 안되고 메모리의 경우, 800Mi를 넘어서면 안됩니다. request은 CPU의 경우 500m, 메모리의 경우 700Mi를 넘어서면 안됩니다. ResourceQuota를 생성하고 limits이 CPU 700m이 넘지 않는 Pod를 만들어보겠습니다.

```
# ResourceQuota 생성
kubectl apply -f res-quota.yaml
# resourcequota/res-quota created

# Pod 생성 limit CPU 600m
cat << EOF | kubectl apply -f -
apiVersion: v1
kind: Pod
metadata:
  name: rq-1
spec:
  containers:
  - image: nginx
    name: nginx
    resources:
      limits:
        cpu: "600m"
        memory: "600Mi"
      requests:
        cpu: "300m"
        memory: "300Mi"
EOF
# pod/rq-1 created
```

정상적으로 Pod가 생성된 것을 볼 수 있습니다. 이제, 똑같은 스펙의 Pod를 하나 더 생성합니다.

```
cat << EOF | kubectl apply -f -
apiVersion: v1
kind: Pod
metadata:
  name: rq-2
spec:
  containers:
  - image: nginx
    name: nginx
```

```
    resources:
      limits:
        cpu: "600m"
        memory: "600Mi"
      requests:
        cpu: "300m"
        memory: "300Mi"
EOF
# Error from server (Forbidden): error when creating "STDIN":
# pods "rq-2" is forbidden: exceeded quota: res-quota,
# requested: limits.cpu=600m,limits.memory=600Mi,requests.cpu=300m,
# used: limits.cpu=600m,limits.memory=600Mi,requests.cpu=300m,
# limited: limits.cpu=700m,limits
```

default 네임스페이스의 ResouceQuota를 넘겼기 때문에 Pod가 생성되지 않고 에러가 발생합니다. LimitRange와 ResourceQuota를 비교하면 다음과 같습니다. LimitRange는 개별 Pod에 대한 리소스 사용량을 제약하는 방법이며 ResourceQuota는 전체 네임스페이스의 리소스 사용량을 관리하는 방법입니다.

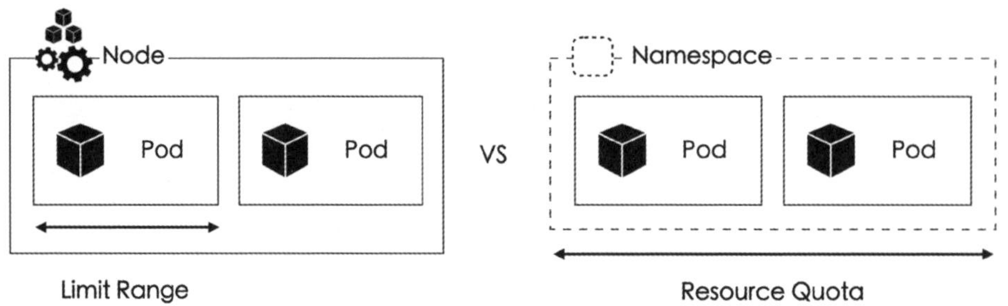

[그림 12-3] LimitRange vs ResourceQuota

Clean up

```
kubectl delete resourcequota res-quota
kubectl delete pod rq-1
```

12.2 노드 관리

쿠버네티스로 서비스 운영 시에 리소스 관리뿐만 아니라, 노드 자체에 대한 관리가 필요한 경우가 있습니다. 온프레미스 환경에서는 물리적인 디스크의 손상, 내부 네트워크의 장애가 있을 수 있고 클라우드 서비스인 경우에는 서버 타입 변경, 디스크 교체 등으로 인해 노드를 일시적으로 중단하고 관리해야 하는 경우가 있습니다. 이런 상황을 대비하여 쿠버네티스에서는 특정 노드를 유지보수 상태로 전환하여 더는 새로운 Pod가 스케줄링되지 않게 설정할 수 있습니다.

- Cordon: 노드를 유지보수 모드로 전환합니다(SchedulingDisabled).
- Uncordon: 유지보수가 완료된 노드를 다시 정상화합니다.
- Drain: 노드를 유지보수 모드로 전환하며, 기존의 Pod들을 퇴거(Evict)합니다.

용어정리

- **Evict**: Pod를 내쫓는다는 의미로, 기존에 돌고 있던 Pod를 중단해서 더는 실행되지 못하게 만듭니다.

12.2.1 Cordon

```
kubectl cordon <NODE>
```

특정 노드를 유지보수 모드로 전환하기 위해 cordon이라는 명령을 사용합니다. Cordon의 사전적 의미는 '저지선을 치다, 사람들의 출입을 통제하다'입니다. 노드에 더 이상 Pod가 출입하지 못하게 통제하는 것을 의미합니다. 워커 노드를 유지보수 모드로 전환해보겠습니다.

```
# 먼저 worker의 상태를 확인합니다.
kubectl get node worker -oyaml | grep spec -A 5
# spec:
#   podCIDR: 10.42.0.0/24
#   podCIDRs:
#   - 10.42.0.0/24
#   providerID: k3s://worker
# status:

# worker를 cordon시킵니다.
kubectl cordon worker
# node/worker cordoned

# 다시 worker의 상태를 확인합니다. taint가 설정된 것을 확인할 수 있고 unschedulable이
true로 설정되어 있습니다.
kubectl get node worker -oyaml | grep spec -A 10
# spec:
#   podCIDR: 10.42.0.0/24
#   podCIDRs:
#   - 10.42.0.0/24
#   providerID: k3s://worker
#   taints:
#   - effect: NoSchedule
#     key: node.kubernetes.io/unschedulable
#     timeAdded: "2020-04-04T11:04:48Z"
#   unschedulable: true
# status:

# worker의 상태를 확인합니다.
kubectl get node
# NAME     STATUS                     ROLES    AGE   VERSION
# master   Ready                      master   32d   v1.18.3+k3s1
# worker   Ready,SchedulingDisabled   worker   32d   v1.18.3+k3s1
```

ReplicaSet을 이용하여 여러 개의 Pod를 생성해보겠습니다. 출입이 통제된 워커 노드에는 더 이상 Pod가 생성되지 않고 전부 마스터 노드에서 실행되는 것을 볼 수 있습니다.

```
cat << EOF | kubectl apply -f -
apiVersion: apps/v1
kind: ReplicaSet
metadata:
  name: rs
spec:
  replicas: 5
  selector:
    matchLabels:
      run: rs
  template:
    metadata:
      labels:
        run: rs
    spec:
      containers:
      - name: nginx
        image: nginx
EOF

kubectl get pod -o wide
# NAME     READY   STATUS    RESTARTS   AGE    IP           NODE     ...
# rs-xxxx  1/1     Running   0          3s     10.42.1.6    master   ...
# rs-xxxx  1/1     Running   0          3s     10.42.1.7    master   ...
# rs-xxxx  1/1     Running   0          3s     10.42.1.8    master   ...
# rs-xxxx  1/1     Running   0          3s     10.42.1.9    master   ...
# rs-xxxx  1/1     Running   0          3s     10.42.1.10   master   ...
```

명시적으로 worker 노드에서 실행될 수 있고 nodeSelector를 추가해보겠습니다.

```
cat << EOF | kubectl apply -f -
apiVersion: v1
kind: Pod
metadata:
  name: pod-worker
spec:
```

```
  containers:
  - image: nginx
    name: nginx
  nodeSelector:
    kubernetes.io/hostname: worker
EOF
# pod/pod-worker created

kubectl get pod -owide
# NAME         READY  STATUS    RESTARTS   AGE     IP        NODE      ...
# pod-worker   0/1    Pending   0          70s     <none>    <none>    ...
```

스케줄링되지 못하고 Pending 상태로 남아있습니다. 워커 노드가 유지보수 모드로 전환되었기 때문입니다.

12.2.2 Uncordon

uncordon은 단어 그대로, cordon한 것을 다시 되돌립니다. uncordon 명령을 통해서 Pod가 다시 스케줄링될 수 있게 설정합니다.

```
kubectl uncordon worker
# node/worker uncordoned

# taint가 사라졌습니다.
kubectl get node worker -oyaml | grep spec -A 10
# spec:
#   podCIDR: 10.42.1.0/24
#   podCIDRs:
#   - 10.42.1.0/24
#   providerID: k3s://worker
# status:
#   addresses:
#   - address: 172.31.16.173
```

```
#     type: InternalIP
#   - address: worker
#     type: Hostname

kubectl get node
# NAME     STATUS   ROLES    AGE   VERSION
# master   Ready    master   32d   v1.18.6+k3s1
# worker   Ready    worker   32d   v1.18.6+k3s1

kubectl get pod -owide
# NAME        READY   STATUS    RESTARTS   AGE   IP       NODE     ...
# pod-worker  1/1     Running   0          70s   <none>   worker   ...

kubectl delete pod pod-worker
# pod/pod-worker deleted
```

앞에서 Pending되던 pod-worker가 이제는 Running 상태로 실행된 것을 확인할 수 있습니다.

12.2.3 Drain

노드를 cordon하면 새로운 Pod가 더 이상 할당되지는 않지만, 기존에 돌고 있는 Pod에 대해서는 관여하지 않습니다. 기존에 실행하고 있는 Pod들도 퇴거(Evict)시키기 위해서는 drain 명령을 사용합니다. drain 명령은 Pod가 더는 할당되지 않게 taint시킬 뿐만 아니라, 기존의 Pod들에 퇴거시킵니다.

Deployment를 하나 생성합니다. 워커 노드에 일부 Pod가 할당됩니다.

```
cat << EOF | kubectl apply -f -
apiVersion: apps/v1
kind: Deployment
metadata:
```

```
  name: nginx
spec:
  selector:
    matchLabels:
      app: nginx
  replicas: 3
  template:
    metadata:
      labels:
        app: nginx
    spec:
      containers:
      - name: nginx
        image: nginx
EOF
# deployment.apps/nginx created

# nginx Pod가 워커 노드에 생성된 것을 확인할 수 있습니다.
kubectl get pod -o wide
# NAME                 READY   STATUS    RESTARTS   AGE   IP           NODE
# nginx-7ff78b8-xxx    1/1     Running   0          42s   10.42.0.25   master
# nginx-7ff78b8-xxx    1/1     Running   0          42s   10.42.1.2    worker
# nginx-7ff78b8-xxx    1/1     Running   0          42s   10.42.4.62   worker
```

이제, worker 노드를 drain시킵니다.

drain 과정을 지켜보기 위해 tmux나 screen과 같은 terminal multiplexer를 사용하길 권장합니다.

```
# 모든 노드에 존재하는 DaemonSet은 무시합니다.
kubectl drain worker  --ignore-daemonsets
# node/worker cordoned
# evicting pod "7ff78b-xxx"
```

```
# nginx Pod가 어떻게 동작하는지 확인합니다.
watch kubectl get pod -owide
# NAME              READY   STATUS    RESTARTS   AGE   IP           NODE
# nginx-7ff7b-xxx   1/1     Running   0          2m    10.42.0.25   master
# nginx-7ff7b-xxx   1/1     Evicted   0          2m    10.42.1.2    worker

kubectl get node worker -oyaml | grep spec -A 10
# spec:
#   podCIDR: 10.42.1.0/24
#   podCIDRs:
#   - 10.42.1.0/24
#   providerID: k3s://worker
#   taints:
#   - effect: NoSchedule
#     key: node.kubernetes.io/unschedulable
#     timeAdded: "2020-04-04T15:37:25Z"
#   unschedulable: true
# status:

kubectl get node
# NAME     STATUS                     ROLES    AGE   VERSION
# master   Ready                      master   32d   v1.18.3+k3s1
# worker   Ready,SchedulingDisabled   worker   32d   v1.18.3+k3s1
```

cordon과 마찬가지로 노드가 유지보수 상태로 전환되고 기존에 돌던 Pod들이 퇴거되는 것을 확인할 수 있습니다.

drain된 노드도 uncordon 명령을 통해서 다시 되돌릴 수 있습니다.

```
kubectl uncordon worker
# node/worker uncordoned
```

12.3 Pod 개수 유지

drain 명령 시, Pod가 갑자기 종료되는 것을 확인할 수 있습니다. 비록 Deployment 리소스가 곧바로 새로운 Pod를 생성해 주었지만 일시적으로 Pod의 개수가 현격히 줄어들었습니다. 만약 트래픽을 많이 받는 서비스를 운영 중이었다면, 순간적으로 모든 부하가 한쪽 Pod에게 쏠려서 응답 지연이 발생할 수도 있습니다. PodDisruption Budget(pdb)은 이러한 문제를 해결하고자 만들어진 리소스입니다. pdb는 운영 중인 Pod의 개수를 항상 일정 수준으로 유지할 수 있도록 Pod의 퇴거를 막아주는 역할을 합니다.

쿠버네티스에서 클러스터 관리자가 의도를 가지고 Pod를 중단하는 것을 Voluntary Disruptions(자진 중단)이라 부릅니다. 장애로 인해 갑자기 Pod가 중단된 것이 아니기 때문에 사전에 알 수 있습니다. pdb는 노드 유지보수 작업을 위해 자진 중단한 상황에서 Pod의 개수가 일정 수준 이하로 내려가지 않게 막아주는 역할을 합니다.

앞에서 만든 nginx deployment의 replica를 10으로 올립니다.

```
kubectl scale deploy nginx --replicas 10
# deployment.apps/mydeploy scaled
```

자진 중단 상황에서 최소 9개의 Pod가 항상 실행될 수 있게 설정합니다.

```
# nginx-pdb.yaml
apiVersion: policy/v1beta1
kind: PodDisruptionBudget
metadata:
  name: nginx-pdb
spec:
  minAvailable: 9
  selector:
    matchLabels:
      app: nginx
```

- minAvailable: 최소 유지해야하는 Pod의 개수를 지정합니다.
- selector: 유지할 Pod를 선택합니다.

이제 worker을 drain합니다. pdb를 생성하고 워커 노드를 drain시킵니다.

```
kubectl apply -f nginx-pdb.yaml
# poddisruptionbudget/nginx-pdb created

# pdb를 생성한 이후에 worker을 drain합니다.
kubectl drain worker  --ignore-daemonsets
# node/worker cordoned
# evicting pod "nginx-xxx"
# evicting pod "nginx-xxx"
# error when evicting pod "mynginx-xxx"
# (will retry after 5s): Cannot evict pod as it would violate the
#   pod's disruption budget.
# pod/mynginx-xxx evicted
# evicting pod "mynginx-xxx"
# error when evicting pod "mynginx-xxx"
# (will retry after 5s): Cannot evict pod as it would violate the
#   pod's disruption budget.
# evicting pod "mynginx-xxx"
# pod/mynginx-xxx evicted
# node/worker evicted
```

총 10개의 Pod 중 최소 9개의 Pod가 유지되어야 해서, 1개씩 Pod가 Evicted되고 다른 노드에 새로 생성이 되면 그 다음 Pod가 똑같은 과정을 반복하여 워커 노드의 모든 Pod가 비워질때까지 순차적으로 반복합니다. 만약, pdb를 사용하지 않는 상황에서 워커를 drain했다면 worker에 들어있던 Pod들이 한번에 Evicted되었을 것이고, 순간적으로 운영되는 Pod의 개수가 현격하게 줄어들었을 수도 있었지만, pdb를 통해 안정적으로 서버를 유지 및 보수할 수 있습니다.

12.4 마치며

이번 장에서는 클러스터 관리자 입장에서 클러스터를 안정적으로 운영하고 유지보수하기 위해 사용할 수 있는 방법에 대해서 살펴 보았습니다. 사용자의 리소스 사용량을 관리하여 리소스 고갈이 발생하지 않게 하고 서버를 안전한 방법으로 유지보수 상태로 전환하는 방법에 대해 살펴보았습니다. 다음 장에서는 쿠버네티스의 접근 제어 메커니즘에 대해 알아보도록 하겠습니다.

Clean up

```
kubectl delete pdb nginx-pdb
kubectl delete deploy nginx
kubectl delete rs rs
kubectl uncordon worker
```

13

접근 제어

13.1 사용자 인증(Authentication)
13.2 역할 기반 접근 제어(RBAC)
13.3 네트워크 접근 제어(Network Policy)
13.4 마치며

Chapter 13

접근 제어

이번 장에서는 쿠버네티스의 접근제어 메커니즘에 대해서 알아보겠습니다. 접근제어는 누가 접근하고 있으며 어떤 권한을 가지고 접근하는지 확인하여 정책에 따라 허가 여부를 결정하는 일련의 과정입니다.

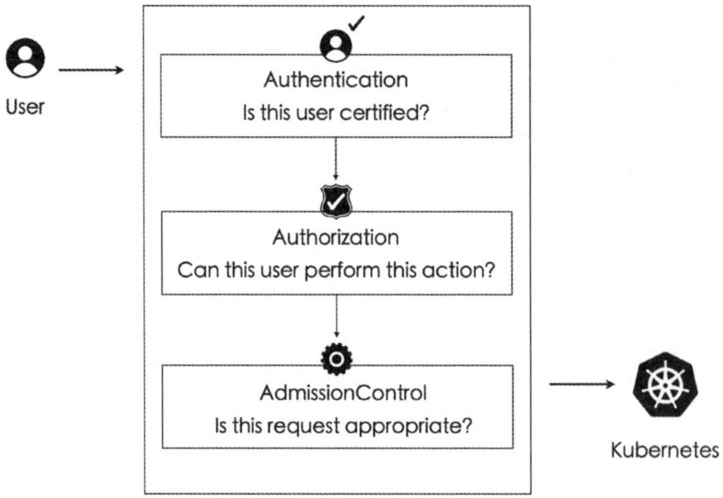

[그림 13-1] 접근제어 과정

- Authentication: 접속한 사람의 신분을 인증하는 단계입니다(누가 접근하고 있는지 신분 확인).
- Authorization: 어떤 권한을 가지고 어떤 행동을 할 수 있는지 확인하는 단계입니다(예, view 권한, create 권한 등).
- Admission Control: 요청한 내용이 적절한지(valid) 확인하는 단계입니다. Chapter 12에서 살펴 본 LimitRange, ResourceQuota 기능이 Admission Control을 통해 Pod 요청이 적절한지 확인한 것입니다.

13.1 사용자 인증(Authentication)

쿠버네티스에는 크게 5가지 사용자 인증 방식이 존재합니다.

- HTTP Authentication: HTTP 프로토콜에서 제공하는 인증체계를 이용한 인증
- X.509 Certificate: X.509 인증서를 이용한 상호 TLS 인증
- OpenID Connection: Google OAuth와 같은 인증 provider를 이용한 인증
- Webhook 인증: Webhook 인증 서버를 통한 사용자 인증
- Proxy 인증: Proxy 서버를 통한 대리 인증

이 책에서는 많이 사용하는 2개의 인증 방식(HTTP Auth, X.509 cert)에 대해서만 다루도록 하겠습니다.

13.1.1 HTTP Basic Authentication

Chapter 9 Ingress 리소스 부분에서 살펴본 HTTP Basic Auth 인증 방식과 마찬가지로 쿠버네티스 마스터에 사용자 인증을 받기 위해 Basic Auth를 사용할 수 있습니다. Basic Auth 사용자 인증을 살펴 보기 전에 먼저 KUBECONFIG 파일을 살펴보겠습니다. KUBECONFIG 파일은 쿠버네티스 마스터 API 서버와 통신하기 위해 필요한 정보(마스터 서버 IP, 사용자 인증 정보 등)를 담고 있는 파일입니다. 기본적으로 $HOME/.kube/config에 위치합니다.

```
cat $HOME/.kube/config
# apiVersion: v1
# clusters:
# - cluster:
#     certificate-authority-data: LS0tLS1CRUdJTiB...g==
#     server: https://127.0.0.1:6443
#   name: default
```

```
# contexts:
# - context:
#     cluster: default
#     user: default
#   name: default
# current-context: default
# kind: Config
# preferences: {}
# users:
# - name: default
#   user:
#     password: 7e92dba7..
#     username: admin
```

- certificate-authority-data: 쿠버네티스 서버 인증서가 base64 인코딩되어 삽입되어 있습니다.
- cluster.server: 마스터 서버 IP:PORT 정보입니다.
- username: Basic Auth의 유저를 나타냅니다.
- password: Basic Auth의 비밀번호입니다.
- context: cluster와 user를 연결해주는 역할을 합니다.

username과 password 정보를 가지고 curl 헤더로 전송하여 쿠버네티스 마스터에 접근해보겠습니다.

```
# 헤더 없이 접속
curl -kv https://127.0.0.1:6443/api
# HTTP/1.1 401 Unauthorized
# Www-Authenticate: Basic realm="kubernetes-master"
# {
#   "kind": "Status",
#   "apiVersion": "v1",
#   "metadata": {
#   },
#   "status": "Failure",
```

```
#   "message": "Unauthorized",
#   "reason": "Unauthorized",
#   "code": 401
# }

# basic auth 설정
curl -kv -H "Authorization: Basic $(echo -n admin:7e92dba7.. | base64)"
https://127.0.0.1:6443/api
# HTTP/1.1 200 OK
# {
#   "kind": "APIVersions",
#   "versions": [
#     "v1"
#   ],
#   "serverAddressByClientCIDRs": [
#     {
#       "clientCIDR": "0.0.0.0/0",
#       "serverAddress": "172.31.17.32:6443"
#     }
#   ]
# }
```

curl을 통해 확인할 수 있듯이 k3s를 이용하여 쿠버네티스를 구축한 경우 기본적으로 basic auth를 이용하여 인증을 처리하는 것을 확인할 수 있었습니다. 평소 kubectl 명령을 사용할 때 verbose 레벨을 높히면 Basic Auth로 인증을 처리하는 것을 확인할 수 있습니다(Authorization: Basic <masked>).

```
kubectl get pod -v 7
# I0530 ...] Config loaded from file: /home/ubuntu/.kube/config
# I0530 ...] GET https://127.0.0.1:6443/.../default/pods?limit=500
# I0530 ...] Request Headers:
# I0530 ...]     Accept: application/json;as=Table;v=v1;g=...
# I0530 ...]     Authorization: Basic <masked>
```

이제, Basic Authentication에 사용자를 추가해보겠습니다. 다음 파일을 열고 마지막 행에 myuser 사용자를 추가합니다.

```
sudo vim /var/lib/rancher/k3s/server/cred/passwd
# /var/lib/rancher/k3s/server/cred/passwd

# c8ae61726384c19726022879dea9dd66,node,node,k3s:agent
# c8ae61726384c19726022879dea9dd66,server,server,k3s:server
# fcb41891d94b1a362cf7ccc4086c2465,admin,admin,system:masters
# mypassword,myuser,myuser,system:masters
```

```
# 형식은 다음과 같습니다.
password,user,uid,group1[,group2,group3]
```

- password: mypassword
- user: myuser
- uid: myuser
- group1: system:masters

system:masters group은 쿠버네티스에서 특별한 의미를 가지는 예약어입니다. 따로 역할(Role)을 부여하지 않아도 모든 권한을 수행할 수 있는 마스터 그룹을 뜻합니다.

passwd 파일을 저장한 이후, KUBECONFIG ($HOME/.kube/config) 파일의 user 정보를 다음과 같이 수정합니다.

```
# $HOME/.kube/config
apiVersion: v1
clusters:
- cluster:
    certificate-authority-data: LS0tLS1CRUdJTiB...g==
```

```
    server: https://127.0.0.1:6443
  name: default
contexts:
- context:
    cluster: default
    user: default
  name: default
current-context: default
kind: Config
preferences: {}
users:
- name: default
  user:
    password: mypassword    # 비밀번호 수정
    username: myuser        # 계정이름 수정
```

run 명령을 수행해보겠습니다.

```
# 실험용 nginx Pod 생성
kubectl run nginx --image nginx
# error: You must be logged in to the server (Unauthorized)
```

에러가 발생합니다. k3s 클러스터에 passwd 파일이 제대로 반영되지 않아서입니다. k3s 클러스터를 재시작합니다.

```
sudo systemctl restart k3s

# 정상적으로 Pod가 생성됩니다.
kubectl run nginx --image nginx
# pod/nginx created

# 조회도 가능합니다.
kubectl get pod
# NAME      READY    STATUS     RESTARTS    AGE
# nginx     1/1      Running    0           5s
```

```
# Pod 삭제도 가능합니다.
kubectl delete pod nginx
# pod/nginx deleted
```

password 파일이 정상적으로 반영된 이후 Pod 리소스를 정상적으로 생성, 조회 및 삭제를 할 수 있게 되었습니다. 이렇게 API 서버도 Basic Authentication으로 사용자를 인증하며 passwd 파일을 통해 계정을 관리합니다.

13.1.2 X.509 인증서

쿠버네티스에서는 사용자 인증을 위해 X.509 인증서를 사용할 수도 있습니다. X.509 인증서에 대해서 먼저 알아보겠습니다. HTTPS 통신을 하기 위해 인증서(X.509 Certificate)를 서버측에서 제공합니다. 사용자는 서버에서 전달받은 인증서를 확인하고 서버의 신원을 확인합니다. 이러한 원리를 동일하게 이용하여 사용자의 신원을 확인하기 위해 사용자 측에서 서버로 사용자의 인증서를 전달할 수 있습니다. 이를 통해, 서버는 사용자의 신원을 인증합니다.

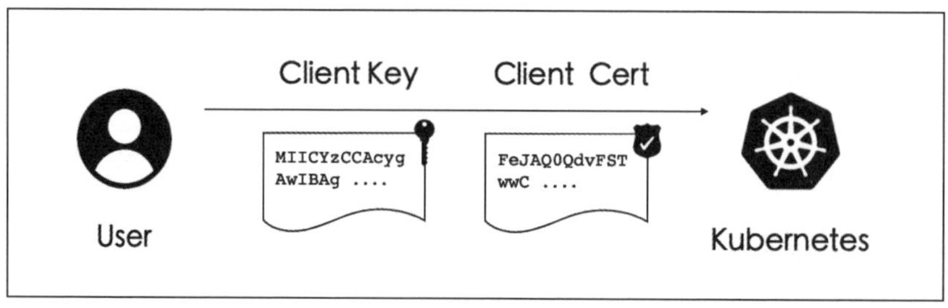

[그림 13-2] 사용자 인증서

서버에게 신원 확인을 받기 위해서 아무 인증서를 사용할 수는 없고 쿠버네티스가 인증한 사용자 인증서를 사용해야 합니다. 이를 위해 CSR(Certificate Signing Request)

문서를 이용하여 쿠버네티스가 보유한 CA(Certificate Authority)로부터 서명을 받아야 합니다.

용어정리

- **CA**(Certificate Authority): 서명된 인증서를 발급하는 기관(Issuer)을 의미합니다. 사용자 인증서는 누구나 만들 수는 있지만 쿠버네티스에게 유효한 인증서는 쿠버네티스가 보유한 CA를 통해 서명된 인증서만 해당됩니다.
- **CSR**(Certificate Signing Request): '인증서 서명 요청'으로 쿠버네티스가 보유한 CA로부터 인증서 서명을 받기 위해 요청하는 문서를 뜻합니다.

사용자 인증서를 만들기 위해서 cloudflare에서 만든 cfssl 툴을 설치합니다. cfssl은 손쉽게 인증서를 생성하거나 서명할 수 있게 돕는 유틸리티 툴입니다.

```
wget -q --show-progress --https-only --timestamping \
  https://storage.googleapis.com/kubernetes-the-hard-way/cfssl/linux/cfssl \
  https://storage.googleapis.com/kubernetes-the-hard-way/cfssl/linux/
cfssljson

chmod +x cfssl cfssljson
sudo mv cfssl cfssljson /usr/local/bin/
```

인증서를 생성하는 방법은 다음과 같습니다.

1. CSR 파일 생성
2. CA로부터 인증서 서명
3. 발급된 인증서(인증서 및 개인키)를 KUBECONFIG 파일에 설정

예제에 작성된 CSR 형식은 원래 CSR 문서의 형식과는 다르게 cfssl 툴에서 사용하는 json 형식의 자체 CSR 문서입니다.

사용자 CSR 파일을 다음과 같이 생성합니다.

```
# 사용자 CSR 파일 생성
cat > client-cert-csr.json <<EOF
{
  "CN": "client-cert",
  "key": {
    "algo": "rsa",
    "size": 2048
  },
  "names": [
    {
      "O": "system:masters"
    }
  ]
}
EOF
```

생성한 CSR 파일을 이용하여 쿠버네티스 CA에 서명 요청을 합니다. k3s 쿠버네티스 CA는 다음 위치에 존재합니다.

- 인증서: /var/lib/rancher/k3s/server/tls/client-ca.crt
- 개인키: /var/lib/rancher/k3s/server/tls/client-ca.key

사용자 인증서를 발급하기 위한 CA config 파일을 생성합니다.

```
cat > rootCA-config.json <<EOF
{
  "signing": {
    "default": {
```

```
      "expiry": "8760h"
    },
    "profiles": {
      "root-ca": {
        "usages": ["signing", "key encipherment", "client auth"],
        "expiry": "8760h"
      }
    }
  }
}
EOF

# 다음 명령을 이용하여 사용자 인증서를 발급합니다.
sudo cfssl gencert \
  -ca=/var/lib/rancher/k3s/server/tls/client-ca.crt \
  -ca-key=/var/lib/rancher/k3s/server/tls/client-ca.key \
  -config=rootCA-config.json \
  -profile=root-ca \
  client-cert-csr.json | cfssljson -bare client-cert

ls -al
# client-cert-csr.json
# client-cert-key.pem
# client-cert.csr
# client-cert.pem
# rootCA-config.json
```

지금까지 조금 복잡하고 바로 이해하기 어려운 명령들을 사용했지만 최종적으로 우리가 관심 있게 봐야 하는 문서는 다음과 같습니다.

- 사용자 인증서: client-cert.pem
- 사용자 개인키: client-cert-key.pem

CSR를 통해 쿠버네티스 CA로부터 사용자 인증서와 사용자 개인키를 발급받은 것입니다. 쉽게 생각해서 사용자 인증서를 계정 이름, 사용자 개인키를 계정 비밀번호로 생각할 수 있습니다. 해당 파일을 KUBECONFIG 파일에 설정합니다.

```
kubectl config set-credentials x509 \
        --client-certificate=client-cert.pem \
        --client-key=client-cert-key.pem \
        --embed-certs=true
# User "x509" set.

kubectl config set-context default --user=x509
# Context "default" modified.

# client-certificate과 key가 base64로 인코딩되어 삽입되어 있습니다.
cat $HOME/.kube/config
# apiVersion: v1
# clusters:
# - cluster:
#     certificate-authority-data: LS0tLS1CRUdJTiB...g==
#     server: https://127.0.0.1:6443
#   name: default
# contexts:
# - context:
#     cluster: default
#     user: x509
#   name: default
# current-context: default
# kind: Config
# preferences: {}
# users:
# - name: default
#   user:
#     password: mypassword
#     username: myuser
# - name: x509
#   user:
#     client-certificate-data: LS0tLS1CRUdJTiB...
#     client-key-data: LS0tLS1CRUdJTiBSU0EgUFJ...
```

X.509 인증 방식으로 변경되었습니다. 이제, 직접 Pod를 생성해보겠습니다.

```
# 생성
kubectl run nginx --image nginx
# pod/nginx created

# 조회
kubectl get pod
# NAME     READY   STATUS    RESTARTS   AGE
# nginx    1/1     Running   0          5s

# 삭제
kubectl delete pod nginx
# pod/nginx deleted
```

직접 생성한 X.509 인증서를 이용하여 사용자 인증을 받아보았습니다. 많은 쿠버네티스 배포판에서 내부 컴포넌트끼리 서로 인증할 때, X.509를 이용합니다.

13.2 역할 기반 접근 제어(RBAC)

사용자 인증 후 권한허가(Authorization) 단계에서는 역할 기반 접근 제어(Role Based Access Control, RBAC)를 통해 사용자들의 권한을 관리합니다. 역할 기반 접근 제어는 사용자나 그룹의 역할(role)을 기반으로 쿠버네티스의 다양한 리소스의 접근을 관리하는 방법을 말합니다. RBAC에는 크게 3가지 리소스가 있습니다.

- Role(ClusterRole): 어떤 권한을 소유하고 있는지 정의합니다.
- Subjects: Role을 부여할 대상을 나타냅니다(대상으로 User나 Group, ServiceAccount 등이 있습니다).
- RoleBinding(ClusterRoleBinding): Role과 Subject의 연결(Binding)을 정의합니다.

13.2.1 Role (ClusterRole)

역할(Role)에는 2가지 리소스가 존재합니다. 하나는 네임스페이스 안에서 역할을 정의하는 Role 리소스, 다른 하나는 네임스페이스 영역 밖에서 클러스터 레벨로 역할을 정의하는 ClusterRole 리소스가 있습니다. 2가지 리소스의 차이는 네임스페이스 레벨에서 권한이 부여되는지, 클러스터 레벨에서 부여되는지에 따라 구분할 수 있습니다. 다음 Role 리소스의 예제를 살펴보겠습니다.

```
# role.yaml
apiVersion: rbac.authorization.k8s.io/v1
kind: Role
metadata:
  namespace: default
  name: pod-viewer
rules:
- apiGroups: [""] # "" indicates the core API group
  resources:
  - pods
  verbs:
  - get
  - watch
  - list
```

- rules: 권한을 정의하는 부분입니다. 리스트로 표현되기 때문에 1개의 Role에 여러 권한을 부여할 수 있습니다.
- apiGroups: apiVersion의 전체 path는 $GROUP/$VERSION이 됩니다(예: rbac.authorization.k8s.io/v1의 $GROUP 부분은 rbac.authorization.k8s.io입니다). 예제에서 비어 있는 이유는 Pod의 apiVersion은 v1으로 쿠버네티스 core API이기 때문입니다. 각 리소스의 apiGroup을 확인하려면 kubectl api-resources 명령을 통해 확인할 수 있습니다.
- resources: 쿠버네티스의 특정 리소스에 대한 권한을 부여합니다.
- verbs: 선택한 리소스에 대한 허용 동작을 정의합니다.

예제의 Role 정의를 해석하자면, default 네임스페이스 내에서 core API인 Pod 리소스에 대해서 get, watch, list 동작에 대한 권한을 선언한 pod-viewer라는 Role을 정의한 것입니다.

```
kubectl apply -f role.yaml
# role.rbac.authorization.k8s.io/pod-viewer created

kubectl get role
# NAME         CREATED AT
# pod-viewer   2020-05-31T17:16:47Z
```

ClusterRole도 Role과 유사합니다. 다만, metadata에 따로 namespace를 입력하지 않으며 클러스터 레벨에서 역할을 정의할 수 있습니다.

13.2.2 Subjects

Subjects에는 크게 User, Group, ServiceAccount가 있습니다. Subjects는 Role을 부여받을 객체입니다. 쿠버네티스에는 User와 Group이라는 리소스가 명시적으로 구현되어 있지는 않고 개념적으로만 존재합니다. 예를 들어, 앞에서 배운 X.509 인증 방식에서는 인증서의 Common Name(CN) 부분이 쿠버네티스에서 User로 인식되고 Organization(O) 부분이 Group으로 인식됩니다. Basic Auth 및 다른 인증 방식에도 각각의 특정 필드가 사용자 및 그룹으로 인식됩니다. ServiceAccount는 쿠버네티스에 명시적으로 구현되어 있는 리소스로 다음과 같이 입력 시 생성된 ServiceAccount 리소스를 확인할 수 있습니다.

```
kubectl get serviceaccount  # 또는 sa
# NAME      SECRETS   AGE
# default   1         28h
```

```
kubectl get serviceaccount default -oyaml
# apiVersion: v1
# kind: ServiceAccount
# metadata:
#   creationTimestamp: "2020-06-07T10:08:29Z"
#   name: default
#   namespace: default
#   resourceVersion: "292"
#   selfLink: /api/v1/namespaces/default/serviceaccounts/default
#   uid: 0183509b-2e36-412d-b229-048f09b2afc1
# secrets:
# - name: default-token-vkrsk
```

ServiceAccount 리소스는 네임스페이스 레벨에서 동작하며 사용자가 Pod 리소스 생성 시, 명시적으로 ServiceAccount를 지정하지 않으면 기본적으로 default ServiceAccount가 사용됩니다. 따라서 모든 namespace를 생성할 때 에는 default Service Acccount가 자동으로 생성됩니다. ServiceAccount의 목적은 사용자가 아닌 프로그램(Pod)이 쿠버네티스와 통신할 때 사용하는 신원(Identity)입니다.

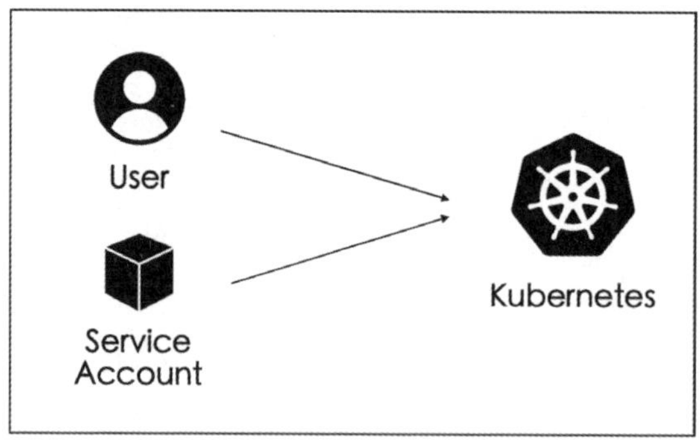

[그림 13-3] ServiceAccount

ServiceAccount를 생성하는 방법은 간단합니다. create 명령으로 ServiceAccount의 이름을 전달하면 새로운 ServiceAccount가 생성됩니다.

```
kubectl create sa mysa
# serviceaccount/mysa created

kubectl get sa
# NAME      SECRETS   AGE
# default   1         28h
# mysa      1         10s
```

13.2.3 RoleBinding, ClusterRoleBinding

마지막 RoleBinding 리소스는 이름에서 알 수 있듯이 Role과 Subjects를 엮는 역할을 담당합니다. 이를 통해, 특정 사용자가 부여받은 특정 권한을 사용할 수 있게 합니다.

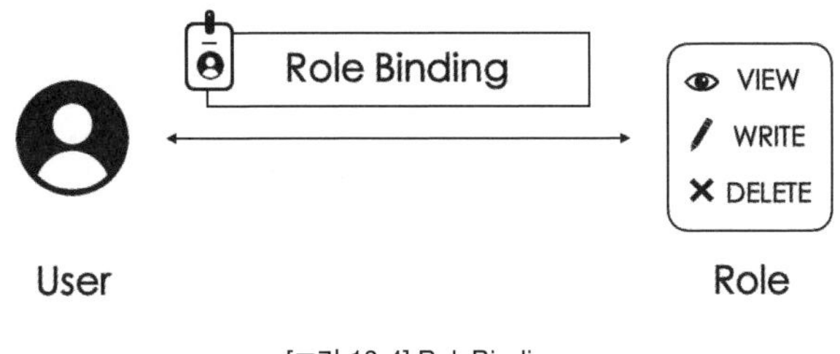

[그림 13-4] RoleBinding

예제를 살펴보겠습니다.

```
# role-binding.yaml
apiVersion: rbac.authorization.k8s.io/v1
kind: RoleBinding
metadata:
  name: read-pods
  namespace: default
subjects:
- kind: ServiceAccount
  name: mysa
```

```
roleRef:
  kind: Role
  name: pod-viewer
  apiGroup: rbac.authorization.k8s.io
```

- subjects: 역할을 부여할 신원을 지정합니다. 방금 생성한 mysa라는 Service Account를 선택합니다.
- roleRef: 연결할 역할을 지정합니다. 앞서 생성한 pod-viewer Role을 연결해 줍니다.

예제의 RoleBinding은 mysa라는 ServiceAccount에 default 네임스페이스에 위치한 모든 Pod의 view(get, list, watch) 권한을 부여하는 정의서입니다.

```
kubectl apply -f role-binding.yaml
# rolebinding.rbac.authorization.k8s.io/read-pods created

kubectl get rolebinding
# NAME        ROLE              AGE
# read-pods   Role/pod-viewer   20s
```

지금까지 한 작업은 다음과 같습니다.

1. Pod의 get, watch, list 권한을 가진 pod-viewer Role 생성
2. mysa라는 ServiceAccount를 생성
3. Role과 ServiceAccount를 연결하는 read-pods RoleBinding 생성

이제, mysa라는 ServiceAccount를 이용해서 권한을 확인해보겠습니다.

```
# nginx-sa.yaml
apiVersion: v1
kind: Pod
metadata:
```

```
  name: nginx-sa
spec:
  containers:
  - image: nginx
    name: nginx
  # mysa ServiceAccount 사용
  serviceAccountName: mysa
```

- serviceAccountName: 사용자가 명시적으로 ServiceAccount을 지정합니다. 생략시, default이라는 이름의 ServiceAccount가 설정됩니다.

Pod를 생성하고 exec 명령을 이용하여 내부로 접근합니다.

```
kubectl apply -f nginx-sa.yaml
# pod/nginx-sa created

kubectl get pod nginx-sa -oyaml | grep serviceAccountName
#   serviceAccountName: mysa

# 내부 접근
kubectl exec -it nginx-sa -- bash

# kubectl 명령을 수행하기 위해 툴을 설치합니다
# kubectl 설치
root@nginx-sa:/# curl -LO https://storage.googleapis.com/kubernetes-release/
release/v1.18.3/bin/linux/amd64/kubectl
                    && chmod +x ./kubectl
                    && mv ./kubectl /usr/local/bin

# Pod 리소스 조회
root@nginx-sa:/# kubectl get pod
# NAME      READY   STATUS    RESTARTS   AGE
# nginx-sa  2/2     Running   0          2d21h

# Service 리소스 조회
root@nginx-sa:/# kubectl get svc
```

```
# Error from server (Forbidden): services is forbidden: User
# "system:serviceaccount:default:mysa" cannot list resource "services"
#  in API group "" in the namespace "default"
```

Pod는 정상적으로 조회가 되지만 Service 리소스는 권한이 없어 에러 메시지가 출력됩니다. Pod를 빠져나가 호스트 서버에서 pod-viewer Role에 Service 리소스도 조회할 수 있도록 수정합니다.

```
# Pod를 빠져나갑니다.
root@nginx-sa:/# exit

# 호스트 서버에서 다음 명령을 수행
cat << EOF | kubectl apply -f -
apiVersion: rbac.authorization.k8s.io/v1
kind: Role
metadata:
  namespace: default
  name: pod-viewer
rules:
- apiGroups: [""]
  resources:
  - pods
  - services   # services 리소스 추가
  verbs:
  - get
  - watch
  - list
EOF
# role.rbac.authorization.k8s.io/pod-viewer edited

# 다시 Pod 접속
kubectl exec -it nginx-sa -- bash

# Service 리소스 조회
root@nginx-sa:/# kubectl get svc
# NAME            TYPE            CLUSTER-IP        ...
```

```
# kubernetes      ClusterIP      10.43.0.1       ...

# Pod를 빠져나갑니다.
$root@nginx-sa:/# exit
```

Role을 수정한 이후에는 Service 리소스도 정상적으로 조회되는 것을 확인할 수 있습니다.

Clean up

```
kubectl delete pod nginx-sa
kubectl delete rolebinding read-pods
kubectl delete role pod-viewer
kubectl delete sa mysa
```

13.3 네트워크 접근 제어(Network Policy)

쿠버네티스에서는 Pod의 네트워크 접근을 제어할 수 있는 메커니즘이 존재합니다. 다만, 모든 네트워크 제공자가 네트워크 접근제어 기능을 지원하지는 않고 Weave, Calico 등 일부 제품만 지원합니다.

13.3.1 Network Policy 모듈 설치 - Canal

k3s는 기본적으로 flannel을 네트워크 제공자로 사용하고 있습니다. flannel에 Network Policy를 설정하기 위해서 Canal을 설치합니다.

```
kubectl apply -f https://docs.projectcalico.org/manifests/canal.yaml
# configmap/canal-config created
# ...
# serviceaccount/canal created
# deployment.apps/calico-kube-controllers created
# serviceaccount/calico-kube-controllers created
```

13.3.2 쿠버네티스 네트워크 기본 정책

쿠버네티스 네트워크 기본 정책은 다음과 같습니다.

1. 기본적으로 클러스터에 네트워크 정책이 하나도 설정되어 있지 않습니다.
2. 하나도 설정된게 없으면 네임스페이스의 모든 트래픽이 열려 있습니다 (default-allow).
3. 만약 한개의 네트워크 정책이라도 설정이 되면 정책의 영향을 받는 Pod에 대해서 해당 네트워크 정책 이외의 나머지 트래픽은 전부 막힙니다(default-deny).

13.3.3 NetworkPolicy 문법

네트워크 접근 제어 문법에 대해 살펴보도록 하겠습니다. 사용자는 네트워크를 제어하기 위해서 NetworkPolicy 리소스를 사용합니다. NetworkPolicy는 네임스페이스 레벨에서 동작하며 라벨 셀렉터를 이용하여 특정 Pod에 네트워크 정책을 적용합니다.

구체적인 예제를 통해 살펴보겠습니다.

```
apiVersion: networking.k8s.io/v1
kind: NetworkPolicy
```

```
metadata:
  name: allow-all
  namespace: default
spec:
  podSelector: {}
  policyTypes:
  - Ingress
  - Egress
  ingress:
  - {}
  egress:
  - {}
```

- namespace: 네트워크 정책이 적용될 네임스페이스를 지정합니다.
- podSelector: 네트워크 정책을 적용할 Pod를 라벨 셀렉터로 선택합니다.
- policyTypes: 네트워크 정책을 부여할 트래픽 종류를 지정합니다(인바운드, 아웃바운드). policyTypes는 생략 가능합니다.
- ingress: 인바운드 트래픽 허용 규칙을 지정합니다.
- egress: 아웃바운드 트래픽 허용 규칙을 지정합니다.

예제의 네트워크 정책의 의미는 default 네임스페이스에 대해서 전체 오픈된 규칙입니다. 이는 default 네임스페이스 존재하는 모든 Pod의 인바운드, 아웃바운드 트래픽이 열려져 있다는 것을 의미합니다.

- podSelector: {}의 의미는 특정 라벨을 지정하지 않는 모든 Pod를 의미합니다.
- policyTypes: 인바운드와 아웃바운드에 대해서 둘다 규칙을 지정하는 것을 의미합니다.
- ingress: - {}: 인바운드로 들어오는 모든 트래픽을 허용합니다.
- egress: - {}: 아웃바운드로 들어오는 모든 트래픽을 허용합니다.

정리하면, default 네임스페이스에 있는 모든 Pod에 대해서 인바운드와 아웃바운드를 전부 허용한다는 것을 의미합니다. 예제를 살펴보면서 네트워크 정책에 대해서 세부적인 설정들에 대해서 알아보겠습니다.

13.3.4 네트워크 구성

NetworkPolicy를 이용하여 내부 네트워크 구성을 해보겠습니다. 네트워크 구성 예제를 따라하기 위해 먼저 client Pod를 하나 생성합니다.

```
kubectl run client --image nginx
# pod/client created
```

Private Zone

먼저 기본적으로 전체 인바운드 트래픽을 차단하여 외부 트래픽이 들어올 수 없게 private zone으로 만듭니다. 다음 네트워크 정책을 보면 ingress property에 빈 리스트([])가 선언되어 있는 것을 볼 수 있습니다. 이는, 허용하는 인바운드 정책이 없다(비어 있다)는 것을 의미합니다.

```
# deny-all.yaml
kind: NetworkPolicy
apiVersion: networking.k8s.io/v1
metadata:
  name: deny-all
  namespace: default
spec:
  podSelector: {}
  ingress: []
```

전체 인바운드 트래픽을 허용한 allow-all 네트워크 정책 문법과 비교해보겠습니다. 전체를 허용하고 싶을 때는 ingress 리스트에 1개의 빈 사전({})을 선언하였습니다. 이것은 1개의 정책을 허용하는데, 그때 허용되는 인바운드 트래픽은 특정 조건을 가지지 않는 모든 트래픽을 뜻합니다. deny-all은 빈 리스트([])를 선언하였습니다. 이것은 0개의 정책을 허용한다는 것을 의미하여 default 네임스페이스에 대해서 기본적으로 모든 인바운드 트래픽을 막습니다.

```
kubectl apply -f deny-all.yaml
# networkpolicy.networking.k8s.io/deny-all created

kubectl get networkpolicy
# NAME        POD-SELECTOR   AGE
# deny-all    <none>         2s

kubectl get networkpolicy deny-all -oyaml
# apiVersion: networking.k8s.io/v1
# kind: NetworkPolicy
# metadata:
#   ...
# spec:
#   podSelector: {}
#   policyTypes:
#   - Ingress
```

Web pod 오픈

보통 웹 서비스는 외부 사용자들이 서비스에 접근할 수 있도록 열어둡니다. 하지만 전체 트래픽이 막혀 있어서 run=web 라벨이 적용된 Pod의 80포트만 허용하려 합니다. 다음과 같이 web-open 네트워크 정책을 생성합니다.

```
# web-open.yaml
kind: NetworkPolicy
```

```yaml
apiVersion: networking.k8s.io/v1
metadata:
  name: web-open
  namespace: default
spec:
  podSelector:
    matchLabels:
      run: web
  ingress:
  - from:
    - podSelector: {}
    ports:
    - protocol: TCP
      port: 80
```

- podSelector: run=web이라는 Pod에 대해서 다음과 같은 정책을 허용합니다.
- ingress[0].from[0].podSelector: 빈 사전은 모든 라벨에 해당합니다. 이는 트래픽에 열려 있다는 것을 의미합니다.
- ingress[0].ports: 하지만 모든 포트가 열린 것이 아니라, 80포트에 대해서만 열려 있습니다.

web-open 네트워크 정책을 정리하면 다음과 같습니다.

- 적용 대상: run=web 라벨을 가진 Pod
- 허용 소스: 모든 인바운드 트래픽 허용
- 허용 포트: 80포트에 대해서만 허용

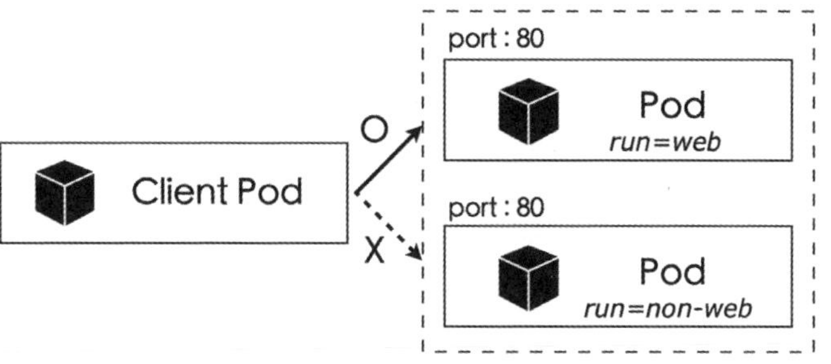

[그림 13-5] Web 오픈

web-open 네트워크 정책을 생성하고 테스트할 웹 서버 2개를 생성합니다. 하나는 run=web이라는 라벨을 가진 웹 서버, 다른 하나는 run=non-web이라는 웹 서버를 생성하여 통신 여부를 확인합니다.

```
kubectl apply -f web-open.yaml
# networkpolicy.networking.k8s.io/deny-all created

# run=web 이라는 라벨을 가진 웹 서버 생성
kubectl run web --image nginx
# pod/web created

# run=non-web 이라는 라벨을 가진 웹 서버 생성
kubectl run non-web --image nginx
# pod/non-web created

kubectl get pod -owide
# NAME      READY   STATUS    RESTARTS   AGE   IP            NODE
# web       1/1     Running   0          34s   10.42.0.169   master
# non-web   1/1     Running   0          32s   10.42.0.170   master
# client    1/1     Running   0          28s   10.42.0.171   master
```

이제 client라는 Pod에 접속하여 각 웹 서버로 호출해보겠습니다.

주의

1. 네트워크 연결성 확인을 위해 계속해서 Pod IP가 나옵니다. 이 Pod IP들은 사용자별로 다르게 설정되니, 반드시 직접 Pod IP를 확인하여 예제를 따라해 주시기 바랍니다.
2. 네트워크 정책이 반영되기까지 시간이 조금 걸립니다. 정책 생성 바로 직후에는 네트워크 접근 제한이 동작하지 않을 수도 있습니다.

```
# client Pod 진입
kubectl exec -it client -- bash

# web Pod 호출
root@client:/# curl 10.42.0.169
# <!DOCTYPE html>
# <html>
# <head>
# <title>Welcome to nginx!</title>
# ...

# non-web Pod 호출
root@client:/# curl 10.42.0.170
# curl: (7) Failed to connect to 10.42.0.170 port 80: Connection refused

$root@client:/# exit
```

web Pod와는 다르게 non-web Pod에는 서비스 접근이 막히는 것을 확인할 수 있습니다.

Web과의 통신만 허용된 app

이제 웹 서버에서 앱 서버로 통신할 차례입니다. 보통 앱 서버는 외부로 전체 노출시키지 않고, 특정 서버와만 통신을 합니다. 예제에서는 web Pod와의 통신만 허용하도록 네트워크 정책을 설정합니다.

```
# allow-from-web.yaml
kind: NetworkPolicy
apiVersion: networking.k8s.io/v1
metadata:
  name: allow-from-web
  namespace: default
spec:
  podSelector:
    matchLabels:
      run: app
  ingress:
  - from:
    - podSelector:
        matchLabels:
          run: web
```

- 적용 대상: run=app 라벨을 가진 Pod
- 허용 소스: run=web 라벨을 가진 Pod에 대해서만 허용
- 허용 포트: 전체 포트에 대해서 허용

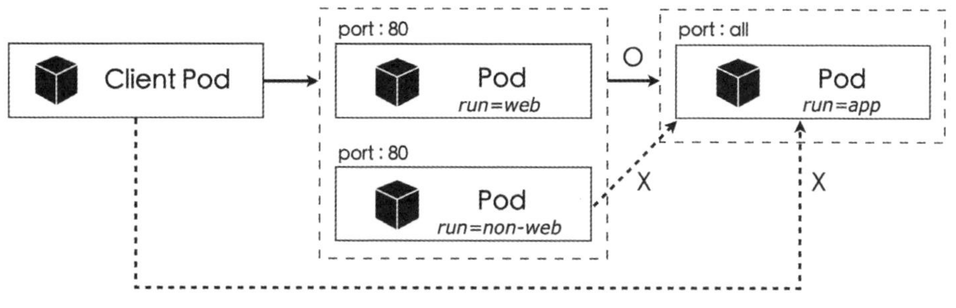

[그림 13-6] Web App 통신

```
kubectl apply -f allow-from-web.yaml
# networkpolicy.networking.k8s.io/allow-from-web created
```

```
# run=app 이라는 라벨을 가진 앱 서버 생성
kubectl run app --image nginx
# pod/app created

kubectl get pod -owide
# NAME      READY   STATUS    RESTARTS   AGE   IP            NODE
# web       1/1     Running   0          34s   10.42.0.169   master
# non-web   1/1     Running   0          32s   10.42.0.170   master
# client    1/1     Running   0          28s   10.42.0.171   worker
# app       1/1     Running   0          28s   10.42.0.172   worker

# client Pod 진입
kubectl exec -it client -- bash

# client에서 app 서버 호출
root@client:/# curl 10.42.0.172
# curl: (7) Failed to connect to 10.42.0.172 port 80: Connection refused

# client Pod 종료
root@client:/# exit

# web Pod 진입
kubectl exec -it web -- bash

# web에서 app 서버 호출
root@web:/# curl 10.42.0.172
# <!DOCTYPE html>
# <html>
# <head>
# <title>Welcome to nginx!</title>
# ...

# client Pod 종료
root@web:/# exit

# web Pod 진입
kubectl exec -it non-web -- bash
```

```
# non-web에서 app 서버 호출
root@non-web:/# curl 10.42.0.172
# curl: (7) Failed to connect to 10.42.0.172 port 80: Connection refused

$root@non-web:/# exit
```

app 서버는 web로부터 오는 트래픽 이외에 나머지 트래픽에 대해서는(client, non-web) 차단됩니다.

DB 접근 Pod

DB도 마찬가지로 모든 서비스와 통신하지 않고 특정 white-list에 포함된 서버와만 연결을 허용합니다. 예제에서는 db-accessable이라는 라벨을 가진 Pod에 대해서만 통신을 허용하도록 설정하겠습니다.

```yaml
# db-accessable.yaml
kind: NetworkPolicy
apiVersion: networking.k8s.io/v1
metadata:
  name: db-accessable
  namespace: default
spec:
  podSelector:
    matchLabels:
      run: db
  ingress:
  - from:
    - podSelector:
        matchLabels:
          db-accessable: "true"
    ports:
    - protocol: TCP
      port: 80
```

- 적용 대상: run=db 라벨을 가진 Pod
- 허용 소스: db-accessable=true 라벨을 가진 Pod에 대해서만 허용
- 허용 포트: 80 포트(MySQL DB인 경우 3306 포트를 사용하나 예제에서는 nginx(80 포트)로 대체합니다.)

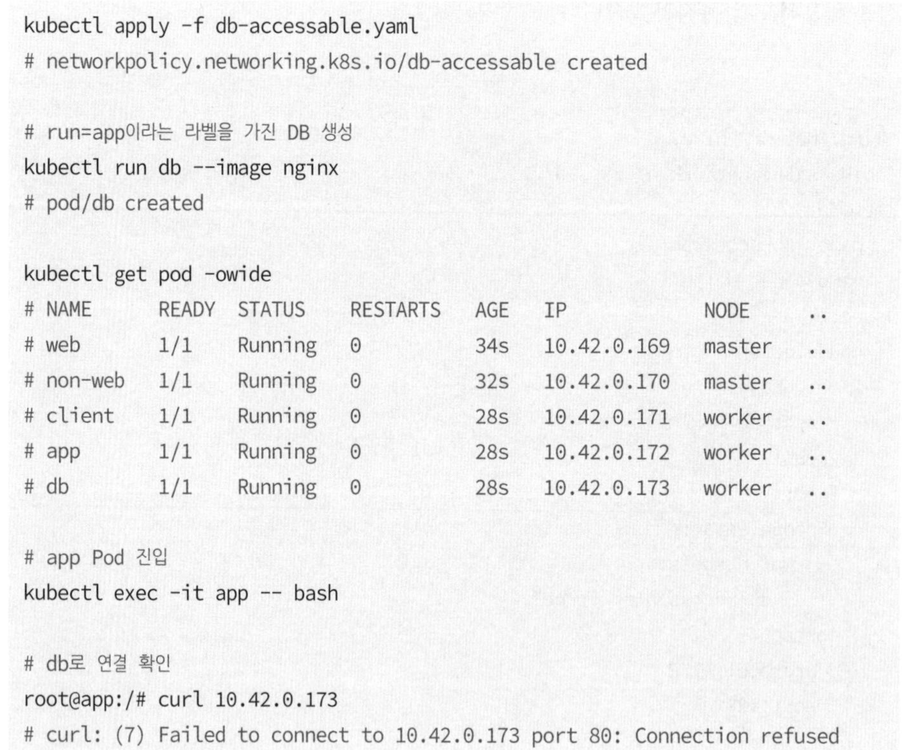

[그림 13-7] DB 접근

```
kubectl apply -f db-accessable.yaml
# networkpolicy.networking.k8s.io/db-accessable created

# run=app이라는 라벨을 가진 DB 생성
kubectl run db --image nginx
# pod/db created

kubectl get pod -owide
# NAME      READY   STATUS    RESTARTS   AGE   IP            NODE     ..
# web       1/1     Running   0          34s   10.42.0.169   master   ..
# non-web   1/1     Running   0          32s   10.42.0.170   master   ..
# client    1/1     Running   0          28s   10.42.0.171   worker   ..
# app       1/1     Running   0          28s   10.42.0.172   worker   ..
# db        1/1     Running   0          28s   10.42.0.173   worker   ..

# app Pod 진입
kubectl exec -it app -- bash

# db로 연결 확인
root@app:/# curl 10.42.0.173
# curl: (7) Failed to connect to 10.42.0.173 port 80: Connection refused
```

```
# app Pod 종료
root@app:/# exit

# db-accessable=true 라벨을 추가
kubectl label pod app db-accessable=true
# pod/app labeled

kubectl exec -it app -- bash
root@app:/# curl 10.42.0.173
# <!DOCTYPE html>
# <html>
# <head>
# <title>Welcome to nginx!</title>
# ...

$root@app:/# exit
```

app 서버가 DB와 통신하기 위해서 db-accessable=true라는 라벨을 추가합니다. 라벨을 추가한 이후에 정상적으로 통신이 되는 것을 확인할 수 있습니다.

DMZ zone 연결

웹 서버의 네트워크 보안을 높히고자 DMZ zone을 만들어 프록시 서버를 거쳐서 웹 서버로 들어오도록 수정합니다. 새로운 네임스페이스를 생성하여 해당 네임스페이스를 마치 DMZ zone처럼 사용합니다. 웹 서버가 zone=dmz라는 라벨을 가진 네임스페이스로부터만 트래픽을 받게 설정합니다.

```
# allow-dmz.yaml
kind: NetworkPolicy
apiVersion: networking.k8s.io/v1
metadata:
  name: allow-dmz
```

```
  namespace: default
spec:
  podSelector:
    matchLabels:
      run: web
  ingress:
  - from:
    - namespaceSelector:
        matchLabels:
          zone: dmz
    ports:
    - protocol: TCP
      port: 80
```

- 적용 대상: run=web 라벨을 가진 Pod
- 허용 소스: zone=dmz라는 라벨을 가진 네임스페이스로부터 오는 트래픽만을 허용
- 허용 포트: 80포트

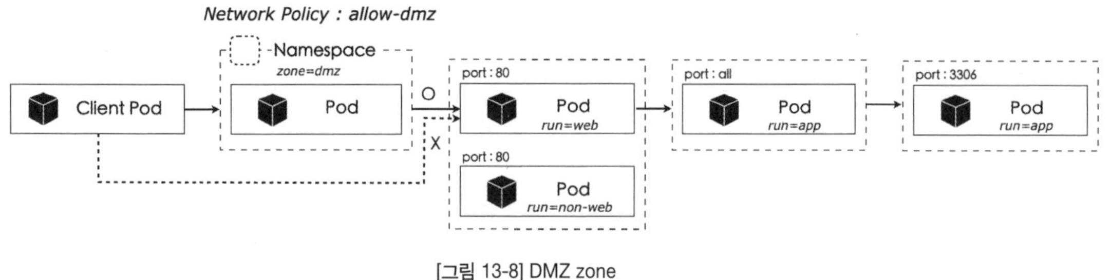

[그림 13-8] DMZ zone

allow-dmz.yaml는 run=web이라는 라벨을 가진 Pod(웹 서버)를 오직 zone=dmz라는 라벨을 가진 네임스페이스로부터 오는 트래픽만 받을 수 있게 만듭니다.

기존 web-open 정책을 삭제하고, 새로운 네임스페이스를 생성하고 라벨을 추가합니다.

```
kubectl delete networkpolicy web-open
# networkpolicy.networking.k8s.io/web-open deleted

kubectl create ns dmz
# namespace/dmz created

kubectl label namespace dmz zone=dmz
# namespace/dmz labeld
```

allow-dmz 네트워크 정책을 생성하고, dmz 네임스페이스에 proxy Pod를 생성합니다.

```
kubectl apply -f allow-dmz.yaml
# networkpolicy.networking.k8s.io/allow-dmz created

# dmz 네임스페이스 Proxy 서버 생성
kubectl run proxy --image nginx -n dmz
# pod/proxy created

# dmz 네임스페이스 Pod 조회
kubectl get pod -owide -n dmz
# NAME     READY   STATUS    RESTARTS   AGE    IP            NODE
# proxy    1/1     Running   0          34s    10.42.0.183   master

# proxy Pod 진입
kubectl exec -it proxy -n dmz -- bash

# dmz 네임스페이스에 있는 proxy 서버에서는 web 서버로 통신이 잘 됩니다.
root@proxy:/# curl 10.42.0.169    # 웹 서버 IP
# <!DOCTYPE html>
# <html>
# <head>
# <title>Welcome to nginx!</title>
# ...

# proxy Pod 종료
```

```
root@proxy:/# exit

# default 네임스페이스에 있는 client Pod로 들어가서 다시 web 서버로 호출합니다.
kubectl exec -it client -- bash

# web 서버로 호출
root@client:/# curl 10.42.0.169
# curl: (7) Failed to connect to 10.42.0.169 port 80: Connection refused

$root@client:/# exit
```

13.3.5 네트워크 구성 - Egress

네트워크 정책을 이용하여 인바운드 트래픽뿐만 아니라, 아웃바운드 트래픽 또한 제어할 수 있습니다. NetworkPolicy의 Egress에 대해 살펴 보겠습니다.

dev 외에 아웃바운드 차단

사용자에게 개발용 네임스페이스를 제공하고 그 속에서만 서비스를 개발하고 운영 중인 다른 네임스페이스에는 원천적으로 접근을 차단하고 싶을 때, 특정 네임스페이스의 아웃바운드를 모두 막을 수 있습니다.

```
# dont-leave-dev.yaml
kind: NetworkPolicy
apiVersion: networking.k8s.io/v1
metadata:
  name: dont-leave-dev
  namespace: dev
spec:
  podSelector: {}
  egress:
```

```
  - to:
    - podSelector: {}
```

- 적용 대상: dev 네임스페이스의 모든 Pod
- 허용 소스: dev 네임스페이스 존재하는 모든 Pod로 접근 가능
- 허용 포트: 전체 포트 허용

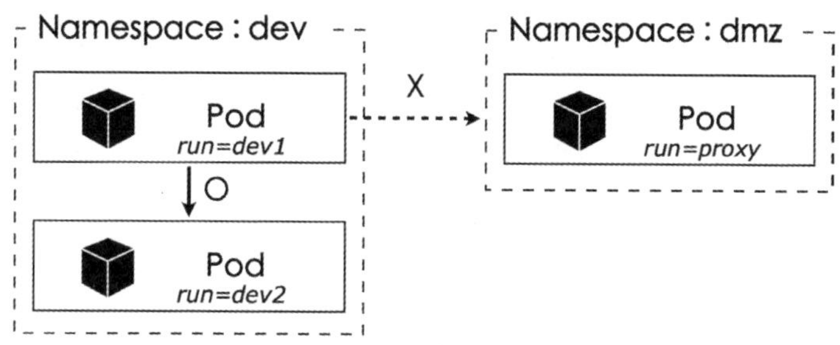

[그림 13-9] 아웃바운드 차단

dont-leave-dev 네트워크 정책은 dev 네임스페이스에 있는 모든 Pod에 대해서 dev 네임스페이스 내부에서만 전체 아웃바운드 트래픽을 허용했습니다. 다시 말해, dev 네임스페이스 이외엔 다른 네임스페이스로는 통신을 하지 못한다는 것을 의미합니다.

```
# dev 네임스페이스 생성
kubectl create ns dev
# namespace/dev created

# Egress 네트워크 정책 생성
kubectl apply -f dont-leave-dev.yaml
# networkpolicy.networking.k8s.io/dont-leave-dev created

kubectl run dev1 --image nginx -n dev
# pod/dev1 created

kubectl run dev2 --image nginx -n dev
```

```
# pod/dev2 created

# Pod IP 확인
kubectl get pod -owide -n dev
# NAME      READY    STATUS     RESTARTS   AGE      IP              NODE
# dev1      1/1      Running    0          34s      10.42.0.191     master
# dev2      1/1      Running    0          32s      10.42.0.192     master

# dev1 Pod 진입
kubectl exec -it dev1 -n dev -- bash

# dev1에서 dev2로 호출
root@dev1:/# curl 10.42.0.192
# <!DOCTYPE html>
# <html>
# <head>
# <title>Welcome to nginx!</title>
# ...
# dev1에서 proxy 서버로 호출
root@dev1:/# curl 10.42.0.183  # proxy 주소
# curl: (7) Failed to connect to 10.42.0.183 port 80: Connection refused

$root@dev1:/# exit
```

dev 네임스페이스 안에서의 통신은 정상적으로 연결되는 반면, dev 네임스페이스 이외의 곳으로는 (default) 요청이 차단되는 것을 확인할 수 있습니다.

Metadata API 접근 금지

클라우드 서비스에서 제공하는 서버의 경우 특정 IP를 이용하여 인스턴스의 메타 데이터를 읽을 수 있습니다. 예를 들어, AWS EC2 서버라면 169.254.169.254 IP를 이용하여 EC2 인스턴스의 메타데이터를 읽을 수 있습니다.

```
# instance id 확인
curl 169.254.169.254/1.0/meta-data/instance-id
# i-0381e52ee2cxxx
```

보안상 사용자들이 직접적으로 metadata에 접근하지 못하도록 IP를 차단하고 싶을 때 ipBlock을 가지고 특정 IP 대역을 차단할 수 있습니다. 다음 예제는 특정 IP 대역을 요청하지 못하도록 막는 네트워크 정책입니다.

```
# block-metadata.yaml
kind: NetworkPolicy
apiVersion: networking.k8s.io/v1
metadata:
  name: block-metadata
  namespace: default
spec:
  podSelector: {}
  egress:
  - to:
    - ipBlock:
        cidr: 0.0.0.0/0
        except:
        - 169.254.169.254/32
```

0.0.0.0/0으로 모든 IP 대역을 열어 놓지만 169.254.169.254/32 IP는 연결을 차단합니다.

```
kubectl exec -it client -- bash

# IP를 이용하여 metadata를 확인할 수 있습니다.
root@client:/# curl 169.254.169.254/1.0/meta-data/instance-id
# i-0381e52ee2cxxx

root@client:/# exit
```

```
kubectl apply -f block-metadata.yaml
# networkpolicy.networking.k8s.io/block-metadata created

kubectl exec -it client -- bash

# 동일한 명령에 대해서 에러가 발생합니다.
root@client:/# curl 169.254.169.254/1.0/meta-data/instance-id
# curl: (7) Failed to connect to 169.254.169.254 port 80: Connection refused
```

특정 IP를 기준으로 아웃바운드를 막아야 하는 경우 유용하게 사용할 수 있습니다.

13.3.6 AND & OR 조건 비교

NetworkPolicy의 ingress 허용 조건을 AND와 OR로 구분하여 정책을 설정할 수 있습니다.

AND 조건

다음과 같이 from property의 리스트 원소를 2개의 podSelector로 선언할 경우, 2개의 조건이 AND로 설정됩니다.

```
kind: NetworkPolicy
apiVersion: networking.k8s.io/v1
metadata:
  name: and-condition
  namespace: default
spec:
  podSelector:
    matchLabels:
      run: web
  ingress:
  - from:
```

```
    - podSelector:
        matchLabels:
          shape: circle
    - podSelector:
        matchLabels:
          color: red
```

모양이 circle이고, 색상이 red인 Pod 선택합니다.

OR 조건

ingress property 아래에 각각의 from으로 선언할 경우 OR로 표현할 수 있습니다.

```
kind: NetworkPolicy
apiVersion: networking.k8s.io/v1
metadata:
  name: or-condition
  namespace: default
spec:
  podSelector:
    matchLabels:
      run: web
  ingress:
  - from:
    - podSelector:
        matchLabels:
          shape: circle
  - from:
    - podSelector:
        matchLabels:
          color: red
```

모양이 cricle이거나, 색상이 red인 Pod 모두 선택합니다.

13.3.7 네트워크 정책 전체 스펙

지금까지 살펴본 NetworkPolicy의 전체 스펙을 나열하면 다음과 같습니다.

```
apiVersion: networking.k8s.io/v1
kind: NetworkPolicy
metadata:
  name: full-network-policy
  namespace: default
spec:
  podSelector:
    matchLabels:
      role: db
  policyTypes:
  - Ingress
  - Egress
  ingress:
  - from:
    - ipBlock:
        cidr: 172.17.0.0/16
        except:
        - 172.17.1.0/24
    - namespaceSelector:
        matchLabels:
          project: dev
    - podSelector:
        matchLabels:
          role: web
    ports:
    - protocol: TCP
      port: 3306
  egress:
  - to:
    - ipBlock:
        cidr: 10.0.0.0/24
    ports:
    - protocol: TCP
      port: 53
```

13.4 마치며

이번 장에서는 쿠버네티스의 전반적인 접근제어 메커니즘에 대해서 알아보았습니다. 사용자 인증, 권한 허가, 네트워크 정책을 통하여 세밀한 보안 정책들을 수립할 수 있습니다. 다음 장에서는 쿠버네티스 클러스터의 로깅과 모니터링에 대해서 살펴보겠습니다.

Clean up

```
kubectl delete pod --all
kubectl delete networkpolicy --all -A
kubectl delete ns dmz
kubectl delete ns dev
```

로깅과 모니터링

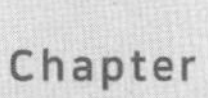

로깅과 모니터링

이번 장에서는 쿠버네티스 클러스터 레벨에서의 로깅과 리소스 사용량 모니터링 방법에 대해 살펴보도록 하겠습니다.

쿠버네티스는 기본적으로 내장하고 있는 로깅 및 모니터링 시스템이 없습니다. 대신 그 기능을 Cloud Native 생태계에 맡겼습니다. 그 결과 훌륭한 시스템들이 쿠버네티스와 접목되어 쿠버네티스의 로깅과 모니터링을 지원하게 되었습니다. 이번 장에서 로깅에는 EFK stack을 이용하여, 모니터링에는 Prometheus, Grafana를 이용하여 시스템을 구축해보겠습니다.

개별 애플리케이션마다 개발자들이 직접 로깅과 모니터링을 위한 코드들을 삽입하여 애플리케이션 레벨에서 로깅과 모니터링을 할 수도 있습니다. 하지만 쿠버네티스 위에서 애플리케이션을 실행하는 경우 로그 기록과 컨테이너 런타임 메트릭이 표준화되어 있어서 그것을 그대로 가져다 활용하기만 하면 쉽게 클러스터의 모든 프로세스들의 로그 기록과 메트릭 정보를 확인할 수 있습니다.

14.1 로깅 시스템 구축

14.1.1 클러스터 레벨 로깅의 장점

kubectl logs 명령어를 사용하면 컨테이너의 로그를 바로 확인할 수 있습니다. 그렇다면, 왜 따로 클러스터 레벨의 로깅 시스템이 필요할까요?

로그 히스토리 저장

Pod가 실행 중인 경우에는 kubectl logs를 통해 로그 메시지를 확인할 수 있지만 Pod가 죽게 되거나 1회성 배치 작업인 경우, Pod가 사라지게 되어 로그 기록도 같이 삭제됩니다. 클러스터 레벨의 로깅 시스템을 따로 구축하여 로그 기록을 저장하면 언제든지 과거의 로그 기록들을 확인할 수 있습니다.

시스템 컴포넌트 로그 통합

쿠버네티스에는 컨테이너뿐만 아니라, kubelet 등과 같은 쿠버네티스 시스템 컴포넌트가 존재합니다. 보통 systemd를 통하여 쿠버네티스 컴포넌트를 실행하는데 이러한 시스템 컴포넌트 로그들도 동일한 로깅 시스템을 이용하여 기록을 확인할 수 있습니다.

범용 로깅 플랫폼

개발자마다 따로 로깅 기능을 구현하지 않아도 되고 통일된 화면을 통해 로그를 볼 수 있습니다.

이러한 이유로 쿠버네티스에서 클러스터 레벨의 로깅 시스템을 따로 구축해서 사용합니다. 로깅 시스템을 구축하는 방법들은 많이 있습니다. 이번 장에서는 EFK 스택(ElasticSearch, fluent-bit, Kibana)을 이용하여 로깅 시스템을 구축하는 방법에 대해서 살펴보겠습니다.

14.1.2 클러스터 레벨 로깅 원리

도커 컨테이너를 실행하고 로그를 확인하기 위해서 다음과 같은 명령을 사용합니다.

```
docker logs <CONTAINER_ID>
```

도커 컨테이너의 로그는 사실 호스트 서버의 특정 디렉터리에 저장이 됩니다. 사용자는 직접 호스트 서버의 디렉터리를 찾아가 로그를 확인할 수도 있습니다. 호스트 서버의 디렉터리 위치는 다음과 같습니다.

```
/var/lib/docker/containers/<CONTAINER_ID>/<CONTAINER_ID>-json.log
```

주의

호스트 서버의 OS마다 또는 컨테이너 런타임마다 컨테이너 로그가 저장되는 위치가 조금씩 다를 수 있습니다. 예제의 위치는 Ubuntu 20.04, k3s 쿠버네티스, 도커 컨테이너 런타임을 기준으로 작성하였습니다.

직접 호스트 서버의 로그 기록을 확인해보겠습니다.

```
# nginx라는 컨테이너를 하나 실행하고 CONTAINER_ID 값을 복사합니다.
docker run -d nginx
# 4373b7e095215c23057b1dc4423527239e56a33dbd

# docker 명령을 통한 로그 확인
docker logs 4373b7e095215c23057b1dc4423527239e56a33dbd
# /docker-entrypoint.sh: /docker-entrypoint.d/ is not empty, will ...
# /docker-entrypoint.sh: Looking for shell scripts in /docker-...
# /docker-entrypoint.sh: Launching /docker-entrypoint.d/...
# 10-listen-on-ipv6-by-default.sh: Getting the checksum of /etc/nginx/..
# ...

# 호스트 서버의 로그 파일 확인
sudo tail /var/lib/docker/containers/4373b7e095215c23057b1dc4423527239e56a33
dbd/4373b7e095215c23057b1dc4423527239e56a33dbd-json.log
# {"log":"/docker-entrypoint.sh: /docker-entrypoint.d/ is not empty, \
# will attempt to perform configuration\n","stream":"stdout",\
```

```
# "time":"2020-07-11T03:22:11.817939191Z"}
# ...

# 컨테이너 정리
docker stop 4373b7e095215c23057b1dc4423527239e56a33dbd
docker rm 4373b7e095215c23057b1dc4423527239e56a33dbd
```

예제를 통해 알 수 있듯이 모든 컨테이너의 로깅 정보가 호스트의 특정 디렉터리에 저장됩니다. 로깅 수집기가 해당 디렉터리에 있는 정보를 수집하여 중앙 로그 저장소로 보내기만 하면 되므로, 쉽게 클러스터 레벨의 로깅 시스템을 구축할 수 있습니다.

14.1.3 ElasticSearch

엘라스틱서치는 텍스트 검색에 최적화된 오픈소스 검색엔진입니다. 많은 양의 데이터를 손쉽게 쿼리할 수 있게 제공해주고, 확장성이 좋습니다. 엘라스틱서치는 구조적인 테이블 대신 JSON 형식으로 데이터를 저장하기 때문에 비정형 데이터를 저장하고 검색하는데 유리합니다. 또한, JSON 문서를 파싱하여 인덱싱하여 저장하기 때문에 굉장히 빠르게 검색을 수행합니다. 엘라스틱서치는 클러스터로 구성하여 확장성을 높힐 수 있습니다. EFK 스택에서 엘라스틱서치를 로그 저장소로 이용합니다. 엘라스틱서치에는 다음과 같은 개념을 사용합니다.

- index: document의 집합으로 index를 기준으로 데이터를 질의하고 저장합니다. 데이터베이스의 table과 유사합니다.
- shard: 성능 향상을 위해 index를 나눈 것입니다. 데이터베이스의 partition과 유사합니다.
- document: 1개의 행을 나타냅니다.
- field: document 안에 들어있는 열을 의미합니다.

엘라스틱서치의 장단점은 다음과 같습니다.

- 장점
  1. 비정형 데이터를 다룰 수 있는 유연함
  2. 뛰어난 확장성과 가용성
  3. Full Text 검색이 빠르다.
  4. 계층적인 데이터도 쿼리 가능
  5. RESTful API 지원
  6. 준 실시간(Near real time) 쿼리

- 단점
  1. 업데이트 비용이 큼
  2. 트랜젝션 기능 부재
  3. JOIN 기능 부재

14.1.4 fluent-bit

일반적으로 EFK 스택이라고 할 때, F는 Fluentd를 가리킵니다. 그러나 예제에서는 fluentd의 경량 버전인 fluent-bit를 사용합니다. fluent-bit는 데이터 수집, 처리, 라우팅에 뛰어난 fluentd의 경량 버전 수집기입니다. fluentd는 로그를 수집하고 집계(aggregation)합니다. 또한, 여러 소스로부터 데이터를 수집하여 처리하고 또 다른 타겟으로 라우팅할 수 있도록 설계되었습니다. 그리고 대량의 데이터를 문제없이 처리하기 위해 뛰어난 성능의 큐를 가지고 있습니다. 또한, 많은 플러그인들을 지원하고 있어 손쉽게 다른 시스템과 연동할 수 있습니다.

fluent-bit도 로그를 수집 & 처리하고 다른 곳으로 데이터를 전달하는 반면, 데이터를 집계하는(aggregation) 기능은 없습니다. fluent-bit는 분산 환경에서 적은 리소스를 가지고도 빠르게 데이터를 타겟 시스템에 전달하는 것을 목표로 설계되었기 때문입니다. fluent-bit는 애초부터 컨테이너 환경을 염두하고 그곳에 맞게 최적의 성능을 내도록 만들어졌습니다. fluent-bit도 플러그인이 존재하지만 fluentd에 비해 에코 시스템이 더 작습니다. 하지만 쿠버네티스를 사용하는 경우 로그의 output 형식이 동일함으로 큰 문제가 되지 않습니다. 모든 Pod의 로그파일이 /var/log/containers/*.log에 생성되어 해당 로그 위치의 파일들만 수집하여 elastic-search로 전달하면 모든 컨테이너에 대해서 로깅을 수행할 수 있기 때문입니다.

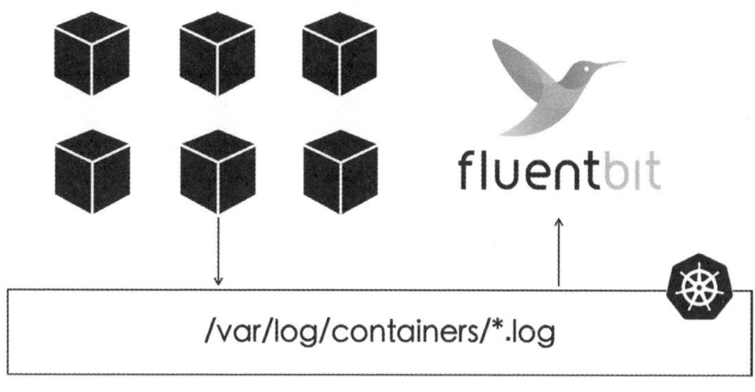

[그림 14-1] fluent-bit

14.1.5 Kibana

Kibana는 웹을 통해 dashboard를 제공하는 데이터 시각화 플랫폼입니다. 엘라스틱서치에 보관되어 있는 데이터들을 조회하여 다양한 visual 컴포넌트로 표현합니다. Kibana는 KQL(Kibana Query Language)라는 질의 언어를 따로 제공하여 Kibana 플랫폼에서 elastic-search로 쿼리할 수 있습니다. Kibana를 통해 사용자들은 바 차트, 플롯, 파이 차트, 맵과 같은 컴포넌트들을 이용해서 대용량 데이터에 대해서 손쉽게 시각화할 수 있습니다. Kibana는 Eastic Stack에서 시각적 인터페이스를 담당합니다.

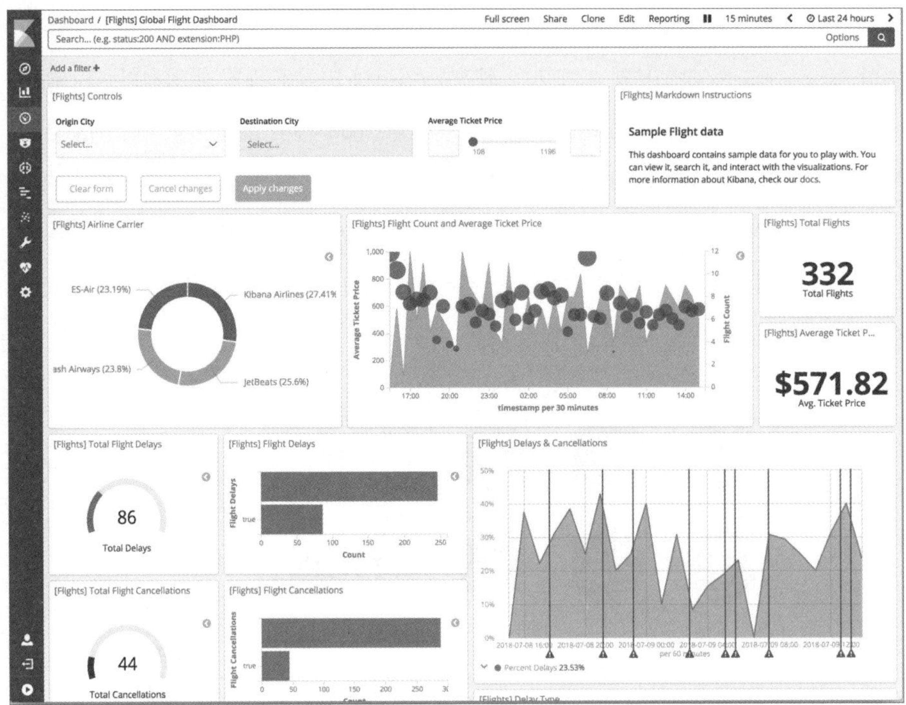

[그림 14-2] kibana
(출처: https://www.elastic.co)

14.1.6 EFK Stack

지금까지 살펴본 수집(fluent-bit), 저장(elastic-search), 시각화(kibana) 툴을 조합하여 EFK Stack을 구성할 수 있습니다. 원래 EFK 스택을 조합하기 위해서는 컴포넌트마다 설정값들을 서로 연결하여 하나의 스택을 구성해야 합니다. 다행히 helm chart 중에 EFK stack을 손쉽게 구성할 수 있는 elastic-stack chart를 제공합니다.

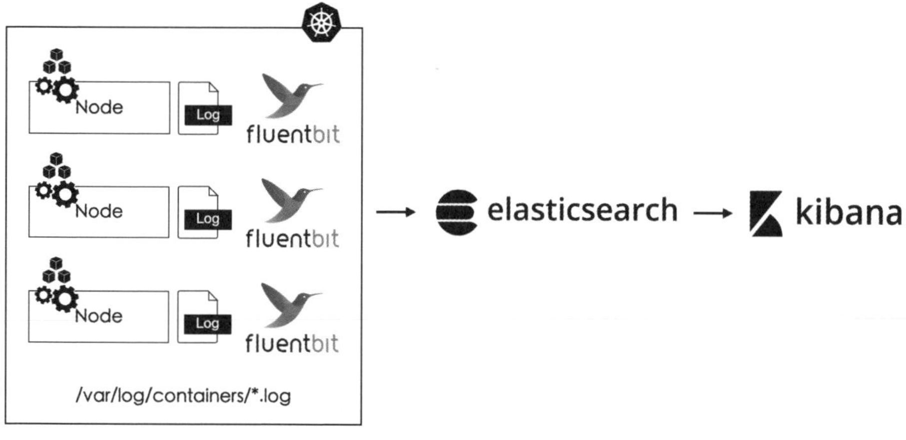

[그림 14-3] EFK stack

stable 리파지토리에서 elastic-stack 차트를 가져옵니다.

```
# fetch stable repository의 elastic-stack
helm fetch --untar stable/elastic-stack --version 2.0.1

vim elastic-stack/values.yaml
```

기본 수집기로 설정된 logstash를 비활성화하고 예제에서 사용할 fluent-bit를 활성화합니다.

```
# elastic-stack/values.yaml

# 약 12줄
logstash:
  enabled: false  # 기존 true

# 약 29줄
fluent-bit:
  enabled: true   # 기존 false
```

리소스 사용량을 최소화하기 위해 elastic-search의 replicas를 1개씩 줄여줍니다.

사용하는 서버의 리소스가 충분히 많을 경우 replicas를 줄일 필요가 없습니다.

elastic-stack chart 안에는 또 다른 chart가 존재합니다. chart 설치 시 charts/ 디렉터리 안의 chart들도 같이 설치가 됩니다.

```
vim elastic-stack/charts/elasticsearch/values.yaml
# elastic-stack/charts/elasticsearch/values.yaml
# ...
# 약 110줄
client:
  replicas: 1  # 기존 2
# ...
# 약 171줄
master:
  replicas: 2  # 기존 3
# ...
# 약 225줄
data:
  replicas: 1  # 기존 2
```

fluent-bit가 수집한 로그를 전달할 타겟 시스템을 수정합니다. 기존에 fluentd로 포워딩하는 것을 직접 elastic-search(es)로 변경합니다. 이때, 사용할 호스트명으로 efk-elasticsearch-client를 입력합니다. 그 다음으로 로그를 수집할 위치를 지정합니다. input property의 tail 부분을 보면 앞서 설명한 바와 같이 /var/log/containers/*.log를 바라보고, docker 형식으로 파싱하는 것을 확인할 수 있습니다. 컨테이너뿐만 아니라, 시스템 로그(systemd)도 수집할 수 있습니다. kubeadm 툴을 이용하는 경우 kubelet.service의 로그를 가져오지만 k3s를 이용하여 쿠버네티스를 구축한 경우, k3s.service 로그를 가져올 수 있게 수정합니다.

```
# elastic-stack/charts/fluent-bit/values.yaml
# ...
# 약 45줄
backend:
  type: es    # 기존 forward
  # ...
  es:
    host: efk-elasticsearch-client   # 기존 elasticsearch -> host 변경

# ...

# 약 226줄
input:
  tail:
    memBufLimit: 5MB
    parser: docker
    path: /var/log/containers/*.log
    ignore_older: ""
  systemd:
    enabled: true   # 기존 false
    filters:
      systemdUnit:
        - docker.service
        - k3.service    # 기존 kubelet.service
        # - node-problem-detector.service  --> 주석처리
```

사용자가 웹 브라우저를 통해 Kibana를 접속할 수 있게 Ingress를 설정합니다. 앞서 살펴본 tls 설정을 원한다면, annotations와 tls property를 적절하게 입력하십시오.

> **참고** 사용자별 공인 IP로 kibana 주소를 설정해야 합니다.

```
# elastic-stack/charts/kibana/values.yaml
# ...
```

```
# 약 79줄 - kibana ingress 설정하기
ingress:
  enabled: true   # 기존 false
  hosts:
  - kibana.10.0.1.1.sslip.io   # 외부 IP 입력
  annotations:
    kubernetes.io/ingress.class: nginx
```

elastic-stach 차트를 생성합니다. 이때, helm chart의 이름을 꼭 efk라고 지정해야 합니다. 백엔드 엘라스틱서치의 호스트명으로 efk-elasticsearch-client를 사용했기 때문입니다.

```
helm install efk ./elastic-stack
# NAME: efk
# LAST DEPLOYED: Sat Jul 11 07:17:06 2020
# NAMESPACE: default
# STATUS: deployed
# REVISION: 1
# NOTES:
# The elasticsearch cluster and associated extras have been installed.
# Kibana can be accessed:
# ...

# 모든 Pod가 다 실행되기까지 wait
watch kubectl get pod,svc
```

이제, 웹 브라우저에서 kibana.10.0.1.1.sslip.io 주소를 입력하면 Kibana 웹 페이지에 들어갈 수 있습니다. 로그를 보관할 index를 만들기 위해 다음과 같은 작업을 수행합니다.

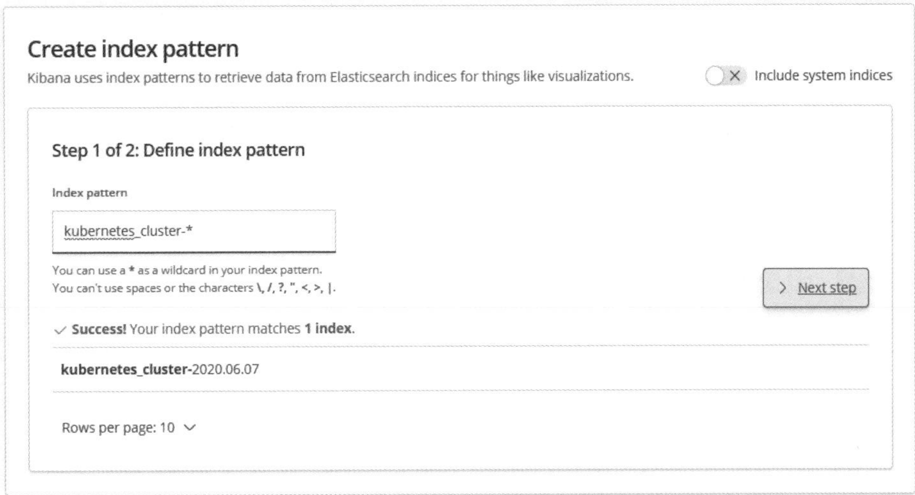

[그림 14-4] index 생성

1. Explore on my own 클릭
2. 왼쪽 패널 Discover 클릭
3. Index pattern에 kubernetes_cluster-* 입력 > Next step
4. Time Filter field name에 @timestamp 선택 > Create index pattern
5. 다시 Discover 패널로 가면 Pod들의 로그들을 볼 수 있습니다.

생성된 index를 통해 Pod들의 로그가 쌓이는 것을 확인할 수 있습니다. 단순히 로그 메시지가 저장되는 것 이외에 다양한 메타데이터(라벨, 네임스페이스 등)가 자동으로 저장되어 정밀한 로그 검색이 가능합니다.

helm을 이용하여 클러스터 레벨의 로깅 시스템인 EFK 스택을 구축하는 방법에 대해서 살펴 보았습니다. 다음으로 리소스 사용량을 모니터링하는 시스템에 대해서 살펴보도록 하겠습니다.

Clean up

```
helm delete efk
```

14.2 리소스 모니터링 시스템 구축

안정적으로 서비스를 운영하기 위해 리소스 모니터링은 중요한 역할을 합니다. 쿠버네티스 위에서 동작하는 앱들은 기존과 다른 방식으로 동작합니다. 기존에는 각 서버에 특정 역할(웹 서버, 애플리케이션 서버 등)이 고정되어 있었고 그 역할에 맞는 모니터링 툴을 설치해서 모니터링 시스템으로 전달했습니다. 이러한 역할을 수행하는 프로그램을 주로 모니터링 agent라 부르며 모니터링 시스템으로 정보를 전송(push)했습니다.

그렇지만 쿠버네티스 환경에서는 특정 서버라는 경계가 모호해지고 애플리케이션 단위로 모니터링 대상이 세밀해졌습니다. 또한, 애플리케이션이 배치되는 노드를 특정할 수 없고 그 개수도 고정되어 있지 않고 자주 바뀔 수 있게 되었습니다. 이러한 특성으로, 쿠버네티스 환경에서는 모니터링 agent를 설치하여 agent가 메트릭을 모니터링 시스템에 전달하는 방식(push-based)보다는 모니터링 시스템이 수집해야하는 대상을 찾아(discover) 직접 메트릭을 수집(pull-based)합니다. 쿠버네티스 환경에 맞게 만들어진 모니터링 시스템인 프로메테우스(Prometheus)에 대해 살펴 보겠습니다.

14.2.1 프로메테우스(Prometheus)

프로메테우스는 오픈소스 SoundCloud사에서 만든 오픈소스 모니터링 및 알람 툴입니다. CNCF 재단의 2번째 프로젝트로 등록되었고, 지금은 완료(graduated)한 프로젝트가 되었습니다. 프로메테우스는 service discovery로부터 수집 대상을 질의하여 직접 메트릭을 수집하는 pull-based 모니터링 툴입니다. 프로메테우스는 다음과 같은 특징을 가지고 있습니다.

특징

- key / value 형태의 time series 데이터 구조를 지닙니다.
- PromQL이라는 유연한 질의 언어를 제공합니다.
- 분산 스토리지를 사용하지 않습니다.
- HTTP를 이용한 pull 방식으로 메트릭을 수집합니다.
- 수집 대상은 서비스 탐색(service discovery)으로 찾습니다.

아키텍처

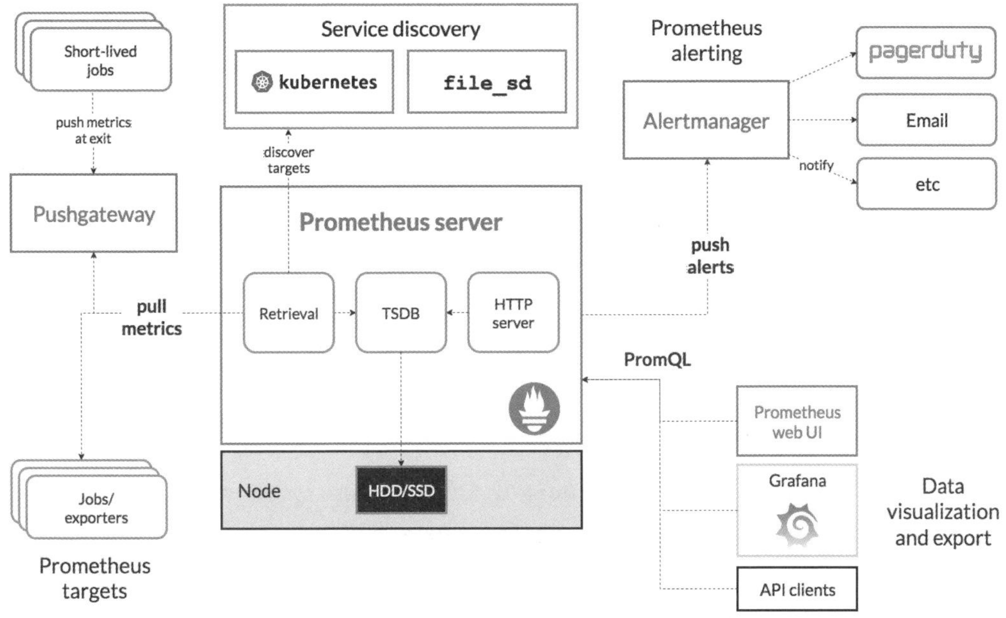

[그림 14-5] Prometheus (출처: https://prometheus.io/docs/introduction/overview)

- prometheus server: 메트릭을 수집하는 주체, 데이터 저장소, 쿼리엔진 등 중심이 되는 컴포넌트
- service discovery: 수집 대상을 prometheus 서버에게 알려주는 컴포넌트
- alertmanager: 선언된 규칙에 따라 알람을 특정 채널에 발생시키는 컴포넌트 (이메일, 슬랙 등)
- exporter (target): 실제 메트릭을 수집하는 수집기. prometheus로부터 HTTP 요청을 받아 수집 정보를 전달하는 컴포넌트
- push gateway: pull 방식의 데이터 전달이 불가능한 경우(네트워크 제한, 배치잡 등), push gateway를 통하여 대신 전달
- grafana: 데이터 시각화 툴

14.2.2 컨테이너 메트릭 정보 수집 원리

실행된 도커 컨테이너의 프로세스 메트릭 정보를 얻기 위해서 다음과 같은 명령을 사용합니다.

```
docker stats <CONTAINER_ID>
```

```
docker run -d nginx
# 4373b7e095215c23057b1dc4423527239e56a33dbd

docker stats 4373b7e095215c23057b1dc4423527239e56a33dbd
# CONTAINER ID    NAME     CPU %     MEM USAGE / LIMIT     MEM    ...
# 4af9f73eb06f    dreamy   0.00%     3.227MiB / 7.773GiB   0.04%  ...

docker stop 4373b7e095215c23057b1dc4423527239e56a33dbd
docker rm 4373b7e095215c23057b1dc4423527239e56a33dbd
```

stats라는 명령을 통해 사용자는 컨테이너의 리소스 사용량 정보를 확인할 수 있습니다.

exporter는 이와 유사한 방법으로 메트릭 정보를 컨테이너로부터 추출하고 프로메테우스 서버가 메트릭 수집을 위해 exporter에게 요청을 하게 되면 추출한 메트릭 정보를 전달해 줍니다. 프로메테우스 서버는 수집한 메트릭 정보를 내부 저장소에 저장해 놓고 grafana와 같은 시각화 도구를 통해 결과를 보여줍니다.

14.2.3 Prometheus & Grafana 구축

프로메테우스도 마찬가지로 각종 컴포넌트들을 직접 연결해서 사용해야 하지만 Prometheus도 이미 잘 정리된 helm chart가 존재합니다. stable 리파지토리의 prometheus-operator를 이용하여 손쉽게 리소스 모니터링 시스템을 구축해보겠습니다.

```
helm fetch --untar stable/prometheus-operator --version 8.16.1

vim prometheus-operator/values.yaml
```

```
# 약 495줄 - grafana ingress 설정하기
grafana:
  ingress:
    enabled: true    # 기존 false
    annotations:
      kubernetes.io/ingress.class: nginx    # 추가
    hosts:
    - grafana.10.0.1.1.sslip.io             # 추가
```

사용자별 공인 IP로 grafana 주소를 설정해야 합니다.

prometheus-operator를 설치하고, 모든 Pod가 실행될 때까지 기다립니다.

```
helm install mon ./prometheus-operator
# manifest_sorter.go:192: info: skipping unknown hook: "crd-install"
# manifest_sorter.go:192: info: skipping unknown hook: "crd-install"
# manifest_sorter.go:192: info: skipping unknown hook: "crd-install"
# manifest_sorter.go:192: info: skipping unknown hook: "crd-install"
# manifest_sorter.go:192: info: skipping unknown hook: "crd-install"
# manifest_sorter.go:192: info: skipping unknown hook: "crd-install"
# NAME: mon
# LAST DEPLOYED: Thu Jul 16 08:44:38 2020
# NAMESPACE: default
# STATUS: pending-install
# ...

watch kubectl get pod
```

웹 브라우저를 통해 grafana를 접근합니다.

- username: admin
- password: prom-operator

좌측 상단의 Home을 누르면 다양한 대시보드가 생성된 것을 볼 수 있습니다. 각 대시보드에는 여러 가지 쿠버네티스 메트릭 정보가 수집되어 한눈에 보기 쉽게 나와 있습니다.

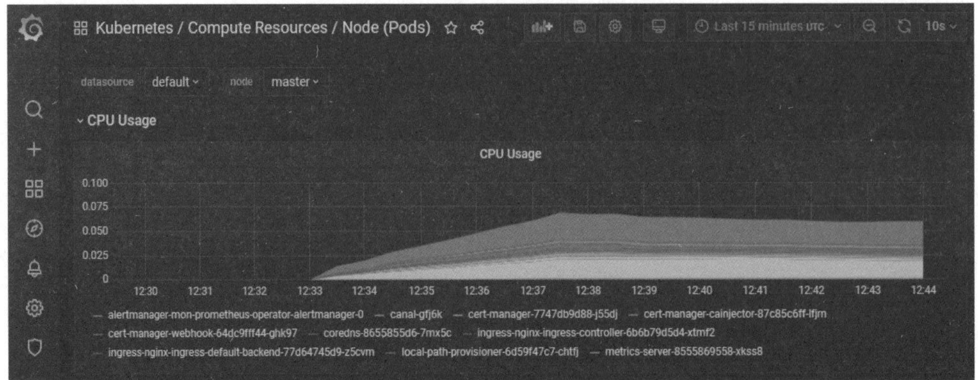

[그림 14-6] Grafana 화면

주의

k3s 클러스터 사용 시 쿠버네티스 컴포넌트(etcd 등) 일부 대시보드가 정상적으로 보이지 않을 수 있습니다. k3s 클러스터 구현이 조금 다르기 때문입니다.

프로메테우스 모니터링 툴을 이용하면 쿠버네티스 위에서 일어난 모든 컨테이너에 대한 리소스 사용량을 수집할 수 있어 명확한 사용량에 근거한 의사결정(노드 추가 등)을 내릴 수 있게 됩니다. 새로운 애플리케이션을 배포할 때마다 새로운 리소스 모니터링 툴을 설치할 필요 없이 프로메테우스 하나로 많은 부분을 커버할 수 있습니다.

14.3 마치며

이번 장에서는 클러스터 상태를 명확하게 파악하기 위해 클러스터 레벨의 로깅 및 리소스 모니터링 전략에 대해서 알아보고 간단하게 시스템을 구축해보았습니다. 다음 장에서는 쿠버네티스 CI/CD 파이프라인에 대해 살펴보도록 하겠습니다.

Clean up

```
helm delete mon
```

15

CI/CD

Chapter 15

CI/CD

이번 장에서는 쿠버네티스 위에서 동작하는 애플리케이션의 CI 파이프라인을 구성하기 위해 젠킨스 클러스터와 "도커 안에 도커"를 사용하는 방법에 대해 살펴보고 간단하게 CI 파이프라인을 구축해보겠습니다. 그리고 "단일 진실의 원천"에 대한 개념을 이해하고 GitOps 스타일의 CD 파이프라인에 대해 알아보겠습니다. 마지막으로 편리한 방법으로 쿠버네티스 위에서 애플리케이션을 개발하기 위해 구글에서 만든 skaffold라는 툴에 대해 알아보겠습니다.

15.1 DevOps와 CI/CD

DevOps는 개발(Dev)과 운영(Ops)의 합성어로 개발과 운영을 따로 분리하지 않고 연결된 하나의 큰 워크플로우로 생각하여 지속적으로 소프트웨어를 고도화하는 방법론을 말합니다.

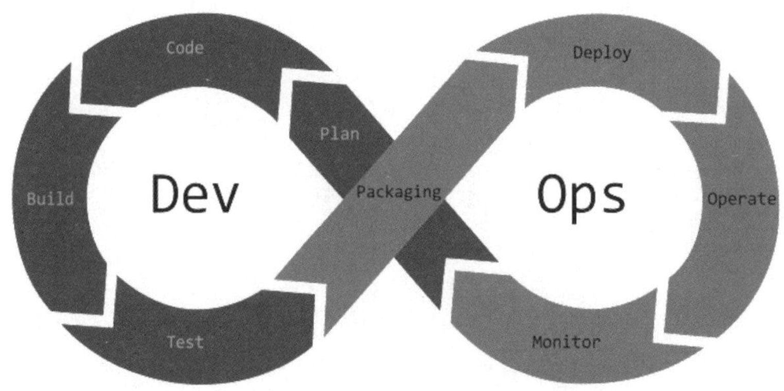

[그림 15-1] DevOps

DevOps는 크게 다음과 같은 플로우를 가집니다.

1. Plan: 개발하고자 하는 소프트웨어가 무엇인지 정의하고 요구사항들을 정리합니다.
2. Coding: 코드를 개발하고 리뷰하며 코드 저장소에 코드를 저장합니다.
3. Building: 텍스트인 코드를 실행 가능한(executable) 형태로 빌드합니다.
4. Testing: 실행 파일을 테스트합니다.
5. Packaging: 테스트를 거친 결과물들을 패키징하여 배포 가능한 형태로 저장합니다.
6. Deploy: 출시된 산출물을 실제 환경에 배포합니다.
7. Operate: 배포된 애플리케이션이 정상적으로 동작하도록 관리합니다.
8. Monitor: 애플리케이션의 성능 측정, 사용성 등을 관측합니다.

DevOps는 이러한 플로우를 최대한 자동화하고 지속적으로 변경사항을 적용하여 빠르게 변화하는 요구사항을 대응하고 생산성과 안정성 모두를 얻고자 합니다.

15.1.1 CI/CD란?

DevOps는 문화와 프로세스에 가까운 큰 개념입니다. DevOps를 성공적으로 수행하기 위해 반복적 작업을 자동화(Automating repetitive tasks)합니다. 반복적인 코드 통합을 자동화하는 것을 CI, 반복적인 소프트웨어 배포를 자동화하는 것을 CD라 부릅니다. CI/CD는 Continuous Integration, Continuous Delivery의 약자로 자동화를 통해 빠르고 지속적으로 소프트웨어를 고도화하는 방법을 말합니다.

15.1.2 지속적 통합(Continuous Integration)

지속적 통합은 여러 소프트웨어 개발자들이 하루에도 수십번 끊임없이 코드를 통합할 수 있게 제공하는 것을 목표로 합니다. 잦은 코드 통합은 통합 시 발생하는 코드 충돌을 줄여주며 개발 사이클이 처지지 않게 돕습니다. 이를 위해 소스코드 통합, 빌드와 테스팅을 최대한 자동화하여 소프트웨어 개발자들이 코드 개발에 더 집중할 수 있도록 합니다. 성공적인 CI 구성을 통해 코드 반영의 수고를 줄이고 통합 시 발생할 수 있는 충돌에 대해서 빠르게 파악할 수 있습니다.

15.1.3 지속적 배포(Continuous Delivery)

지속적 배포는 패키징과 배포에 중점을 둡니다. CD를 통해 자동으로 소프트웨어를 패키징하고 운영 환경에 배포합니다. 배포 시 발생할 수 있는 문제를 빠르게 인지하고 롤백할 수 있는 방법을 제공합니다. 지속적 배포는 새로운 기능, 설정 변경, 버그 수정 등과 같은 변경점을 안전하고 빠르게 배포할 수 있게 해줍니다.

15.1.4 CI/CD의 장점

빠른 제품 반영

소프트웨어 개발의 최종 목적은 소프트웨어를 통해 비즈니스적 가치를 창출하는 것입니다. 따라서 비즈니스 요구사항의 변화에 따라 소프트웨어를 빠르게 변경하는 것이 중요합니다. 지속적인 소프트웨어 릴리즈를 통해 사용자의 요구사항을 신속하게 제품에 반영할 수 있습니다.

운영 안정성 확보

자동화를 통해 인적 오류를 최소화할 수 있습니다. 이를 통해 개발과 운영에서 발생할 수 있는 장애를 최소화하고 높은 안정성을 확보할 수 있습니다.

빠른 피드백

지속적 통합과 배포를 통해 문제점을 빠르게 발견하여 신속히 버그를 수정하여 높은 품질의 소프트웨어 제공할 수 있습니다.

품질 향상

빠른 피드백과 잦은 배포를 통해 소프트웨어의 품질을 자연스럽게 향상시킬 수 있습니다. 성공적인 CI/CD 파이프라인 구성은 소프트웨어 품질을 향상시키는 데 큰 역할을 합니다.

협력성 증대

손쉬운 통합과 배포는 개발자로 하여금 소프트웨어를 수정하는 부담을 줄여 줍니다. 반복적인 작업은 CI/CD 툴에게 맡김으로써 여러 사람이 협력하여 소프트웨를 개발하기 편리하게 만듭니다. 코드 통합 및 배포 시 발생하는 커뮤니케이션 비용을 감소시켜, 보다 중요한 일에 집중할 수 있게 만들어 줍니다.

15.2 CI 파이프라인

15.2.1 젠킨스(Jenkins)

젠킨스는 지속적 통합을 얘기할 때 빼놓을 수 없는 제품입니다. 젠킨스는 다양한 생태계와 플러그인을 지원하고 있어 많은 소프트웨어 개발 프로젝트에서 사용됩니다. 이번 절에서는 쿠버네티스 위에 젠킨스를 설치해서 CI 파이프라인을 구축해보겠습니다. 젠킨스 서버도 마찬가지로 helm chart를 통해 설치합니다.

```
# 먼저 jenkins chart를 다운로드합니다.
helm fetch --untar stable/jenkins --version 2.3.0

vim jenkins/values.yaml
```

젠킨스 Ingress를 설정합니다.

```
# jenkins/values.yaml 수정
# 약 375번째 line, ingress 설정
  ingress:
    enable: true          # 기존 false
    annotations:
      kubernetes.io/ingress.class: nginx    # 추가
    hostName: jenkins.10.0.1.1.sslip.io     # 공인 IP 입력
```

사용자별 공인 IP로 젠킨스 주소를 설정해야 합니다.

values.yaml 파일 설정이 완료되었으면, 젠킨스를 설치해보겠습니다.

```
# jenkins 설치
helm install jenkins ./jenkins

# NAME: jenkins
# LAST DEPLOYED: Sat Mar 14 00:16:01 2020
# NAMESPACE: default
# STATUS: deployed
# REVISION: 1
# NOTES:
# 1. Get your 'admin' user password by running:
#   printf $(kubectl get secret --namespace default jenkins -o
# jsonpath="{.data.jenkins-admin-password}" | base64 --decode);echo
#
# 2. Visit http://jenkins.10.0.0.1.sslip.io
```

```
#
# 3. Login with the password from step 1 and the username: admin
```

젠킨스가 설치 완료되려면 시간이 조금 걸립니다. watch 명령을 통해 Pod가 READY 되는지 확인합니다. 또는, wait 명령을 이용하여 완료되길 기다립니다.

```
watch kubectl get pod
# NAME                          READY    STATUS       RESTARTS    AGE
# jenkins-68d5bcc94b-r99kz      0/1      Init:0/1     0           13s

kubectl wait --for condition=Ready pod jenkins-68d5bcc94b-r99kz
# pod/jenkins-68d5bcc94b-r99kz condition met
```

아이디는 admin 비밀번호는 다음의 명령을 통해서 확인합니다.

```
printf $(kubectl get secret --namespace default jenkins -o jsonpath="{.data.
jenkins-admin-password}" | base64 --decode);echo
# 1Ctidon3hh
```

젠킨스 접속을 성공했다면, 바로 다음과 같은 Job을 생성하고 실행합니다.

1. New item > Free style project > Enter an item name: myfirstjob > OK
2. Build > Add build step > Execute shell
3. Command > echo "hello world!" 입력 > Save
4. Build Now > #1 > Console Output

Console Output의 결과를 기다리는 동안, 다시 terminal로 돌아와서 Pod 리소스를 관찰합니다.

```
watch kubectl get pod
# NAME                        READY    STATUS                RESTARTS    AGE
```

```
# jenkins-68d5bcc94b-r99kz   1/1     Running              0          49m
# default-rrl40              0/1     ContainerCreating    0          15s
```

조금 기다리다 보면 default-xxxx라는 Pod가 새롭게 생성되었다가 myfirstjob#1 Job이 완료됨과 동시에 Pod가 사라지는 것을 확인할 수 있습니다. 이번에는 다시 Build Now를 클릭하고 아래 페이지에 접속합니다.

- Jenkins > Manage Jenkins > Manage Nodes

잠시후 default-xxxx 젠킨스 Slave Node가 생성되는 것을 확인할 수 있습니다. 마찬가지로 Job이 완료된 이후 Node가 사라집니다.

기존의 Jenkins Cluster와 비교해보겠습니다. 기존의 클러스터는 각각의 워커 노드들을 구축해 놓고 필요에 따라 빌드 작업을 워커 노드에서 실행하였습니다. 반면, 쿠버네티스 위의 젠킨스를 마스터만 실행되고 필요에 따라서 새로운 워커(Pod)가 동적으로 생성됩니다.

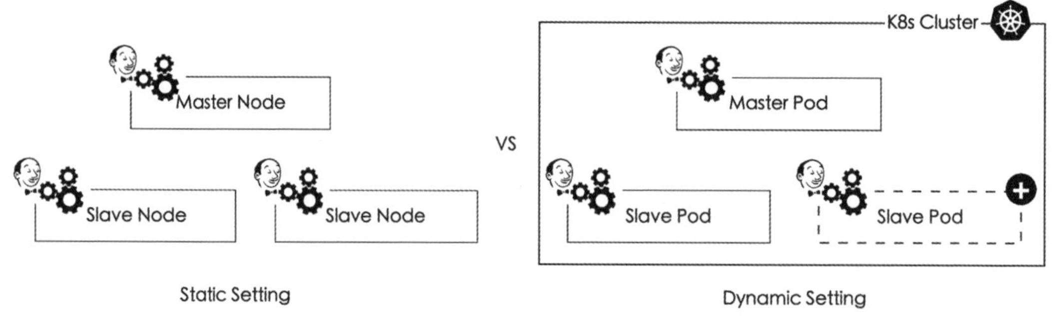

[그림 15-2] Dynamic Worker

- Dynamic Worker 장점

1. 쉽게 확장할 수 있다: 물리 노드가 고정된게 아니라 Pod로 동작하기 때문에 작업부하가 커지면 Pod의 개수만 늘리면 됩니다.

2. 리소스 사용이 효율적이다: 젠킨스 워커로 지정된 노드가 존재하지 않기 때문에 빌드작업이 없을 때는 동일한 노드에 다른 Pod를 실행시킬 수 있습니다.
3. 클러스터 관리가 쉬워진다: 젠킨스 클러스터를 따로 관리할 필요 없이, 클러스터에 대한 모니터링, 로깅, 운영은 쿠버네티스에게 전적으로 맡길 수 있습니다.

- Dynamic Worker 단점
  1. Worker 노드 생성 시 지연 시간이 발생한다: 빌드가 실행될 때 마다 가상노드(Pod)가 생성되기 때문에 그 만큼의 지연시간이 발생하게 됩니다. 빌드 작업이 지속적이고 많다면 고정된 노드를 사용하는 것이 더 효율적일 수 있습니다.
  2. Worker에서 생성된 결과가 바로 사라진다: Pod가 생성되었다가 완료되면 사라지기 때문에 빌드의 결과물을 적절히 외부 저장소에 저장하지 않으면 사라집니다. PVC 연결 등으로 문제를 해결할 수 있습니다.
  3. 빌드 디버깅이 어려울 수 있다: 고정된 노드가 있지 않고 Pod가 삭제되어 로그 기록이 사라져 디버깅이 어려울 수 있습니다. 이러한 문제는 클러스터 레벨 로깅 시스템을 이용하여 해결할 수 있습니다.

Dynamic Worker의 단점을 보완하기 위해 쿠버네티스 클러스터 위에서 가상노드(Pod)를 고정시켜 젠킨스 클러스터를 운용할 수도 있습니다. 이 경우, 단지 기존의 워커 노드가 Pod로만 대체될 뿐 나머지는 기존의 젠킨스 클러스터와 동일하게 동작합니다.

15.2.2 CI 파이프라인

이제, 본격적으로 CI pipeline을 구성해보겠습니다. 도커, 쿠버네티스를 이용하게 되면 CI pipeline은 굉장히 간단해집니다. 도커 빌드를 통해 빌드 결과물인 도커 이미지가 만들어지기 때문에 별다른 빌드 환경 필요 없이 도커만 설치되어 있으면 되기 때문입니다. 더욱이 도커 17 버전 이후로는 도커 이미지 빌드 시, multi-stage build를 지원하여 빌드하는 stage와 빌드된 결과물을 도커 이미지에 포함시키는 stage를 분리할 수 있어 빌드와 패키징을 구분하여 이미지를 생성할 수 있습니다. [그림 15-3]은 도커를 이용한 CI pipeline의 흐름입니다.

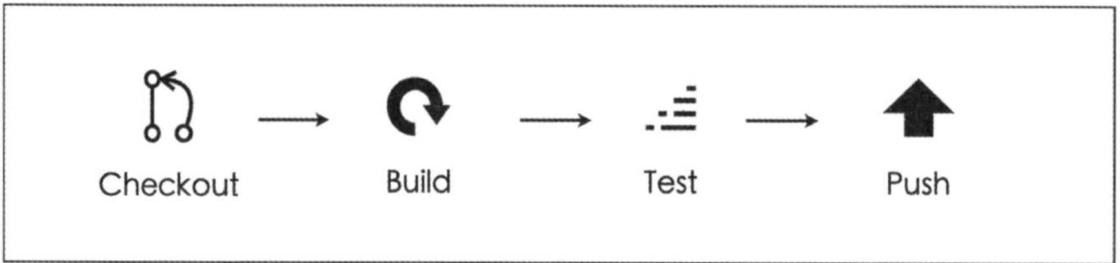

[그림 15-3] CI Pipeline

이것을 코드로 작성하면 다음과 같습니다.

```
# checkout
git clone $PROJECT
git checkout $BRANCH

# build
docker build . -t $USERNAME/$PROJECT

# test
docker run --entrypoint /test $USERNAME/$PROJECT

# push
docker login --username $USERNAME --password $PASSWORD
docker push $USERNAME/$PROJECT
```

- build: 모든 빌드 과정이 도커 이미지 빌드 안에서 이루어지므로 CI 서버에서는 이미지를 빌드하는 명령만 호출해주면 됩니다.
- test: 테스트의 책임을 이미지에 넘겨 버리고 CI 서버에서는 사전에 정의된 /test라는 명령만 호출합니다. 그러면 각 이미지 안에서는 /test 호출에 따라 프로젝트에 맞게 테스트를 진행합니다.
- push: 생성된 이미지를 리파지토리에 업로드합니다.

이렇듯 도커를 이용하게 되면 소프트웨어의 빌드, 테스트, 패키징 과정을 쉽게 표준화할 수 있습니다.

실제 프로젝트에 적용하다 보면 예제에 나온 만큼 CI가 간단해질 수도 있지만 그렇지 않는 경우도 많습니다. 예제는 도커를 통해 CI가 간소화되는 부분을 강조하기 위한 설명입니다.

15.2.3 도커 안에 도커

CI pipeline을 작성하기 전에 도커 컨테이너 안에서 도커를 사용하는 방법에 대해서 잠깐 알아봅시다. 젠킨스가 도커 컨테이너로 구동이 되고 젠킨스 안에서 도커 이미지를 생성해야 하기 때문에 결과적으로 도커 안에 도커를 사용하는 모양이 됩니다.

도커 안에 도커를 실행시키는 방법은 크게 2가지인데, 하나는 도커 컨테이너 안에 도커 데몬서버 자체가 들어 있는 형태이고 다른 하나는 컨테이너 안에서 호스트 서버의 도커 서버를 참조하는 방법입니다. CI pipeline에서는 호스트 서버의 도커 서버를 참조하는 것만으로도 충분하기 때문에 후자의 방법을 사용합니다. 사실, 첫 번째 방법은 문제가 발생할 소지가 있기 때문에 추천드리지 않습니다.

도커 in 도커에 대한 더 자세한 내용은 다음 글을 참조하십시오.

https://jpetazzo.github.io/2015/09/03/do-not-use-docker-in-docker-for-ci

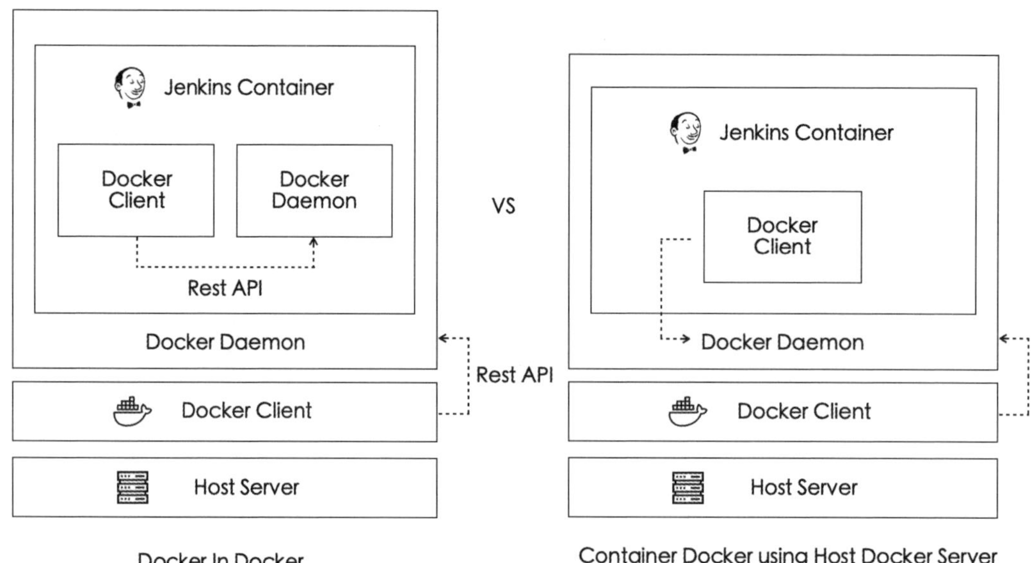

[그림 15-4] Docker in Docker

두 번째 방법은 호스트 도커의 소켓을 컨테이너에 볼륨으로 연결해서 쉽게 사용할 수 있습니다.

```
# docker라는 이미지를 실행하면서 도커 소켓을 볼륨으로 연결합니다.
docker run --rm -it -v /var/run/docker.sock:/var/run/docker.sock docker
# Unable to find image 'docker:latest' locally
# ...
# 컨테이너 내부에서 host 도커의 프로세스를 확인할 수 있습니다.
root@43bf40690fa9:/# docker ps
# CONTAINER ID   IMAGE                COMMAND          CREATED          ...
# 43bf40690fa9   docker               "docker-en..."   13 seconds ago   ...
# e773f2075df4   rancher/pause:3.1    "/pause"         5 hours ago      ...
```

```
# ...
root@43bf40690fa9:/# exit
```

이제, 본격적으로 Jenkins Pipeline을 통해서 CI pipeline을 작성해보겠습니다.

15.2.4 Jenkins Pipeline

젠킨스에서는 CI과정 전체를 하나의 스크립트로 관리할 수 있게 Jenkins Pipeline이라는 기능을 제공합니다. 사용자는 Jenkinsfile을 작성하여 전체 파이프라인을 표현합니다. 이때, Groovy라는 언어를 사용하며 Jenkinsfile 안에 Pod를 정의할 수 있습니다.

다음과 같이 진행합니다.

1. Jenkins > Manage Jenkins > Manage Credentials > Jenkins > Global credentials > Add Credentials
   - Scope: Global
   - Kind: Username with password
   - ID: dockerhub
   - Username: 도커 허브 아이디
   - Password: 도커 허브 비밀번호
2. Jenkins > New Item > Pipeline > Enter Name: myfirstpipeline > Pipeline > OK
3. Pipeline Definition: Pipeline script > 다음 Jenkinsfile 스크립트 삽입
4. Jenkins > myfirstpipeline > Build Now

Jenkinsfile이 복잡해 보일 수는 있지만 sh "" 안의 내용만 본다면 앞에서 살펴본 흐름과 동일합니다.

```
pipeline {
    agent {
        kubernetes {
            yaml '''
apiVersion: v1
kind: Pod
spec:
  containers:
  - name: git
    image: alpine/git
    tty: true
    command: ["cat"]
    env:
    - name: PROJECT_URL
      value: https://github.com/bjpublic/core_kubernetes.git
  - name: docker
    image: docker
    tty: true
    command: ["cat"]
    env:
    - name: PROJECT_NAME
      value: core_kubernetes
    volumeMounts:
    - mountPath: /var/run/docker.sock
      name: docker-socket
  volumes:
  - name: docker-socket
    hostPath:
      path: /var/run/docker.sock
'''
            defaultContainer 'docker'
        }
    }
    stages {
      stage('Checkout') {
        steps {
          container('git') {
            // 소스코드 checkout
```

```
        sh """
        git clone \$PROJECT_URL
        """

      }
    }
  }
  stage('Build') {
    steps {
      // 도커 빌드
      sh """
      cd \$PROJECT_NAME/pipeline-sample
      docker build -t \$PROJECT_NAME .
      """
    }
  }
  stage('Test') {
    steps {
      // 이미지 테스트
      sh "docker run --entrypoint /test \$PROJECT_NAME"
    }
  }
  stage('Push') {
    steps {
      // 도커 허브 계정 정보 가져오기
      withCredentials([[$class: 'UsernamePasswordMultiBinding',
        credentialsId: 'dockerhub',
        usernameVariable: 'DOCKER_HUB_USER',
        passwordVariable: 'DOCKER_HUB_PASSWORD']]) {
        // 이미지 패키징 & 업로드
        sh """
          docker login -u ${DOCKER_HUB_USER} -p ${DOCKER_HUB_PASSWORD}
          docker tag \$PROJECT_NAME ${DOCKER_HUB_USER}/\$PROJECT_NAME
          docker push ${DOCKER_HUB_USER}/\$PROJECT_NAME
          """
      }
    }
  }
```

```
    }
}
```

[그림 15-5]와 같은 Stage들이 보인다면, 성공적으로 첫 Pipeline을 생성한 것입니다.

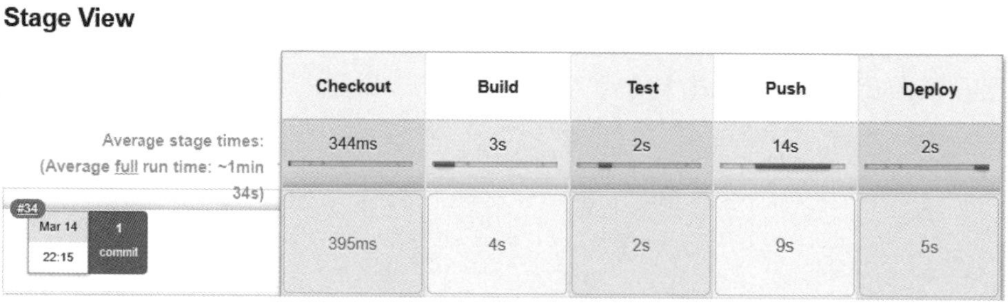

Stage View

	Checkout	Build	Test	Push	Deploy
Average stage times: (Average full run time: ~1min 34s)	344ms	3s	2s	14s	2s
#34 Mar 14 22:15 1 commit	395ms	4s	2s	9s	5s

[그림 15-5] Jenkins Pipeline

- Checkout: $PROJECT_URL 환경변수에 깃 리파지토리를 checkout합니다.
- Build: 해당 리파지토리의 도커 이미지를 생성합니다.
- Test: 생성된 이미지를 /test 라는 명령으로 테스트합니다.
- Push: 테스트가 완료된 이미지를 도커 허브에 업로드합니다.

파이프라인 실행 완료 후, 도커허브로 접속하여 USERNAME/jenkins-pipeline-sample이라는 이미지가 생성된 것을 볼 수 있다면 정상적으로 수행이 완료된 것입니다.

지금까지 쿠버네티스 위에 CI 서버인 젠킨스를 설치하여 간단한 CI 파이프라인을 만들어보았습니다. 이제 CD 파이프라인에 대해 살펴보겠습니다.

Clean up

```
helm delete jenkins
```

15.3 GitOps를 이용한 CD

15.3.1 GitOps란?

GitOps란 용어를 쿠버네티스의 네트워크 프로바이더 중 하나인 Weavenet을 만든 회사, Weaveworks가 처음 사용하기 시작하였고 CI/CD 파이프라인 중 CD에 관련한 개념입니다. GitOps를 이해하기 위해서 먼저, "Single source of truth" (SSOT), 단일 진실의 원천에 대해서 알아야 합니다. 단일 진실의 원천은 어떠한 진실(결과)의 원천(원인)이 단일한 곳에서 나왔다는 것을 의미합니다. 진실은 무엇이고, 단일한 원천은 도대체 무엇을 의미할까요?

단일 진실의 원천(Single source of truth)

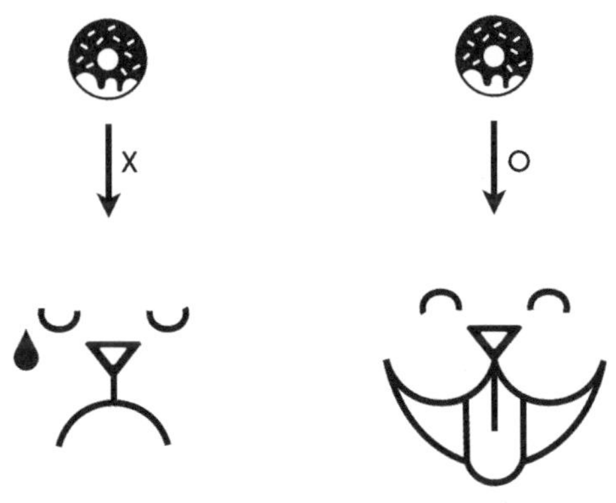

[그림 15-6] GitOps

예를 들어 설명하겠습니다. 어떤 강아지가 울고 있는데(결과), 그것은 오직 배가 고파서(이유) 그런 것이라고 가정해보겠습니다. 아파서도 아니고, 주인에게 혼나서 우는 것도 아니라 오직 배가 고프기 때문에 우는 것입니다. 그렇다면, 그 강아지는 배가 부르다면 울지 않을 것입니다. 강아지가 우는 이유는 오직 배가 고프기 때문입니다.

이것이 단일 진실의 원천입니다. 진실(결과)은 한 가지 원천(이유)에서 비롯된다는 원칙입니다. 소프트웨어 배포를 하는 데 있어, 진실의 단일 원천이라는 개념이 왜 필요할까요? 소프트웨어 배포 관점에서 크게 2가지 원인을 살펴보겠습니다.

단일한 원천에서의 소프트웨어 배포

소프트웨어를 운영 환경에 배포하는 방법은 다양합니다. 예를 들어, 자바 빌드 결과물(jar, war) 파일을 운영환경에 배포하기 위해 scp 툴을 이용하거나 AWS S3와 같은 클라우드 스토리지를 사용하여 운영 서버에 배포할 수 있습니다. 조금 더 체계적인 방법으로 배포를 구성하고 싶다면 ansible이나 chef와 같은 툴을 이용하여 배포할 수도 있습니다. 소프트웨어를 배포하는 방법이 다양하면 문제가 발생할 소지가 많아집니다. 사람마다 배포하는 방법이나 순서에 따라 정상적으로 소프트웨어 배포되지 않을 수 있고 인적 오류가 항상 존재하게 됩니다. 다양한 방식의 배포 방법은 서로 충돌이 발생할 여지도 있습니다. GitOps에서는 소프트웨어를 단일한 원천에서 배포하여 그 과정을 일원화합니다. GitOps에서 진실(배포 결과)은 오직 단일한 원천에서 나오도록 추구합니다.

원천의 상태를 완벽히 반영하는 배포

앞서 설명한 강아지 예시에서 강아지가 우는 행동이 완벽하게 강아지의 상태를 반영한다고 볼 수 있습니다. 단일 진실의 원천 관점에서 소프트웨어 배포 상태를 알기 위해서는 배포 환경 전체를 다 확인할 필요 없이 원천만 확인하면 됩니다. 소프트웨어 배포 과정이 단일 진실의 원천 원칙을 지켰다면 원천이 진실(배포 결과)을 완벽하게 반영하기 때문입니다. 즉, 문제가 생기면 오로지 원천이 어떻게 구성(YAML 정의서)되었는지만 확인하면 된다는 뜻입니다.

15.3.2 단일 진실의 원천의 장점

현재 배포 환경의 상태를 쉽게 파악할 수 있다

배포 환경의 모든 상태를 파악할 필요 없이 원천(YAML 정의서)만 살펴보면 되기 때문입니다.

빠르게 배포할 수 있다

단일한 방법으로 소프트웨어를 배포 방법을 표준화해서 쉽게 배포를 자동화할 수 있고 빠르게 배포할 수 있게 만듭니다.

안정적으로 운영 환경에 배포할 수 있다

최대한 사람의 손을 거치지 않기 때문에 운영 반영에 발생할 수 있는 인적 오류를 최소화 할 수 있습니다. 진실의 원천(YAML 정의서)만 잘 관리하면 실제 배포 과정은 자동으로 이루어지기 때문입니다.

지금까지 단일 진실의 원천에 대해서 설명했습니다. GitOps에서는 이름에서 알 수 있듯이 Git 저장소를 (단일 진실의) 원천으로 사용합니다. GitOps에서는 소프트웨어 배포를 위해, Git 저장소에 YAML 정의서를 기술하면 GitOps 구현체가 단일 진실의 원천의 내용을 확인하여 운영 환경에 추가/변경사항을 반영합니다. 특히 쿠버네티스는 선언형(declarative command) 명령을 이용하기 때문에 Git 저장소에 원하는 배포 상태를 선언하면 나머지는 GitOps 구현체가 배포를 수행합니다.

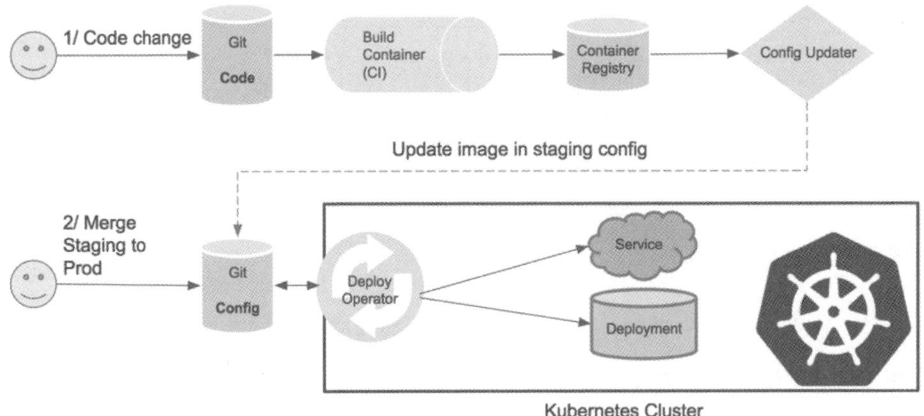

[그림 15-7] GitOps Pipeline (출처: https://www.weave.works/technologies/gitops)

15.3.3 GitOps의 원칙

GitOps는 특정 소프트웨어나 제품이 아닌 철학 또는 방법론에 가깝습니다. GitOps에서 요구하는 원칙들은 다음과 같습니다.

1. 선언형 배포 작업 정의서(YAML)

   배포 방식이 명령형으로 정의된 것이 아니라 선언형으로 정의되어야 합니다. 사용자가 바라는 상태(desired state)를 선언적으로 Git에 정의하면 그것이 쿠버네티스에 반영됩니다.

2. Git을 이용한 배포 버전 관리

   Git에 모든 배포에 관련된 정보가 정의되어 있어야 하며, 각 버전이 Git 저장소에 기록이 되어 있어야 합니다. 이를 통해 사용자는 쉽게 예전 버전으로 롤백을 하거나 새로운 버전으로 업그레이드를 할 수 있습니다.

3. 변경 사항 운영 반영 자동화

사용자가 Git 저장소에 선언형 정의서를 선언하면 실제 배포는 자동으로 이루어져야 합니다. 이것을 책임지는 주체가 FluxCD, ArgoCD와 같은 배포 관리자(deploy operator)가 됩니다. 자동화를 통해 인적 오류를 줄이고 지속적 배포를 가능하게 합니다.

4. 이상 탐지 및 자가 치유

배포 관리자(deploy operator)는 배포 작업 정의서를 클러스터에 반영하는 것뿐만 아니라 배포된 리소스가 이상이 없는지 확인하고 유지시키는 역할도 담당합니다.

이러한 원칙들을 가지고 소프트웨어를 배포하는 모든 Agent를 우리는 GitOps의 구현체(Deploy Operator)라 부를 수 있습니다. 현재 GitOps의 구현체로 FluxCD, ArgoCD, Codefresh, Jenkins X 등 다양한 소프트웨어들이 존재합니다.

15.3.4 FluxCD

FluxCD 홈페이지: https://fluxcd.io

[그림 15-8] FluxCD (출처: https://fluxcd.io)

GitOps의 구현체 중 하나인 FluxCD에 대해 살펴보겠습니다. FluxCD는 Weaveworks에서 만든 GitOps Operator입니다. FluxCD를 설치시 단일 진실의 원천인 git 리파지토리(GitHub 등)를 입력하면 FluxCD는 항상 해당 리파지토리를 지켜보며 원천에서 생성된 YAML 배포 정의서를 그대로 운영 환경에 배포하는 역할을 합니다. 먼저, FluxCD를 설치하기 위해 fluxcd라는 helm 원격 리파지토리를 추가하고 사용자 정의 리소스(Custom Resource Definition)를 생성합니다.

```
# fluxcd repo 추가
helm repo add fluxcd https://charts.fluxcd.io
# "fluxcd" has been added to your repositories

helm repo update
# ...Successfully got an update from the "fluxcd" chart repository

# crd 생성
kubectl apply -f https://raw.githubusercontent.com/fluxcd/helm-operator/
master/deploy/crds.yaml
# customresourcedefinition.apiextensions.k8s.io/helmreleases.helm.fluxcd.io
created

# 네임스페이스 생성
kubectl create ns flux
# namespace/flux created
```

FluxCD를 설치하기 전에, 예제로 사용할 단일 진실의 원천을 살펴보겠습니다. 예제 깃허브 리파지토리(https://github.com/bjpublic/core_kubernetes/tree/master/gitops)를 살펴 보면, 다음과 같이 YAML 정의서가 구성되어 있음을 확인할 수 있습니다.

```
deployment.yaml
service.yaml
```

```
# deployment .yaml
apiVersion: apps/v1
kind: Deployment
```

```
metadata:
  name: mynginx
spec:
  replicas: 1
  selector:
    matchLabels:
      run: mynginx
  template:
    metadata:
      labels:
        run: mynginx
    spec:
      containers:
      - image: nginx
        name: mynginx
        ports:
        - containerPort: 80
---
# service.yaml
apiVersion: v1
kind: Service
metadata:
  name: mynginx
spec:
  ports:
  - port: 80
    protocol: TCP
    targetPort: 80
  selector:
    run: mynginx
```

디렉터리의 이름과 구조에는 특별한 규칙이 없으며 FluxCD가 모든 디렉터리를 확인하여 배포 정의서를 찾아 생성합니다. FluxCD를 생성해보겠습니다.

```
helm install get-started fluxcd/flux \
   --version 1.4.0 \
   --set git.url=https://github.com/bjpublic/core_kubernetes.git \
```

```
    --set git.readonly=true \
    --set git.path=gitops \
    --namespace flux
# Release "get-started" has been upgraded. Happy Helming!
# NAME: get-started
# LAST DEPLOYED: Thu Jun 11 15:26:37 2020
# NAMESPACE: flux
# STATUS: deployed
# ...
```

- git.url: 단일 진실의 원천 깃 리파지토리를 지정합니다.
- git.readonly: 깃 리파지토리를 수정하지 않고 git pull만 수행하여 운영 환경에 배포합니다.
- git.path: 깃 리파지토리의 특정 디렉터리 아래만 참조합니다.

```
# pod 생성 확인
kubectl get pod
# NAME                        READY   STATUS    RESTARTS   AGE
# ...
# mynginx-d5d4f5fbd-gr5rb     1/1     Running   0          15s

# service 생성 확인
kubectl get svc
# NAME      TYPE        CLUSTER-IP      EXTERNAL-IP   PORT(S)    AGE
# mynginx   ClusterIP   10.43.207.142   <none>        80/TCP     20s
```

flux 네임스페이스의 Pod를 확인하면 단일 진실의 원천에서 정의한(git 리파지토리) 쿠버네티스 리소스들이 그대로 생성되는 것을 확인할 수 있습니다. fluxcd를 통해 git 리파지토리에 배포할 리소스만 정의하면 나머지는 fluxcd가 알아서 자동으로 배포해 주게 되었습니다. 이제 사용자가 직접 배포 스크립트를 작성하거나 직접 수동으로 배포 작업을 수행할 필요 없이 원천(git 레포지토리)만 수정하면 나머지는 FluxCD가 해결해 줍니다.

flux를 정리합니다.

```
helm delete get-started -n flux
kubectl delete deploy mynginx
kubectl delete svc mynginx
```

15.3.5 ArgoCD

ArgoCD는 또 다른 GitOps 구현체 중 하나로 Argo workflow를 개발한 회사에서 만들었습니다. 그 특징으로 fluxcd와는 다르게 웹 UI를 제공하고 있어 서 사용자들이 웹 인터페이스를 통해 쿠버네티스 리소스를 배포할 수 있게 합니다. fluxcd는 원천마다 하나씩 설치해야 하지만, ArgoCD에는 Application라는 개념이 있어서 ArgoCD 하나만 설치하면 여러 단일 진실의 원천(git 리파지토리)을 관리할 수 있습니다. 다음과 같이 ArgoCD를 설치합니다.

ArgoCD 설치

```
kubectl create namespace argocd
# namespace/argocd created

kubectl apply -n argocd -f https://raw.githubusercontent.com/argoproj/argo-
cd/stable/manifests/install.yaml
# customresourcedefinition.apiextensions.k8s.io/applications.argoproj.io
created
# customresourcedefinition.apiextensions.k8s.io/appprojects.argoproj.io
created
# serviceaccount/argocd-application-controller created
# serviceaccount/argocd-dex-server created
# ...
```

ArgoCD 경우, tls 설정을 강제합니다. HTTP프로토콜로 접속 시, 강제로 HTTPS로 리다이렉트합니다. 다음과 같이 tls를 적용하여 Ingress를 생성합니다.

```
cat << EOF | kubectl apply -n argocd -f -
apiVersion: networking.k8s.io/v1beta1
kind: Ingress
metadata:
  name: argocd
  namespace: argocd
  annotations:
    cert-manager.io/cluster-issuer: http-issuer
    kubernetes.io/ingress.class: nginx
    kubernetes.io/tls-acme: "true"
    nginx.ingress.kubernetes.io/backend-protocol: HTTPS
    nginx.ingress.kubernetes.io/ssl-passthrough: "true"
spec:
  rules:
  - host: argocd.10.0.1.1.sslip.io
    http:
      paths:
      - path: /
        backend:
          serviceName: argocd-server
          servicePort: https
  tls:
  - hosts:
    - argocd.10.0.1.1.sslip.io
    secretName: argocd-tls
EOF
```

1. tls 설정을 하지 않는 경우 --insecure 옵션을 지정하여 피해갈 수도 있습니다 (https://argoproj.github.io/argo-cd/operator-manual/ingress/#option-2-multiple-ingress-objects-and-hosts).

2. 사용자별 공인 IP로 argocd 주소를 설정해야 합니다.

- 아이디: admin
- 비밀번호: 다음 명령를 이용하여 비밀번호를 확인합니다.

```
kubectl get pods -n argocd -l app.kubernetes.io/name=argocd-server \
    -o name | cut -d'/' -f 2
# argocd-server-6766455855-pzdrv      --> 비밀번호
```

ArgoCD를 설치하여 로그인하면 가장 먼저 볼 수 있는 화면은 다음과 같습니다. 지금까지 생성한 배포 App의 리스트를 보여주는 화면입니다. 현재는 배포된 App이 없기 때문에 비어있습니다. 새로운 배포를 관장하는 App을 생성해 보기 위해 New App 버튼을 눌러보겠습니다.

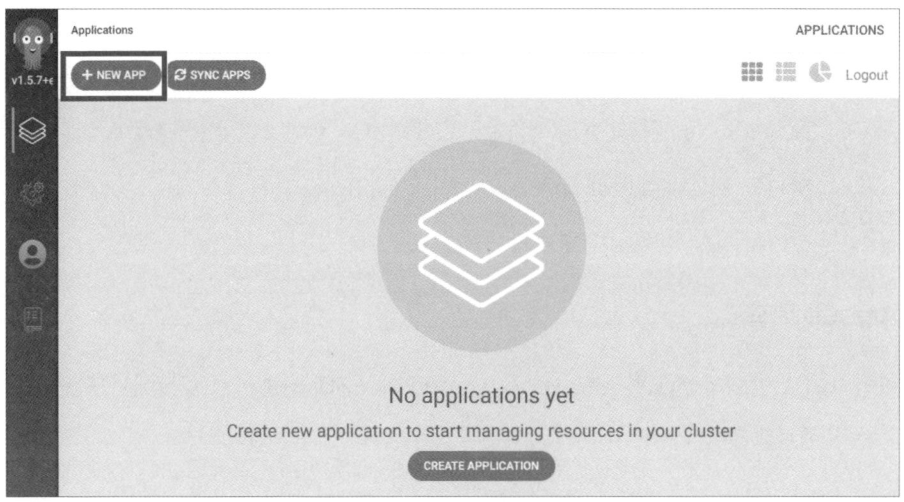

[그림 15-9] ArgoCD Web UI

다음과 같이 단일 진실의 원천을 설정해보겠습니다.

- Application Name: Application의 이름을 지정합니다.
- Project: 프로젝트를 선택하는 필드입니다. 쿠버네티스의 네임스페이스와 비슷한 개념으로 여러 App을 논리적인 project로 구분하여 관리할 수 있습니다.

- Sync Policy: Git 저장소의 변경사항을 어떻게 sync할지 결정합니다. Auto는 자동으로 Git 저장소의 변경사항을 운영에 반영하고 Manual은 사용자가 버튼 클릭을 통해 운영 반영을 해줘야 합니다.
- Repository URL: ArgoCD가 바라볼 단일 진실의 원천 Git 저장소를 지정합니다.
- Revision: Git의 어떤 revision(HEAD, master branch 등)을 바라볼지 결정합니다.
- Path: Git 저장소에서 어떤 디렉터리를 바라볼지 결정합니다. dot(.)인 경우 root path를, 디렉터리 이름을 적으면 해당 디렉터리의 YAML 정의서만 배포합니다.
- Cluster: 쿠버네티스 클러스터 지정합니다. 복수의 클러스터를 운영할 때 유용합니다.
- Namespace: 클러스터 내 네임스페이스 지정합니다.
- Directory Recurse: Path 아래의 디렉터리를 재귀적으로 트래킹할지를 결정합니다(디렉터리 아래 또 디렉터리가 있는 경우).

ArgoCD 배포

마찬가지로 앞에서 배포한 gitops-get-started 레포지토리를 ArgoCD에서도 원천으로 사용해보겠습니다.

- Application Name: gitops-get-started
- Project: default
- Sync Policy: Manual
- Repository URL: https://github.com/bjpublic/core_kubernetes.git
- Revision: HEAD
- Path: gitops

- Cluster: in-cluster
- Namespace: default
- Directory Recurse: Unchecked

CREATE 버튼을 누른 이후 App이 생성됩니다. App의 SYNC 버튼을 누르면 다음과 같이 nginx Service와 Pod가 생성된 것을 UI로 확인하실 수 있습니다.

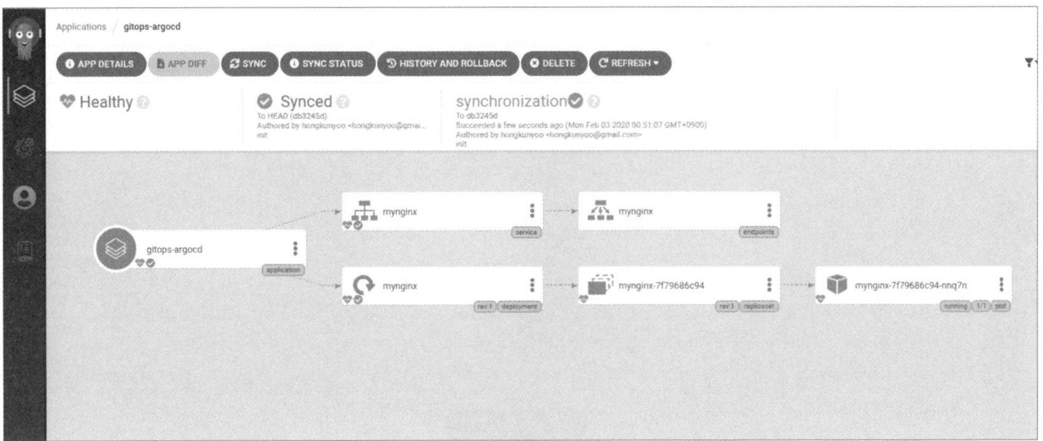

[그림 15-10] Application 연결

App Details 버튼을 누르거나 각 리소스 UI를 클릭하면, 더 자세한 내용들을 직접 볼 수 있습니다.

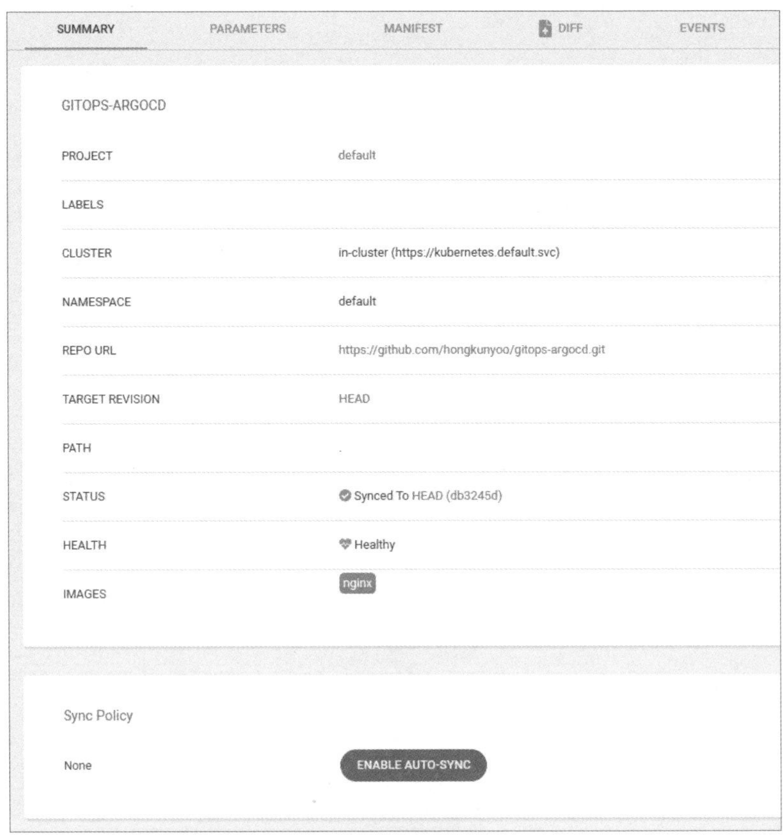

[그림 15-11] App 상세 화면

앞서 App 설정할 때 sync-policy를 Manual로 설정하였습니다. 아래에 Auto-Sync 버튼을 활성화하게 되면 Automatic이 되어 매번 사람이 직접 변경사항을 ArgoCD에 알릴 필요 없이 ArgoCD가 주기적으로 Git 리파지토리의 변경사항을 확인하여 변경된 부분을 적용하게 됩니다. 이때 2가지 옵션을 추가적으로 줄 수 있습니다.

- Prune Resources: 변경사항에 따라 리소스를 업데이트할 때, 기존의 리소스를 삭제하고 새로운 리소스를 생성합니다. Job 리소스처럼 매번 새로운 작업을 실행해야 하는 경우 이 옵션을 사용합니다.
- Self Heal: 운영 환경의 리소스가 어떠한 이유로 삭제되었을 때, ArgoCD가

Git 리파지토리의 값과 운영 환경의 값을 비교하여 삭제된 리소스를 다시 생성하는 기능입니다(자가 치유).

ArgoCD를 통해서 원천의 YAML 정의서를 운영 환경에 배포하는 방법에 대해 살펴보았습니다.

Clean up

```
kubectl delete -n argocd -f https://raw.githubusercontent.com/argoproj/argo-cd/stable/manifests/install.yaml
kubectl delete ingress argocd -n argocd
kubectl delete deploy mynginx
kubectl delete svc mynginx
```

지금까지는 GitOps 방법론을 이용하여 쿠버네티스 운영 환경에서 소프트웨어를 빠르고 안정적으로 배포하는 방법에 대해서 알아보았습니다. GitOps 스타일은 개발 환경에서 큰 단점이 있습니다. GitOps에서는 아무리 작은 변경점을 배포하려고 해도 항상 새로운 Git 커밋을 생성해야 합니다. 운영에서는 안정성과 유지보수성을 위해 작은 패치라하여도 커밋 기록을 남기는 것은 합당합니다. 하지만 개발에서는 여러가지 실험과 테스트를 위해 매번 Git 커밋을 생성하는 것은 매우 비효율적입니다. 이를 해결하고자 구글에서 만든 skaffold 툴을 이용하여 개발환경에서 편리하게 쿠버네티스 앱을 개발하는 방법에 대해서 알아보겠습니다.

15.4 로컬 쿠버네티스 개발

쿠버네티스 위에서 동작하는 애플리케이션을 만드는 일은 일반적인 애플리케이션을 만드는 일보다 귀찮은 단계들이 더 존재합니다. 웹 서비스 개발을 예로 들겠습니다. 기존에는 웹 서비스에서 동작하는 비즈니스 로직을 개발한 후 바로 웹 서버를 구동하여 개발한 코드가 정상적으로 동작하는지 확인할 수 있었습니다. 쿠버네티스에서는 먼저 도커 빌드를 한 이후에 이미지를 리파지토리에 저장하고 기존에 돌고 있던 Pod를 삭제하고 새로운 Pod를 띄우고 난 이후에야 서비스의 동작을 확인할 수 있습니다.

GitOps 스타일의 배포 파이프라인을 구성하는 경우, 깃 커밋과 푸시를 통해 CI/CD flow를 타고 최종 배포까지 가서야 동작을 확인할 수 있었습니다. 운영 환경에서는 견고한(robust) 구성이 될 수는 있지만, 빈번히 코드를 수정하고 추가하는 개발 단계에서는 불편합니다. 이러한 문제를 해결하고자 개발에서 부터 빌드, 배포까지 모든 과정을 한번에 해결할 수 있는 로컬 쿠버네티스 개발툴, skaffold가 나오게 되었습니다.

[그림 15-12] Skaffold

15.4.1 Skaffold란?

skaffold는 가볍고 사용하기 간단한 툴이지만 로컬 쿠버네티스 환경에서 개발하는 데 많은 도움을 주는 툴입니다. skaffold는 코드 수정 시 이미지 빌드, 이미지 업로드, Pod 교체, 로깅까지 자동으로 이 모든 것을 대신해줍니다. skaffold에서 제공하는 명령어 하나만 실행하면 이 모든 과정이 한번에 수행됩니다.

skaffold 설치

skaffold는 단일 실행 파일 하나만 다운로드하면 설치가 완료됩니다.

```
curl -Lo skaffold https://storage.googleapis.com/skaffold/releases/latest/
skaffold-linux-amd64
sudo install skaffold /usr/local/bin/
```

15.4.2 skaffold 세팅

skaffold를 사용하기 위해서 먼저 개발 스크립트(app.py), 빌드에 사용할 도커 파일(Dockerfile), 배포에 사용할 YAML 배포 정의서(pod.yaml)가 각각 1개씩 필요합니다.

```
# app.py
from flask import Flask
app = Flask(__name__)


@app.route('/')
def hello():
    return "Hello World!"

if __name__ == '__main__':
    app.run()
```

```
# Dockerfile
FROM python:3.7

RUN pip install flask
ADD app.py .

ENTRYPOINT ["python", "app.py"]
```

```
# pod.yaml
apiVersion: v1
```

```
kind: Pod
metadata:
  name: skaffold-flask
spec:
  containers:
  - image: <USERNAME>/flask   # 각 사용자 docker hub 계정을 입력합니다.
    name: flask
```

```
ls
# app.py    Dockerfile    pod.yaml
```

그리고 나서 skaffold init 명령을 실행하면 skaffold.yaml이라는 파일이 생성됩니다. 해당 명령 실행 시, 디렉터리 안에 앞에서 생성한 3가지 파일 외엔 다른 파일이 있으면 안됩니다.

```
skaffold init
# apiVersion: skaffold/v2beta5
# kind: Config
# metadata:
#   name: some-directory
# build:
#   artifacts:
#   - image: <USERNAME>/flask
# deploy:
#   kubectl:
#     manifests:
#     - pod.yaml
#
# Do you want to write this configuration to skaffold.yaml? [y/n]:
# Configuration skaffold.yaml was written

ls
# app.py    Dockerfile    pod.yaml    skaffold.yaml
```

- apiVersion: skaffold.yaml 파일도 쿠버네티스의 리소스 정의서와 같이 api 버전을 정의합니다.
- kind: skaffold의 Config 리소스인 것을 명시합니다.
- metadata.name: skaffold의 이름을 정의합니다. 디렉터리 이름이 사용됩니다.
- build.artifacts: 이미지 빌드 결과물을 설정합니다. pod.yaml에서 정의된 이미지 주소가 적혀있습니다.
- deploy.kubectl.manifests: 배포에 사용할 YAML 정의서가 지정되어 있습니다.

자동 배포를 수행하기 전에 먼저 도커허브 credential이 저장되어 있는지 확인합니다.

```
docker login
# Login with your Docker ID to push and pull images from Docker Hub. ..
# Username: <USERNAME>
# Password:
# WARNING! Your password will be stored unencrypted in ...
# Configure a credential helper to remove this warning. See
# https://docs.docker.com/engine/reference/commandline/...
#
# Login Succeeded
```

15.4.3 skaffold를 이용한 배포

skaffold를 이용하여 배포를 수행해 봅시다. 다음과 같이 입력하면 skaffold가 자동으로 이미지 빌드부터 푸시, 배포까지 자동으로 수행합니다.

```
skaffold run
# Generating tags...
#  - <USERNAME>/flask -> <USERNAME>/flask:latest
```

```
# Some taggers failed. Rerun with -vdebug for errors.
# ...
```

default 네임스페이스의 Pod를 지켜보고 있으면 자동으로 skaffold-flask Pod가 생성되는 것을 확인할 수 있습니다. 이렇게, skaffold run 명령 하나만으로 편리하게 로컬 쿠버네티스 개발을 수행할 수 있습니다.

```
watch kubectl get pod
# NAME            READY   STATUS              RESTARTS   AGE
# skaffold-flask  0/1     ContainerCreating   0          2m21s
```

--tail 옵션을 사용하면 logging까지 자동으로 연결해므로 사용자가 직접 kubectl logs를 따로 실행할 필요가 없습니다.

```
# 기존 pod 삭제
kubectl delete pod skaffold-flask
# pod "skaffold-flask" deleted

skaffold run --tail
# ...
# Press Ctrl+C to exit
# [skaffold-flask flask] starting app
# [skaffold-flask flask]  * Serving Flask app "app" (lazy loading)
# [skaffold-flask flask]  * Environment: production
# [skaffold-flask flask]    WARNING: This is a development server. Do not
#                                  use it in a production deployment.
# [skaffold-flask flask]    Use a production WSGI server instead.
# [skaffold-flask flask]  * Debug mode: off
# [skaffold-flask flask]  * Running on http://127.0.0.1:5000/
#                                  (Press CTRL+C to quit)
```

마지막으로, skaffold dev를 실행하면 기본적으로 skaffold run과 동일하지만 소스코드나 도커 파일을 수정하게 되면 변경사항을 인지하고 자동으로 다시 빌드부터 배포까지 수행하게 됩니다.

```
# 기존 pod 삭제
kubectl delete pod skaffold-flask
# pod "skaffold-flask" deleted

skaffold dev
```

skaffold dev를 실행하고 동시에 파일을 수정하기 위해서는 터미널 창을 2개 열거나 tmux나 screen과 같은 multiplex terminal 사용하기를 추천합니다.

skaffold dev를 실행하고 app.py를 일부 수정 후 저장합니다.

```
from flask import Flask
app = Flask(__name__)


@app.route('/')
def hello():
    return "Hello World!2"

if __name__ == '__main__':
    print('start app')      # print문 추가
    app.run()
```

skaffold가 변경점을 자동으로 인지하고 다시 처음부터 빌드하고, 배포를 수행합니다.

```
skaffold dev
# ...
# Press Ctrl+C to exit
# [skaffold-flask flask] starting app
# [skaffold-flask flask]  * Serving Flask app "app" (lazy loading)
# [skaffold-flask flask]  * Environment: production
```

```
# [skaffold-flask flask]    WARNING: This is a development server. Do not
#                                  use it in a production deployment.
# [skaffold-flask flask]    Use a production WSGI server instead.
# [skaffold-flask flask]  * Debug mode: off
# [skaffold-flask flask]  * Running on http://127.0.0.1:5000/
#                                  (Press CTRL+C to quit)
```

skaffold dev는 CTRL+C로 중단하면 Pod 삭제까지 자동으로 수행됩니다. skaffold는 쿠버네티스 로컬 개발에 있어서 없어서는 안될 편리한 툴임이 분명해보입니다.

15.5 마치며

CI/CD 파이프라인을 잘 구축해놓으면 개발자들이 부담 없이 더 자주, 더 빠르게 새로운 소프트웨어를 배포할 수 있게 됩니다. 또한, GitOps를 통해 안정성과 유지 보수성을 높힐 수 있습니다. 마지막으로, skaffold 툴을 이용하여 쿠버네티스 개발에서 발생하는 반복적인 작업을 매번 수행할 필요 없이 자동으로 수행할 수 있는 방법을 알아보았습니다. 다음 장에서는 쿠버네티스 사용자 정의 리소스에 대해서 살펴보도록 하겠습니다.

Chapter 16 사용자 정의 리소스

사용자 정의 리소스

이번 장에서는 사용자가 직접 쿠버네티스의 새로운 리소스를 생성할 수 있게 만드는 Custom Resource와 그 리소스를 컨트롤하는 Custom Controller에 대해서 알아보고, 이것을 이용한 Operator 패턴에 대해 살펴보도록 하겠습니다.

16.1 사용자 정의 리소스란?

16.1.1 Custom Resource

사용자 정의 리소스(Custom Resource)는 쿠버네티스 API를 사용자가 원하는 대로 확장한 리소스를 말합니다. 예를 들어, 쿠버네티스 코어 API에 Pod라는 리소스가 있지만 사용자가 원하는 특별한 기능을 더한 MyPod라는 리소스를 새롭게 정의할 수 있습니다. 쿠버네티스에는 사용자가 쉽게 API를 확장할 수 있도록 CustomResource Definition(CRD)이라는 리소스를 제공합니다. CRD는 바로 새로운 리소스를 정의하는 리소스인 것입니다. 이 리소스에 대해 살펴보겠습니다.

```
# mypod-crd.yaml
apiVersion: apiextensions.k8s.io/v1beta1
kind: CustomResourceDefinition
metadata:
  name: mypods.crd.example.com
spec:
```

```
  group: crd.example.com
  version: v1
  scope: Namespaced
  names:
    plural: mypods     # 복수 이름
    singular: mypod    # 단수 이름
    kind: MyPod        # Kind 이름
    shortNames:        # 축약 이름
    - mp
```

- kind: CustomResourceDefinition 리소스를 이용하여 사용자 정의 리소스를 생성합니다.
- name: <NAMES>.<GROUP>으로 정의합니다(mypods.crd.example.com).
- group: apiVersion의 그룹 이름 (<GROUP>)을 지정합니다.
- version: 사용자 리소스의 버전을 정의합니다.
- scope: Cluster 레벨 리소스인지 네임스페이스 레벨 리소스인지 지정합니다.
- names: CRD 리소스의 이름을 정의합니다.

```
# crd 생성
kubectl apply -f mypod-crd.yaml
# customresourcedefinition.apiextensions.k8s.io/mypods.crd.example.com
created
# crd 리소스 확인
kubectl get crd | grep mypods
# NAME                      CREATED AT
# mypods.crd.example.com    2020-06-14T09:33:32Z
```

CRD를 생성하면 다음과 같이 동일한 kubectl 명령을 이용하여 MyPod라는 사용자 리소스를 컨트롤할 수 있습니다.

```
# MyPod 리소스 생성
cat << EOF | kubectl apply -f -
apiVersion: "crd.example.com/v1"
kind: MyPod
metadata:
  name: mypod-test
spec:
  uri: "any uri"
  customCommand: "custom command"
  image: nginx
EOF
# mypod.crd.example.com/mypod-test created

kubectl get mypod
# NAME         AGE
# mypod-test   3s

# 축약형인, mp로도 조회가 가능합니다.
kubectl get mp
# NAME         AGE
# mypod-test   3s

# MyPod의 상세정보를 조회합니다.
kubectl get mypod mypod-test -oyaml
# apiVersion: crd.example.com/v1
# kind: MyPod
# metadata:
#   ...
#   name: mypod-test
#   namespace: default
#   resourceVersion: "723476"
#   selfLink: /apis/crd.example.com/v1/namespaces/default/mypods/mypod-test
#   uid: 50dd0cc8-0c1a-4f43-854b-a9c212e2046d
# spec:
#   customCommand: custom command
#   image: nginx
#   uri: any uri
```

```
# MyPod를 삭제합니다.
kubectl delete mp mypod-test
# mypod.crd.example.com "mypod-test" deleted
```

사용자가 새로운 리소스를 어렵지 않게 확장할 수 있다는 점은 쿠버네티스의 큰 장점이라 볼 수 있습니다. 그렇지만 사용자 리소스를 생성하였더라도, 실제 쿠버네티스 클러스터에는 아무런 변화가 없습니다. MyPod라는 리소스를 정의만 한 상태이고 아직 어떤 동작을 수행해야 하는지에 대해서는 아무런 정보가 없습니다. 실제 동작을 수행하기 위해서는 Custom Controller의 도움이 필요합니다.

16.1.2 Custom Controller

쿠버네티스에서는 적절한 권한만 가지고 있다면 쿠버네티스 API를 통해 특정 리소스의 상태를 조회할 수 있습니다. Controller는 쿠버네티스 클러스터 내에 Pod 형태로 존재하면서 주기적으로 특정 리소스의 이벤트를 모니터링하다가 해당 리소스의 상태 변화에 따라 사전에 정의된 동작을 수행하는 주체입니다. 예를 들어, Deployment Controller는 쿠버네티스 내부 리소스인 Deployment의 생성, 삭제 이벤트와 같은 상태 변화를 지속적으로 관찰(watching)하며 새로운 Deployment 리소스 생성 시 Deployment에 정의된 정보에 맞게 Pod들을 배포하는 역할을 담당합니다.

쿠버네티스 내부적으로 존재하지 않는 사용자 정의 리소스에 대해서는 Custom Controller를 사용합니다. 앞서, 새로 정의한 MyPod에 대해서는 MyPod 리소스 상태를 체크하며 리소스 변화에 맞춰 특정 동작을 수행하는 MyPod Controller를 제작하면 됩니다. Custom Controller를 만드는 작업은 언어에 따라, 동작 방식에 따라 다양함으로 pseudo 코드로 대신 표현합니다.

```
# MyPod 정의
struct MyPod {
```

```
    ...
    ...
}


def main {
    # 무한루프
    for {
        # 신규 이벤트
        desired := apiServer.getDesiredState(MyPod)
        # 기존 이벤트
        current := apiServer.getCurrentState(MyPod)

        # 변경점 발생시(수정,생성,삭제), 특정 동작 수행
        if desired != current {
            makeChanges(desired, current)
        }
    }
}
```

[그림 16-1]은 사용자 정의 리소스가 생성되는 과정을 나타냅니다.

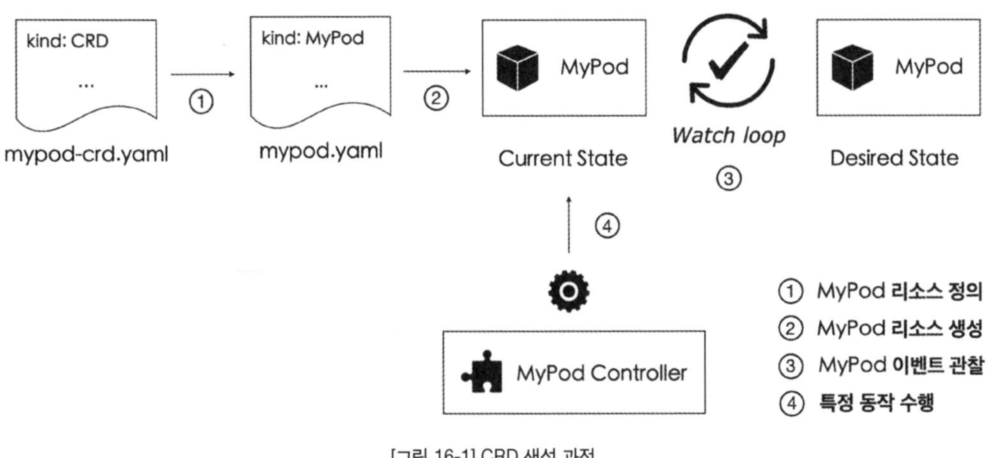

[그림 16-1] CRD 생성 과정

① CRD을 이용하여 사용자 정의 리소스를 생성합니다.
② 사용자 정의 리소스의 실제 객체를 생성합니다(MyPod).
③ MyPod Controller가 새로운 이벤트가 발생한 것을 인지합니다.
④ 특정 동작을 수행(새로운 컨테이너를 실행)합니다.

16.2 Operator 패턴

Operator 패턴이란 Custom Resource와 그에 대응하는 Custom Controller의 조합을 이용하여 특정 애플리케이션이나 서비스의 생성과 삭제를 관리하는 패턴을 말합니다. Operator 패턴을 이용해서 쿠버네티스 코어 API에 포함되지 않은 애플리케이션을 마치 쿠버네티스 native 리소스처럼 동작하게끔 만들 수 있습니다. Operator 패턴을 잘 이용하면 다음과 같은 시나리오가 가능합니다.

신규 프로젝트를 시작할 때마다 CI/CD를 위한 Jenkins 애플리케이션을 매번 새로 생성하고 프로젝트가 완료된 이후에는 Jenkins를 삭제한다고 가정해보겠습니다. Operator 패턴을 이용하여 Jenkins라는 사용자 리소스를 생성하여 새로운 Jenkins 애플리케이션이 필요할 때마다 Jenkins 리소스를 생성합니다.

주의

다음 스크립트는 Operator 패턴의 이해를 돕기 위한 예시입니다. 정상 동작하지 않습니다.

```
# 신규 Jenkins 리소스 생성
cat << EOF | kubectl apply -f -
apiVersion: "jenkins.io/v1"
kind: Jenkins
metadata:
```

```
  name: project-A
spec:
  host: "projectA.jenkins.company.com"
  jenkinsVersion: 2.221.4
  plugin:
  - workflow-job:2.39
  - workflow-aggregator:2.6
  - credentials-binding:1.22
  - git:4.2.2
EOF
# jenkins project-A created

# Jenkins 서버 활용
kubectl get jenkins
# NAME        AGE    HOST
# project-A   3s     projectA.jenkins.company.com

# 프로젝트 완료 후, Jenkins 리소스 삭제
kubectl delete jenkins project-A
```

Operator 패턴을 이용하면, 동일한 애플리케이션을 여러 개 설치해야 하는 경우, 리소스 생성만으로 바로 애플리케이션을 사용할 수 있는 장점이 있습니다.

16.2.1 Operator tools

Operator를 쿠버네티스 API를 이용하여 처음부터 개발하는 것도 가능하지만, Operator를 편리하게 만들 수 있게 제공하는 툴들이 이미 존재합니다.

- kubebuilder: Google, Red Hat, VMware, Huawei와 같은 기업들이 참여하고 있으며 간단한 명령 몇줄로 기본적인 Operator 뼈대 코드를 만들 수 있습니다(https://book.kubebuilder.io).
- Operator Framework: Ret Hat사에서 주로 개발하고 있으며, 마찬가지로 손

쉽게 Operator를 구현할 수 있게 돕습니다(https://coreos.com/operators).

- Metacontroller: Go 언어로만 작성해야하는 앞의 두개 툴 대신 WebHook을 구현한 어떤 언어, 프레임워크든지 Operator를 구현할 수 있는 장점이 있습니다(https://metacontroller.app).
- KUDO: 프로그래밍 언어로 Custom Controller를 작성하는 기존 방법과는 다르게 Custom Controller 마저도 Declarative 명령으로 생성하는 새로운 접근법을 제시한 툴입니다(https://kudo.dev).

16.3 유용한 Operators

Operator를 직접 개발하는 경우도 있지만 대부분의 경우 helm chart와 마찬가지로 이미 잘 만들어진 Operator들을 활용하는 경우가 더 많습니다. 이번 절에서는 유용한 Operator에 대해 몇 가지 살펴보겠습니다.

16.3.1 MinIO Operator

Chapter 10 스토리지에서 생성한 Object storage 솔루션인 MinIO 또한 Operator를 이용하여 생성할 수 있습니다. 여러 환경에 Object storage 서버를 제공해야 하는 경우 유용하게 사용할 수 있습니다(dev, prod 환경 구분 등).

MinIO CRD 및 Controller 설치

사용자 정의 리소스(MinIOInstance)와 그에 해당하는 사용자 컨트롤러를 생성합니다(minio-operator).

```
# crd 및 custom controller 생성
kubectl apply -f https://raw.githubusercontent.com/minio/operator/2.0.9/
minio-operator.yaml
# customresourcedefinition.apiextensions.k8s.io/minioinstances.operator.min.
io created
# clusterrole.rbac.authorization.k8s.io/minio-operator-role created
# serviceaccount/minio-operator created
# clusterrolebinding.rbac.authorization.k8s.io/minio-operator-binding created
# deployment.apps/minio-operator created

# minio operator 실행 확인
kubectl get pod
# NAME                      READY   STATUS    RESTARTS   AGE
# minio-operator-84b88xx    1/1     Running   0          3m59s
```

MinIO CRD instance 생성

이제 사용자 정의 리소스를 이용하여 MinIO 서버를 생성해보겠습니다.

```
# minio-instance.yaml

# minio에서 사용할 access 정보
apiVersion: v1
kind: Secret
metadata:
  name: minio-creds-secret
type: Opaque
data:
  accesskey: bWluaW8=      # minio
  secretkey: bWluaW8xMjM=  # minio123
---
# MinIO Service 리소스
apiVersion: v1
kind: Service
metadata:
```

```
  name: minio-service
spec:
  type: ClusterIP
  ports:
    - port: 9000
      targetPort: 9000
      protocol: TCP
  selector:
    app: minio-dev
---
# MinIO 사용자 정의 리소스
apiVersion: operator.min.io/v1
kind: MinIOInstance
metadata:
  name: minio-dev
spec:
  metadata:
    labels:
      app: minio-dev
    annotations:
      prometheus.io/path: /minio/prometheus/metrics
      prometheus.io/port: "9000"
      prometheus.io/scrape: "true"
  image: minio/minio:RELEASE.2020-06-03T22-13-49Z
  serviceName: minio-internal-service
  zones:
    - name: "zone-0"
      servers: 1
  volumesPerServer: 1
  mountPath: /export
  volumeClaimTemplate:
    metadata:
      name: data
    spec:
      accessModes:
        - ReadWriteOnce
      resources:
        requests:
```

```yaml
        storage: 1Gi
  credsSecret:
    name: minio-creds-secret
  podManagementPolicy: Parallel
  requestAutoCert: false
  certConfig:
    commonName: ""
    organizationName: []
    dnsNames: []
  liveness:
    initialDelaySeconds: 120
    periodSeconds: 60
  readiness:
    initialDelaySeconds: 120
    periodSeconds: 60
```

```bash
kubectl apply -f minio-instance.yaml
# secret/minio-creds-secret created
# service/minio-service created
# minioinstance.operator.min.io/minio-dev created

# MinIOInstance 리소스를 조회합니다.
kubectl get MinIOInstance
# NAME        CURRENT STATE
# minio-dev   Ready

# Pod가 ready 될때까지 시간이 조금 걸립니다.
kubectl get pod
# NAME                      READY   STATUS    RESTARTS   AGE
# minio-operator-848xxx     1/1     Running   0          30s
# minio-dev-0               1/1     Running   0          12s
kubectl get svc
# NAME                      TYPE        CLUSTER-IP      ...   PORT(S)    AGE
# kubernetes                ClusterIP   10.43.0.1       ...   443/TCP    10h
# minio-service             ClusterIP   10.43.146.111   ...   9000/TCP   23s
# minio-internal-service    ClusterIP   10.43.112.37    ...   9000/TCP   21s
# minio-dev-hl-svc          ClusterIP   None            ...   9000/TCP   19s
```

get 명령으로 Pod 확인 시 MinIO 서버가 생성된 것을 확인할 수 있습니다.

웹 브라우저로 확인하고 싶을 경우 Ingress 설정이 필요합니다.

MinIO 서버를 정리합니다.

```
# minio instance 삭제
kubectl delete -f minio-instance.yaml
# minio operator 삭제
kubectl delete -f https://raw.githubusercontent.com/minio/operator/2.0.9/
minio-operator.yaml
```

16.3.2 Prometheus-Operator

Chapter 14 로깅과 모니터링에서 Prometheus & Grafana 설치도 사실은 prometheus-operator를 이용한 것이었습니다. helm chart 설치 시, prometheus라는 리소스가 생성된 것을 확인할 수 있습니다.

```
helm install mon stable/prometheus-operator --version 8.16.1

# prometheus라는 사용자 정의 리소스 확인
kubectl get prometheuses
# NAME                               VERSION   REPLICAS   AGE
# mon-prometheus-operator-prometheus v2.18.1   1          17s

# Prometheus 사용자 리소스
kubectl get prometheuses mon-prometheus-operator-prometheus -oyaml
# apiVersion: monitoring.coreos.com/v1
# kind: Prometheus
# metadata:
```

```
#   annotations:
#     meta.helm.sh/release-name: mon
#     meta.helm.sh/release-namespace: default
#   generation: 1
#   labels:
#     app: prometheus-operator-prometheus
#     app.kubernetes.io/managed-by: Helm
#     chart: prometheus-operator-8.14.0
#     heritage: Helm
#   ....

helm delete mon
```

16.3.3 Helm Operator

마지막으로, Helm operator를 살펴보겠습니다. 사실 이 Operator를 가장 유용하게 사용할 수 있습니다. Helm Operator란 helm chart를 사용자 쿠버네티스 리소스처럼 관리할 수 있게 해주는 Operator입니다. helm 사용자 정의 리소스를 생성하면 helm chart가 설치되고(helm install), 리소스가 삭제될 때 chart도 삭제(helm delete)됩니다.

Helm Operator에서 사용하는 사용자 정의 리소스의 이름을 HelmRelease라고 부릅니다. 이 리소스만 있으면 원하는 chart를 마치 쿠버네티스 리소스처럼 사용할 수 있게 합니다.

HelmRelease의 세부 정의를 살펴보겠습니다.

```
# myHelmRelease.yaml
apiVersion: helm.fluxcd.io/v1
kind: HelmRelease
metadata:
  name: rabbit
  namespace: default
```

```
spec:
  releaseName: rabbitmq
  chart:
    repository: https://kubernetes-charts.storage.googleapis.com/
    name: rabbitmq
    version: 3.3.6
  values:
    replicas: 1
```

- apiVersion, kind, metadata: 일반적인 리소스와 마찬가지로 기본적인 리소스 정보를 입력합니다.
- spec: HelmRelease의 스펙을 정의합니다.
- releaseName: 배포된 helm chart의 이름을 지정합니다.
- chart: 설치할 chart의 위치를 입력합니다.
  - repository: 원격 리파지토리가 위치하는 URL 정보를 입력합니다.
  - name: 원격 리파지토리에서 사용하려는 chart 이름을 입력합니다.
  - version: 설치하려는 chart 버전을 입력합니다.
- values: helm chart의 values.yaml 파일 정보를 설정합니다.

Helm Operator 설치

HelmRelease 리소스를 사용하기 위해서 CRD와 Controller를 설치합니다.

```
# CustomResourceDefinition 설정
kubectl apply -f https://raw.githubusercontent.com/fluxcd/helm-operator/
1.0.1/deploy/crds.yaml
# customresourcedefinition.apiextensions.k8s.io/helmreleases.helm.fluxcd.io
created

# helm repo 등록
helm repo add fluxcd https://charts.fluxcd.io
# "fluxcd" has been added to your repositories
```

```
# helm-operator 설치
helm install helm-operator fluxcd/helm-operator \
    --namespace flux \
    --version 1.1.0 \
    --set helm.versions=v3
# Release "helm-operator" does not exist. Installing it now.
# NAME: helm-operator
# LAST DEPLOYED: Sun Jul 12 05:43:14 2020
# NAMESPACE: flux
# STATUS: deployed
# REVISION: 1
# TEST SUITE: None
# NOTES:
# ...

# 설치 확인
kubectl get pod -nflux
# NAME                READY   STATUS    RESTARTS
# helm-operator-xxx   1/1     Running   0
```

HelmRelease를 이용한 chart 설치

다음은 stable 레포지토리에서 제공하는 젠킨스 chart를 HelmRelease 리소스로 표현한 HelmRelease 파일입니다.

```
# jenkins.yaml
apiVersion: helm.fluxcd.io/v1
kind: HelmRelease
metadata:
  name: jenkins
  namespace: default
spec:
  releaseName: jenkins
  chart:
```

```
    repository: https://kubernetes-charts.storage.googleapis.com
    name: jenkins
    version: 2.3.0
  values:
    master:
      adminUser: "jenkins"
      resources:
        limits:
          cpu: "500m"
          memory: "512Mi"
    serviceType: LoadBalancer
    servicePort: 8080
```

- releaseName: jenkins라는 이름을 가지는 chart를 설치합니다.
- repository: 젠킨스 chart가 있는 stable 리파지토리를 입력합니다.
- name: 젠킨스 chart를 설치합니다.
- version: 젠킨스의 버전을 지정합니다.
- values: 젠킨스 chart의 values.yaml을 설정합니다.

values property에는 젠킨스 chart의 values.yaml에 들어있는 값들이 들어갑니다. valucs property에 입력시, overwrite가 되고 생략 시, values.yaml 파일에 있는 기본값이 설정됩니다.

```
helm fetch --untar stable/jenkins --version 2.3.0

vim jenkins/values.yaml  # 실제 values.yaml값과 비교
```

HelmRelease 리소스를 생성합니다. helm 명령어와 비교해보십시오.

```
# helm install jenkins stable/jenkins
kubectl apply -f jenkins.yaml
# helmrelease.helm.fluxcd.io/jenkins created
```

```
# helm list
kubectl get helmrelease  # 축약 이름 hr
# NAME      RELEASE   PHASE       STATUS   MESSAGE           AGE
# jenkins             Succeeded            Release was ...   15s

# 상세 리소스 조회
kubectl get hr jenkins -oyaml

# Describe resource
kubectl describe hr jenkins
```

helm-operator가 helm chart를 배포했는지 확인합니다.

```
helm list
# NAME     NAMESPACE   REVISION   STATUS     CHART            APP VERSION
# jenkins  default     1          deployed   jenkins-1.15.0   lts

helm status jenkins
# NAME: jenkins
# ...
# REVISION: 1
# NOTES:
# 1. Get your 'admin' user password by running:
#   printf $(kubectl get secret --namespace default jenkins -o
#     jsonpath="{.data.jenkins-admin-password}" | base64 --decode);echo
# 2. Get the Jenkins URL to visit by running these commands in the same
# ...
```

```
kubectl get pod
# NAME                        READY   STATUS    RESTARTS   AGE
# svclb-jenkins-jb5j9         1/1     Running   0          4m37s
# svclb-jenkins-qbvrm         1/1     Running   0          4m37s
# jenkins-7c55757f9c-758lv    2/2     Running   0          5m9s

kubectl get svc
```

```
# NAME            TYPE           CLUSTER-IP     EXTERNAL-IP    PORT(S)
# kubernetes      ClusterIP      10.43.0.1      <none>         443/TCP
# jenkins-agent   ClusterIP      10.43.51.30    <none>         50000/TCP
# jenkins         LoadBalancer   10.43.94.188   172.31.17.208  8080:32487/TCP

# helm delete jenkins
kubectl delete -f jenkins.yaml
# helmrelease.helm.fluxcd.io/jenkins deleted
```

웹 브라우저를 통해 호스트 서버의 내부 IP/외부 IP:8080으로 접속하면 젠킨스가 정상적으로 실행된 것을 확인할 수 있습니다.

사용자가 직접 helm chart를 배포하지 않았음에도, helm-operator가 HelmRelease 사용자 정의 리소스를 모니터링하다가 생성 이벤트 발생에 따라 특정 작업(helm 설치)을 수행한 것을 확인할 수 있었습니다. Helm Operator를 사용하게 되면 helm chart를 마치 쿠버네티스 리소스 생성처럼 관리할 수 있습니다. 이를 통해 helm chart도 GitOps 스타일로 선언형 YAML 정의서를 이용하여 단일 진실의 원천에서 운영 환경으로 배포할 수 있습니다.

16.4 마치며

Operator를 활용하여 쿠버네티스의 기능들을 확장하여 사용해보았습니다. 쿠버네티스에서 제공하는 기능 외에 사용자가 직접 기능을 추가하고 싶은 경우, 사용자 정의 리소스를 생성해서 쿠버네티스를 확장할 수 있습니다. 이미 만들어진 사용자 정의 리소스 중에서 HelmRelease를 이용하면 helm chart를 선언형 YAML 정의서로 관리할 수 있게 되어 GitOps 스타일의 배포가 가능해집니다. 지금까지 소개한 Operator 외에 https://operatorhub.io에서 더 많은 Operator들을 확인할 수 있습니다. 다음 장에서는 쿠버네티스 workflow management에 대해서 살펴보겠습니다.

Clean up

```
# helm operator 삭제
helm delete helm-operator -n flux
```

Workflow 관리

Workflow 관리

이번 장에서는 컨테이너간의 종속성을 부여하여 순차적으로 작업을 수행할 수 있는 쿠버네티스 워크플로우를 관리할 수 있는 방법에 대해서 살펴보겠습니다.

17.1 Argo workflow 소개

쿠버네티스 core API에는 일회성 배치 작업을 수행하는 Job 리소스가 존재합니다. 간단한 retry 정책이나 parallel 실행이 가능하지만 작업간 종속성 부여, 조건부 실행, 에러 핸들링 등 고급 워크플로우 관리 기능은 부재합니다. 이를 해결하고자 Argo Project에서 Argo workflow를 개발했습니다. Argo workflow는 쿠버네티스 워크플로우 엔진으로 CNCF의 incubating 프로젝트로 등록되어 있습니다. 사용자가 원하는 Workflow을 구성할 수 있으며 작업간 종속성(dependency)을 만들어 순차적으로 실행할 수 있습니다. 또한, 병렬실행이나 에러 핸들링 등과 같은 고급 워크플로우 관리 기능과 사용자를 위한 웹 UI를 제공하고 있습니다. Argo workflow는 앞에서 살펴본 Operator 패턴으로, 사용자 정의 리소스(Workflow)와 사용자 컨트롤러(argo-controller)로 구성되어 있습니다. 사용자는 쿠버네티스 내장 리소스처럼 워크플로우를 생성, 삭제 및 관리할 수 있습니다.

[그림 17-1] Argo workflow (출처: Argo 홈페이지 https://argoproj.github.io)

17.1.1 동작 방법

Argo workflow도 다른 Operator와 마찬가지로 사용자 정의 리소스(Workflow)에 따라 사용자 컨트롤러가 해당 정의를 보고 특정 동작을 수행합니다. Argo workflow에서 특정 동작이란 순차적인 작업의 실행(Workflow 실행)을 의미합니다.

Argo workflow의 장점

1. 실행의 단위가 컨테이너 레벨에서 이루어지기 때문에 고립성이 높습니다. 따라서 개별 Job마다 실행 환경이 다른 경우 실행 환경이 서로 뒤엉키지 않고 각각의 독립적인 환경을 제공할 수 있습니다.
2. 하나의 역할만을 담당하는 Job을 단일하게 개발할 수 있기 때문에 재사용성을 무척 높일 수 있습니다. 데이터의 입출 인터페이스만 잘 맞춰 놓는다면 단일한 역할을 담당하는 Job을 여러 개 만든 다음 레고 블럭처럼 쌓아 올릴 수 있다는 장점이 있습니다.

Argo workflow의 단점

1. Pod를 생성하고 삭제하는 비용이 적지 않으므로(이미지를 다운받고 가상 네트워크 디바이스를 연결하고 IP를 부여하고 컨테이너를 실행하는 등) 작은 일을 처리하는 많은 Job을 생성할 경우 오히려 성능 저하가 일어납니다. 작업이 간단하고 리소스가 많이 필요하지 않은 경우에는 차라리 컨테이너 내부 프로세스나 쓰레드 레벨에서 처리하는 것이 더욱 효율적인 경우도 있습니다.
2. 스텝마다 개별적인 컨테이너를 실행하기에 Job간의 데이터를 빠르게 공유하는 것이 비교적 쉽지 않습니다(볼륨 연결을 통해 해결할 수 있습니다).

단점이 분명 존재함에도 불구하고 컨테이너끼리의 작업 순서를 정의하고 싶을 때, Argo workflow를 사용할 수 있습니다.

17.1.2 설치

사용자 정의 리소스와 사용자 컨트롤러를 생성합니다.

```
kubectl create namespace argo
# namespace/argo created

# Workflow CRD 및 Argo controller 설치
kubectl apply -n argo -f https://raw.githubusercontent.com/argoproj/argo/
v2.8.1/manifests/install.yaml
# customresourcedefinition.apiextensions.k8s.io/clusterworkflowtemplates.
argoproj.io created
# customresourcedefinition.apiextensions.k8s.io/cronworkflows.argoproj.io
created
# customresourcedefinition.apiextensions.k8s.io/workflows.argoproj.io created
# ...

# default 서비스 계정에 admin 권한 부여
kubectl create rolebinding default-admin --clusterrole=admin \
      --serviceaccount=default:default
# rolebinding.rbac.authorization.k8s.io/default-admin created

# ingress 설정
cat << EOF | kubectl apply -f -
apiVersion: extensions/v1beta1
kind: Ingress
metadata:
  annotations:
    kubernetes.io/ingress.class: nginx
  name: argo-server
  namespace: argo
spec:
  rules:
  - host: argo.10.0.1.1.sslip.io
    http:
      paths:
      - backend:
```

```
        serviceName: argo-server
        servicePort: 2746
      path: /
EOF
```

주의

argo 주소를 사용자별 공인 IP로 변경하십시오.

웹 브라우저: `argo.10.0.1.1.sslip.io`로 접속

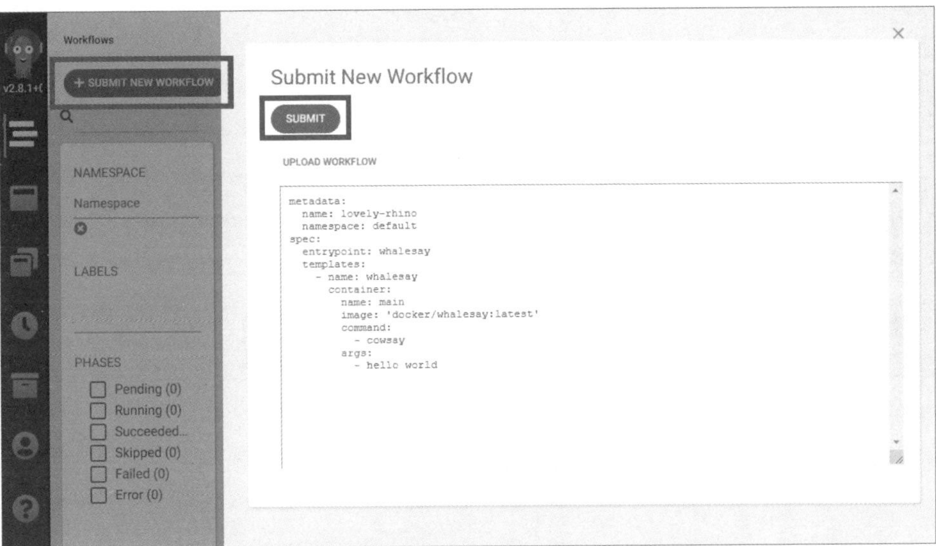

[그림 17-2] Workflow 생성

- SUBMIT NEW WORKFLOW 클릭
- SUBMIT 클릭
- 신규 Workflow 클릭(예: fantastic-tiger)
- YAML과 LOGS 클릭하여 Workflow 정보 확인

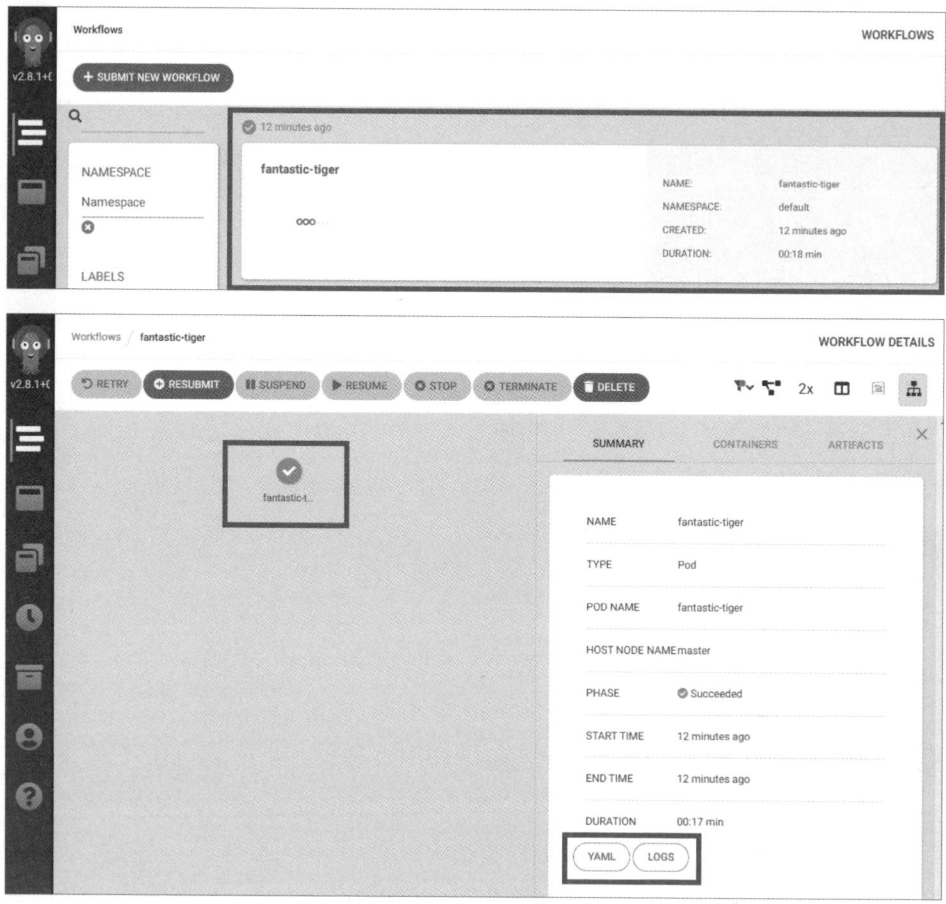

[그림 17-3] Workflow 조회

kubectl 명령툴을 이용하여 확인할 수도 있습니다.

```
kubectl get wf
# NAME              STATUS      AGE
# fantastic-tiger   Succeeded   10m

kubectl describe workflow fantastic-tiger
# ...
```

웹 UI를 통해 첫 Workflow를 실행해 보았습니다. 본격적으로 Workflow를 구성해보겠습니다.

17.2 Workflow 구성하기

Workflow 리소스를 이용하면 다양한 워크플로우 구성이 가능합니다. 몇 가지 예제들을 소개합니다.

17.2.1 단일 Job 실행

가장 기본이 되는 Workflow 실행입니다. 단일 작업을 실행합니다. 기능적으로 쿠버네티스 기본 배치 작업인 Job 리소스와 크게 다르지 않습니다.

```
# single-job.yaml
apiVersion: argoproj.io/v1alpha1
kind: Workflow
metadata:
  generateName: hello-world-
spec:
  entrypoint: whalesay
  templates:
  - name: whalesay
    container:
      image: docker/whalesay
      command: [cowsay]
      args: ["hello world"]
      resources:
        limits:
          memory: 32Mi
          cpu: 100m
```

- kind: 사용자 리소스 Workflow를 선언합니다.
- generateName: 일반적인 name이 아니라, generateName이 적혀 있습니다. 해당 property를 사용하면, 실행마다 generateName 뒤에 임의의 문자열이 추가되어 최종 이름이 결정됩니다. 동일한 작업을 여러 번 수행할때 유용하게 사용할 수 있습니다.
- entrypoint: 시작 지점을 지정합니다. 예제에서는 1개의 template만 존재하지만, 여러 개를 사용하는 경우에는 시작 지점 지정의 필요성이 생깁니다.
- templates: 개별 Job을 정의하는 부분입니다.
- name: template의 이름을 지정합니다. 해당 이름이 entrypoint에서 참조됩니다.
- container: 실제 실행될 컨테이너 정보를 기입합니다. Pod의 컨테이너 정보와 동일합니다. 그 예로, Pod의 컨테이너와 마찬가지로 resources를 지정할 수 있습니다.

주의

Workflow를 생성할 때에는 자주 사용하는 apply가 아닌 create 명령을 사용합니다. 매번 새로운 Workflow를 생성해야 하기 때문입니다. apply로 생성 시, 새로운 Workflow가 아닌 기존 Workflow에 변경사항이 적용됩니다.

- apply: 기존 리소스 변경(기존 리소스가 없으면 신규 리소스 생성)
- create: 매번 새로운 리소스 생성

```
# Workflow 생성
kubectl create -f single-job.yaml
# workflow.argoproj.io/hello-world-tcnjj created

kubectl get workflow  # or wf
# NAME                STATUS      AGE
# wonderful-dragon    Succeeded   8m21s
# hello-world-tcnjj   Succeeded   17s
```

```
kubectl get pod
# NAME                READY   STATUS      RESTARTS   AGE
# wonderful-dragon    0/2     Completed   0          8m34s
# hello-world-tcnjj   0/2     Completed   0          31s

kubectl logs hello-world-xxx
#  _____________
# < hello world >
#  -------------
#     \
#      \
#       \
#                     ##        .
#               ## ## ##       ==
#            ## ## ## ##      ===
#        /""""""""""""""""___/ ===
#   ~~~ {~~ ~~~~ ~~~ ~~~~ ~~ ~ /  ===- ~~~
#        \______ o          __/
#         \    \        __/
#           \____\______/
#
#
# Hello from Docker!
# This message shows that your installation appears to be working
```

리눅스 터미널에서 Workflow 리소스를 생성할 수도 있지만 Argo workflow 웹 UI에서도 가능합니다(SUBMIT NEW WORKFLOW > SUBMIT).

17.2.2 파라미터 전달

Workflow 리소스 명세에는 컨테이너 실행 시, 파라미터를 전달할 수 있는 메커니즘도 존재합니다.

```yaml
# param.yaml
apiVersion: argoproj.io/v1alpha1
kind: Workflow
metadata:
  generateName: hello-world-parameters-
spec:
  entrypoint: whalesay
  arguments:
    parameters:
    - name: message
      value: hello world through param

  templates:
  ###############
  # entrypoint
  ###############
  - name: whalesay
    inputs:
      parameters:
      - name: message
    container:
      image: docker/whalesay
      command: [cowsay]
      args: ["{{inputs.parameters.message}}"]
```

- arguments: arguments라는 새로운 property가 추가되었습니다. 이곳에 파라미터로 넘길 값들을 key, value 형태로 기입합니다.
- inputs: 파라미터를 input으로 받을 key를 명시합니다.
- args: {{inputs.parameters.message}} placeholder를 이용하여 key에 해당하는 값을 docker/whalesay의 인자로 넘깁니다.

17.2.3 Serial step 실행

순차적으로 실행되는 작업 리스트를 실행합니다.

```
apiVersion: argoproj.io/v1alpha1
kind: Workflow
metadata:
  generateName: serial-step-
spec:
  entrypoint: hello-step
  templates:

  ###############
  # template job
  ###############
  - name: whalesay
    inputs:
      parameters:
      - name: message
    container:
      image: docker/whalesay
      command: [cowsay]
      args: ["{{inputs.parameters.message}}"]

  ###############
  # entrypoint
  ###############
  - name: hello-step
    # 순차 실행
    steps:
    - - name: hello1
        template: whalesay
        arguments:
          parameters:
          - name: message
            value: "hello1"
    - - name: hello2
        template: whalesay
```

```
        arguments:
          parameters:
          - name: message
            value: "hello2"
    - - name: hello3
        template: whalesay
        arguments:
          parameters:
          - name: message
            value: "hello3"
```

순차 실행은 조금 더 복잡한 구조로 되어 있지만, 크게 2개의 job으로 구성되어 있습니다. template job과 entrypoint입니다. template job은 말 그대로 작업을 실행할 때 템플릿(뼈대)가 되어주는 job입니다. entrypoint는 시작 지점을 정의한 job입니다. steps property 아래에는 double-dash로 구성된 작업들이 존재합니다. double dash는 순차 실행을 의미합니다. 다음 예제에서 살펴볼 single-dash는 병렬 실행을 의미합니다.

template job

템플릿 job을 정의합니다.

- 이름: whalesay
- 파라미터: message
- 컨테이너: docker/whalesay
- 실행 명령: echo "$message"

entrypoint

시작 지점을 나타내는 job입니다.

- name: hello1
- 수행 방법: 순차 실행
- steps:
  - name: hello1, hello2, hello3
  - template: 앞에서 정의한 template job(whalesay)를 참조합니다.
  - arguments: 해당 작업을 실행 시, 파라미터를 전달합니다.

hello1, hello2, hello3이 다음과 같이 순차적으로 실행합니다.

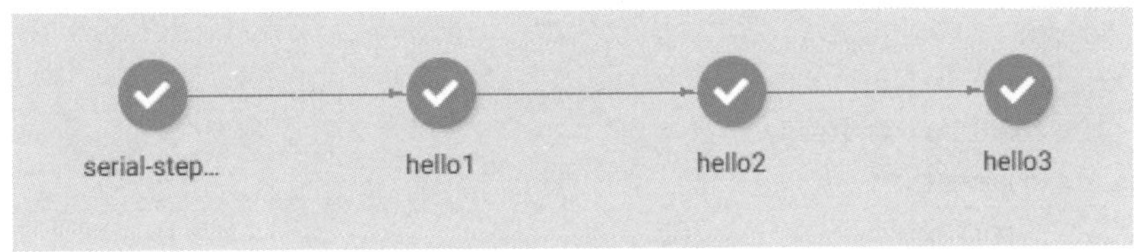

[그림 17-4] 순차적 실행

17.2.4 Parallel step 실행

```
apiVersion: argoproj.io/v1alpha1
kind: Workflow
metadata:
  generateName: parallel-steps-
spec:
  entrypoint: hello-step
  templates:

  ###############
  # template job
  ###############
  - name: whalesay
    inputs:
```

```
    parameters:
    - name: message
  container:
    image: docker/whalesay
    command: [cowsay]
    args: ["{{inputs.parameters.message}}"]

###############
# entrypoint
###############
- name: hello-step
  # 병렬 실행
  steps:
  - - name: hello1
      template: whalesay
      arguments:
        parameters:
        - name: message
          value: "hello1"
  - - name: hello2
      template: whalesay
      arguments:
        parameters:
        - name: message
          value: "hello2"
    - name: hello3         # 기존 double dash에서 single dash로 변경
      template: whalesay
      arguments:
        parameters:
        - name: message
          value: "hello3"
```

template job

템플릿 job을 정의합니다.

- 이름: whalesay
- 파라미터: message
- 컨테이너: docker/whalesay
- 실행 명령: echo "$message"

entrypoint

시작 지점을 나타내는 job입니다.

- name: hello1
- 수행 방법: 병렬 수행
- steps:
  - name: hello1, hello2, hello3
  - template: 앞에서 정의한 template job(whalesay)를 참조합니다.
  - arguments: 해당 작업을 실행시, 파라미터를 전달합니다.

병렬 실행을 원한다면 steps의 job들을 정의할 때 double-dash가 아니라, single-dash로 변경합니다.

- double-dash: 앞의 job을 이어서 순차적으로 실행(직렬)
- single-dash: 앞의 job과 동시에 병렬적으로 실행(병렬)

3번째 작업인 hello3 step을 double-dash에서 single-dash로 수정했습니다. single-dash는 앞의 job과 동시에 실행되는 것을 의미하므로 hello2와 동시에 병렬로 실행됩니다.

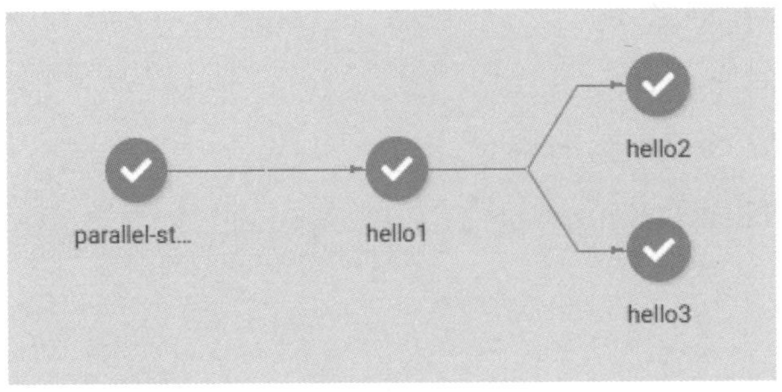

[그림 17-5] 병렬 실행

17.2.5 복잡한 DAG 실행

단순 step만으로는 다양한 워크플로우를 표현하기에 한계가 있습니다. Argo Workflow는 복잡한 종속 관계를 표현할 수 있는 DAG(Directed acyclic graph) 구성을 지원합니다. 다음 DAG 예제는 다이아몬드 모양의 DAG를 구성하는 방법을 나타낸 것입니다. 크게, echo라는 template job과 diamond라는 entrypoint로 정의되어 있습니다.

```
apiVersion: argoproj.io/v1alpha1
kind: Workflow
metadata:
  generateName: dag-diamond-
spec:
  entrypoint: diamond
  templates:

  ###############
  # template job
  ###############
  - name: echo
    inputs:
      parameters:
      - name: message
```

```
  container:
    image: alpine:3.7
    command: [echo, "{{inputs.parameters.message}}"]

###############
# entrypoint
###############
- name: diamond
  # DAG 구성
  dag:
    tasks:
    - name: A
      template: echo
      arguments:
        parameters: [{name: message, value: A}]
    - name: B
      dependencies: [A]
      template: echo
      arguments:
        parameters: [{name: message, value: B}]
    - name: C
      dependencies: [A]
      template: echo
      arguments:
        parameters: [{name: message, value: C}]
    - name: D
      dependencies: [B, C]
      template: echo
      arguments:
        parameters: [{name: message, value: D}]
```

template job

- name: echo
- parameters: message
- image: alpine:3.7

- 실행 명령: echo "$message"

entrypoint

- 수행 방법: DAG
- name: diamon
- dag: serial-step에서는 steps라는 property를 사용했다면, DAG 정의에서는 dag라는 property를 사용합니다.
- tasks: DAG 아래에는 여러 task로 구성됩니다. 각 task는 다음과 같은 형식을 가집니다.
  - name: task의 이름
  - dependencies: 해당 task 이전에 실행되어야 할 선행 task들
  - template: 사용할 template job(예제에서는 echo job 사용)
  - arguments: 사용하는 파라미터. echo job의 파라미터 message로 전달됩니다.

A라는 task는 dependency가 정의되지 않아서 바로 실행됩니다. 하지만 B task는 dependency에 A가 선행되어야 해서 A가 완료될 때까지 대기합니다. C도 마찬가지로 A를 기다립니다. 마지막으로 D task 경우, B와 C task 완료 시점 이후에 실행됩니다. 결과적으로, 다음과 같이 다이아몬드 형태의 DAG 모양으로 워크플로우가 수행됩니다. 워크플로우 제작에 광장히 유연함을 더하는 기능입니다.

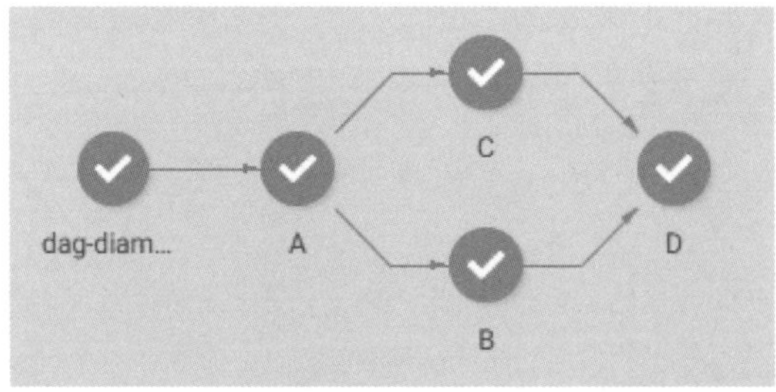

[그림 17-6] DAG 구성

17.2.6 종료 핸들링

워크플로우의 종료 시점에 사용자가 지정한 작업을 실행할 수 있습니다. Workflow의 결과를 확인하여 문제가 발생다면 에러를 처리하는 로직을 추가할 수 있습니다.

```
apiVersion: argoproj.io/v1alpha1
kind: Workflow
metadata:
  generateName: error-handlers-
spec:
  entrypoint: intentional-fail
  # 에러 핸들러 작업 지정
  onExit: error-handler
  templates:
  ###############
  # template job
  ###############
  - name: send-email
    container:
      image: alpine:latest
      command: [sh, -c]
      args: ["echo send e-mail: {{workflow.name}} {{workflow.status}}"]

  ###############
  # 종료 핸들러
  ###############
  - name: error-handler
    steps:
    - - name: notify
        template: send-email

  ###############
  # entrypoint
  ###############
  - name: intentional-fail
    container:
      image: alpine:latest
```

```
    command: [sh, -c]
    args: ["echo intentional failure; exit 1"]
```

template job

- name: send-email
- image: alpine
- 실행 명령: 워크플로우 이름, 종료 상태 출력

종료 핸들러

- name: error-handler
- steps:
  - name: notify
  - template: send-email

entrypoint

- name: intentional-fail
- image: alpine
- 실행 명령: 에러 발생

17.3 활용 방법 소개

지금까지 Argo workflow의 사용법에 대해서 알아보았습니다. 컨테이너 기반의 워크플로우 엔진을 어디에 활용할 수 있을지 살펴보겠습니다.

17.3.1 데이터 파이프라인

데이터를 처리하는 워크플로우는 다양한 라이브러리를 사용합니다. 데이터 타입에 따라, 데이터를 추출하는 소스에 따라 다양한 실행 환경을 가집니다. 예를 들면, 데이터 추출에 Apache Sqoop을 사용하게 되면 JVM이 필요하고 하둡 라이브러리가 필요하지만, 기계학습 모델을 실행하기 위해서는 파이썬이나 R과 같은 환경이 필요합니다. 또한, 같은 언어를 사용하더라도 버전에 따라 API 호환이 되지 않을 수 있습니다. 독립된 실행 환경을 제공하기 위해 컨테이너 기반의 Argo workflow를 활용할 수 있습니다.

17.3.2 CI 파이프라인

컨테이너 환경에서는 CI 파이프라인이 굉장히 간단해집니다. 이미지 빌드, 테스트, 패키징이 표준화될 수 있기 때문입니다. 그렇게 된다면 굳이 젠킨스와 같이 강력한 툴이 아니더라도 간단한 파이프라인을 실행할 수 있는 환경이면 충분해집니다. Argo workflow의 Workflow 리소스로 간단한 steps만 이용해도 훌륭한 CI 파이프라인을 구축할 수 있습니다. 또한 쿠버네티스 자체 리소스를 사용하기 때문에 추가적으로 CI 서버(젠킨스)를 구동하기 위한 추가 컴퓨팅 자원이 필요하지 않아 컴퓨팅 자원을 최소화할 수 있는 장점도 생깁니다.

17.4 마치며

Argo workflow에서 제공하는 모든 기능들을 다 다루지는 못했지만, 기본적인 사용법 및 UI를 중심으로 살펴보았습니다. 더 자세한 Argo workflow 기능들은 https://argoproj.github.io/argo/examples를 참고하십시오. Argo workflow는 쿠버네티스

core API에는 없는 워크플로우 관리라는 강력한 기능을 제공합니다. 이를 잘 활용하면, 여러 프로젝트의 워크플로우 엔진으로 활용할 수 있습니다.

Clean up

```
kubectl delete wf --all
kubectl delete -n argo -f https://raw.githubusercontent.com/argoproj/argo/
v2.8.1/manifests/install.yaml
```

부록

쿠버네티스의 미래

1 클라우드 플랫폼 표준
2 애플리케이션 배포 표준화
3 범용 클러스터 플랫폼
4 마치며

부록 쿠버네티스의 미래

마지막으로, 쿠버네티스의 미래에 대해서 첨언하겠습니다.

1 클라우드 플랫폼 표준

애플리케이션을 구축하고 운영하기 위해서는 인프라가 있어야 합니다. 지금까지는 인프라 환경에 따라 애플리케이션도 크게 영향을 받았습니다. 하지만 쿠버네티스 위에 애플리케이션을 구축하게 되면 상황은 달라집니다. 쿠버네티스의 가장 큰 의의는 컴퓨팅의 세 가지 구성 요소인 컴퓨터 연산, 스토리지, 네트워크 자원을 표준화했다는 것에 있습니다. 컨테이너 기술을 단지 그 목적을 달성하기 위해 사용한 수단인 것 뿐이라고 생각합니다. 쿠버네티스의 꿈은 단순히 컨테이너를 잘 관리하는 역할을 뛰어넘어 애플리케이션 환경의 표준이 되고자 합니다.

현재 클라우드 시장은 Amazon, Google, Microsoft 3사가 주도하고 있습니다. 클라우드 시대로 넘어오면서 빠르고 유연하게 자원을 사용할 할 수 있게 되었습니다. 하지만 여전히 3대 클라우드 회사마다 자원을 사용하는 방법이 조금씩 달랐기 때문에 클라우드 플랫폼별로 설정을 달리해야 했습니다. 물론, Terraform과 같이 IaaC (Infrastructure as a Code)를 이용하면 조금 더 편리하게 크로스 플랫폼 관리를 할 수 있지만, 세부적인 애플리케이션 레벨에서의 관리는 결국 각 플랫폼에 따라 따로 설정해야 했습니다.

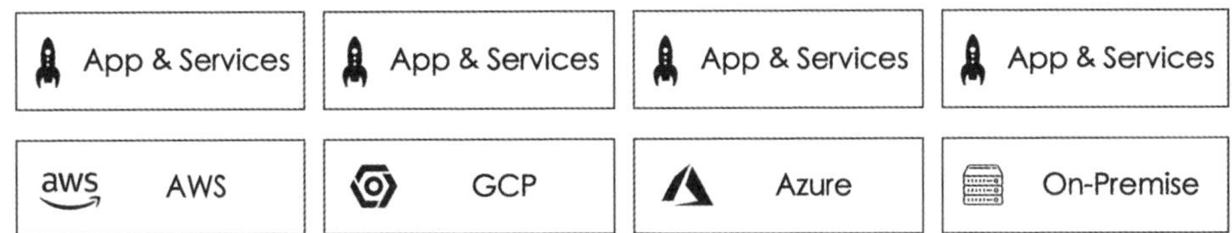

[그림 부록-1] 클라우드 플랫폼별 애플리케이션 개발

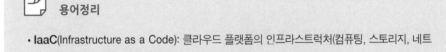

용어정리

- **IaaC**(Infrastructure as a Code): 클라우드 플랫폼의 인프라스트럭처(컴퓨팅, 스토리지, 네트워크 등)를 코드로 관리(추가, 변경, 삭제)할 수 있게 하는 기술을 뜻합니다.

그렇지만 각 클라우드 플랫폼 위에 쿠버네티스 클러스터를 설치한다면 상황은 달라집니다. 쿠버네티스 아래에 어떤 클라우드 플랫폼을 사용하든 상관없이 동일한 설정(YAML 정의서)을 이용하여 애플리케이션을 구축할 수 있게 되었습니다. 클라우드 플랫폼 뿐만 아니라 온프레미스(On Premise) 환경에서도 쿠버네티스를 사용한다면 클라우드와 온프레미스 구분 없이 Hybrid 환경에서 애플리케이션을 운영할 수 있습니다.

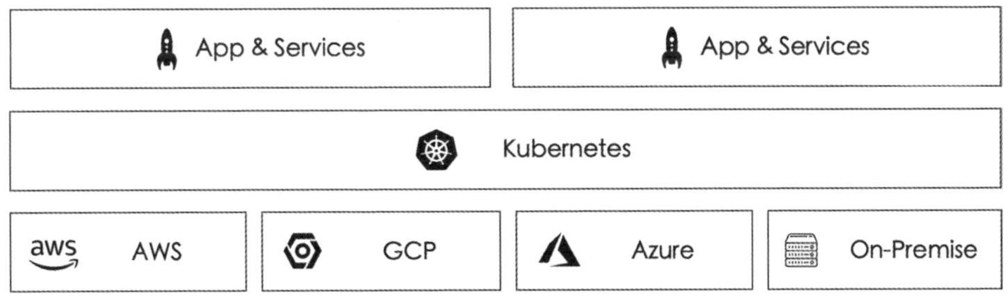

[그림 부록-2] 클라우드 플랫폼 표준

이렇게 쿠버네티스를 통해 점점 더 컴퓨팅 환경이 통합되고 표준화되어 소프트웨어의 개발, 운영 및 관리가 효율적으로 변화해가고 있습니다. 머지 않은 미래에는 모든 환경에서 쿠버네티스가 기본 플랫폼이 되어, 애플리케이션을 운영할 거라고 기대합니다. 실제 GCP를 필두로 3사 클라우드 플랫폼에서 쿠버네티스 플랫폼을 가장 적극적으로 도입하는 모습을 보더라도 그 가능성을 충분히 엿볼 수 있습니다.

2 애플리케이션 배포 표준화

Chapter 8에서 살펴본 helm 패키지 매니저를 통해 알 수 있듯이, 쿠버네티스 환경에서 새로운 애플리케이션을 운영 수준의 품질로 설치하는 일은 비교적 쉬운 일이 되었습니다. 도커 컨테이너가 나오면서 프로세스 실행에서 표준화가 가능해졌습니다. 개발자가 어디서, 어떻게 개발하든 간에 상관없이 도커 이미지만 가지고 있으면 도커가 설치된 어떤 서버든 상관없이 실행을 보장받습니다. 실행하는 방법도 docker run을 통해 간단해지고 통일되어 많은 프로세스들이 도커를 통해 제공되기 시작하였습니다. 하지만 거대한 애플리케이션을 구축하기 위해서는 단순히 한개 프로세스만으로는 모두 해결할 수 없었습니다.

그러나 쿠버네티스가 나오면서 애플리케이션을 배포하는 방법이 표준화되어 자신이 만든 애플리케이션을 클러스터에 배포하는 것도 쉬워졌지만 다른 사람이 만든 애플리케이션도 나의 클러스터에 배포하는 일 또한 굉장히 쉬워졌습니다.

3 범용 클러스터 플랫폼

기존의 몇몇 클러스터 시스템을 쿠버네티스 위에 설치해 보면 원래 클러스터 워커 노드 역할을 담당하던 컴포넌트들이 쿠버네티스의 Pod로 대체되는 경우가 종종 있음을 확인할 수 있습니다. 예를 들어, Chapter 15에서 살펴 본 젠킨스 클러스터나 책에서 다루지는 않았지만, 쿠버네티스 위에서 동작하는 Spark 클러스터가 그에 해당합니다. 이러한 변경을 통해 얻을 수 있는 장점은 기존 시스템에서 클러스터를 확장해야 하는 경우, 새로운 워커노드에 관련 컴포넌트들을 설치하고 확장해야 하지만 쿠버네티스의 Pod로 표현될 경우, Pod의 개수만 늘려주면 자연스럽게 시스템이 확장됩니다. 리소스가 부족하게 되면, Chapter 11에서 살펴본 Pod 또는 Node 레벨의 자동 확장을 통해 리소스를 자동으로 추가할 수도 있습니다. 바로, 기존 클러스터 시스템에서 직접 구성하는 클러스터링 기능을 쿠버네티스가 내체하기 시작하는 것이라 볼 수 있습니다.

쿠버네티스는 태생이 클러스터 시스템이고, 범용적을 애플리케이션을 구축할 수 있어서 쿠버네티스 플랫폼 위에서 손쉽게 클러스터 시스템을 구축할 수 있습니다. 앞으로 개발자는 클러스터 시스템간의 네트워킹, 서비스 탐색, 스토리지 공유, 프로세스 스케줄링, 리소스 관리 등의 클러스터링 관련 기술에 대해서는 고민할 필요 없이 핵심 로직만 잘 개발한다면 클러스터링 기술은 쿠버네티스에게 전부 맡기고 시스템의 본연의 역할, 이를테면 데이터 분석처리, 웹 서비스 제공, 배치작업 처리 등과 같이 핵심 기능에만 집중할 수 있게 되었습니다.

4 마치며

개인적으로 쿠버네티스는 매우 대단한 기술이라고 생각합니다. 쿠버네티스의 높은 확장성과 유연성, 더불어 적절한 제약과 선언적 정의로 쿠버네티스 API가 파편화되지 않고 표준을 지켜나가는 모습은 굉장히 잘 구성된 하나의 예술 작품이라는 생각이 들기 때문입니다. 쿠버네티스는 지금도 빠르게 변화하며 새로운 API와 개념들이 추가되고 삭제되고 있으며, 다양한 기술들이 혼재되어 있어 아직 불안정한 모습도 보이지만, 반대로 쿠버네티스 오픈소스 진영의 활력과 역동성을 느낄 수 있는 장점으로 다가오기도 합니다. 이미 많은 사람들이 쿠버네티스의 미래 가능성을 알아보고 쿠버네티스 위에 자신들의 소프트웨어를 올려 놓기 시작했습니다. 여러분도 쿠버네티스라는 새로운 패러다임에 몸을 맡겨 거인의 어깨 위에서 새로운 세상을 바라보기를 바랍니다.

찾아보기

쿠버네티스의 핵심을 실습하고 이해하는

핵심만 콕 쿠버네티스

출간일 | 2020년 9월 18일 | 1판2쇄

지은이 | 유홍근
펴낸이 | 김범준
기획 · 책임편집 | 김용기
교정교열 | 최현숙
편집디자인 | 한지혜
표지디자인 | 정지연

발행처 | (주)비제이퍼블릭
출판신고 | 2009년 05월 01일 제300-2009-38호
주소 | 서울시 중구 청계천로 100 시그니쳐타워 서관 9층 949호
주문·문의 | 02-739-0739 **팩스** | 02-6442-0739
홈페이지 | http://bjpublic.co.kr **이메일** | bjpublic@bjpublic.co.kr

가격 | 32,000원
ISBN | 979-11-6592-018-0 (93000)

소스코드 다운로드 | https://github.com/bjpublic/core_kubernetes